Achim Reis
Das Glück braucht tiefe Wurzeln

Achim Reis

Das Glück braucht tiefe Wurzeln

Wie ich durch mein Weingut
zum guten Leben fand

Ullstein

ISBN 978-3-550-08081-4
© Ullstein Buchverlage GmbH, Berlin 2014
Alle Rechte vorbehalten
Abbildungen: © Achim Reis (Vorsatz) © Wolfgang Malk (Nachsatz)
Gesetzt aus der Goudy Old Style
bei Pinkuin Satz und Datentechnik, Berlin
Druck- und Bindearbeiten: CPI books GmbH, Leck
Printed in Germany

Für meine Eltern Brigitte und Wilfried,
denen ich so viel verdanke und für die ich so selten
die richtigen Worte finde.

Inhalt

Prolog

Es ist Winter an der Mosel. Die kalten, feuchten Luftmassen schieben sich träge von Westen her über die tief in den Schiefer gegrabenen Schlingen des Flusses. In den Weinbergen hängen Wassertropfen an den nackten Reben.

Es ist noch dunkel um unser Haus, aber ich bin schon wach. Ich liege mit offenen Augen im Bett und bade in den letzten Momenten der Stille, bevor der Arbeitstag beginnt.

Ich stelle mir meine Fässer vor. In Gedanken stehe ich in meinem kühlen Keller und zapfe mir eine Probe des frisch vergorenen neuen Jahrgangs in mein poliertes Weinglas. Dann von einem anderen Fass eine zweite Probe in ein anderes Glas und ein drittes Glas von einem weiteren Fass. Niemals mehr als drei.

Ich weiß, wie meine Weine schmecken. Ich weiß es von jedem einzelnen Fass. Im Geiste habe ich die Geschmäcker präsent. Ich kenne die Weine schon lange, alle paar Tage verkoste ich sie – zum ersten Mal im Herbst, wenn sie noch süßer Most sind und ich sie von der Traubenpresse in die blitzblanken Fässer pumpe. Seitdem begleite ich sie auf ihrem Weg, während sie nach und nach zu Persönlichkeiten heranreifen. Und an jedem Tag lerne ich sie ein wenig besser kennen.

Die Moste, die wir im Oktober und November aus unseren Trauben gekeltert haben, haben in den letzten Monaten die alkoholische Gärung durchlaufen. Jetzt schwebt die Gärhefe als beigefarbener Schleier in den jungen Weinen. Durch die Erfahrung vieler Jahrgänge kann ich mir jedoch gut vorstellen, wie sie nach dem Klären schmecken werden. Ich habe sozusagen einen sensorischen Filter auf der Zunge und kann mir während des Kostens die Hefe wegdenken.

Trotzdem überraschen mich meine Weine nach dem Filtrieren jedes Jahr aufs Neue. Ich ahne zwar, wie sie werden, genau wissen tu ich es aber nie. Und so bleibt die Spannung: Welcher von ihnen wird der Eine in diesem Jahr, der mich packen wird? Der mir durch meine Geschmackssinne seine Geschichte erzählt und mir zeigt, was ich mit meiner Arbeit bewirkt habe? Und welche werden es nicht schaffen, dieses besonders intensive Erleben auszulösen, weil ihre Komplexität, ihre Finesse zwar im Rahmen meiner Erwartungen liegen, mich aber nicht überraschen?

Heute werden diese Fragen für diese drei Fässer beantwortet. Denn heute ist der Tag. Der Tag der Entscheidung.

Ich stehe auf, ziehe meine Arbeitskleidung an, gehe in die Küche und trinke einen Kaffee. Ich putze mir nicht die Zähne, sondern spüle mir lediglich den Mund mit Wasser aus. Dann nehme ich eine Flasche Mineralwasser in die Hand und gehe hinunter in den Keller.

Ich knipse das Licht an. Stille.

Es riecht feucht. Die kühle Luft ruht auf meinen Arbeitsgerätschaften und umhüllt die Fässer, Schläuche, Leitern, Wannen, Pumpen. Die hintere Wand ist in den Berg hineingebaut. Sie ist die Klimaanlage des Weinkellers. Sie ist immer feucht. Im Sommer hält sie die Temperatur bei vierzehn Grad, im Winter bei acht bis zehn Grad.

Im Keller riecht es nach Wein – klar, nach was auch sonst? Es riecht fruchtig, gärig, hefig. Die Jahrgänge haben den Geruch verstärkt, einer nach dem anderen, so wie die Jahresringe einen Baumstamm verstärken. Das ist der Grund, warum

10

ich die Weine nicht im Keller probieren werde. Denn der Geruch hier ist wie ein Wahrnehmungsfilter: Zwischen den Fässern schmecken alle Weine gut und vertraut. Damit ich meine Sinne nicht in diese Vertrautheit einlulle, muss ich den Keller zum Probieren verlassen.

Ich stehe vor meinen kühlen, glatten, sauberen Stahlfässern, genau so, wie ich es mir noch im Bett liegend vorgestellt habe. Ja, ich bin bereit für die Entscheidung. Ich hole mir drei Gläser und gehe zum ersten der drei Fässer, die ich ausgewählt habe. Die Weine in diesen Fässern stammen aus drei unterschiedlichen Weinbergsparzellen, die zu meinen liebsten gehören.

An jedem meiner Fässer gibt es ein kleines Zapfventil. Den dazu passenden Schlüssel habe ich in der Hand. Ich öffne den Probierhahn und zapfe eine Probe ins erste Glas. Dabei halte ich es leicht schräg, so dass der Wein aus dem Röhrchen sanft hineinläuft – bloß nicht zu turbulent, damit durch den Sturz ins Glas nicht zu viel von den Aromen ausgast. Ich fülle das Glas nur zur Hälfte, um noch genug Raum für die Bukettentfaltung zu lassen. Dann gehe ich zum zweiten der auserwählten Fässer. Danach zum dritten.

Mit drei halbvollen Gläsern in der Hand schreite ich zum hölzernen Kellertor. Dort steht ein kleiner rollbarer Tisch, den ich nun mit der anderen, freien Hand hinter mir her ziehe, vor das Haus ins Freie. Ich schließe die Tür und stelle die drei Gläser auf das Tischchen.

Ich richte mich auf und atme tief ein. Die Luft ist kalt, feucht, frisch, sauber. Es dämmert, der Himmel ist verhangen. Vor meinem Winzerhaus ist ein kleiner gepflasterter Platz. Hier werden die Kisten abgeladen, hier manövriert der kleine Gabelstapler, hier belade ich meinen Lieferwagen, hier begrüße ich meine Gäste und Kunden, hier werden Hände geschüttelt, und hier wird auch mal getratscht, wenn

11

ein Kollege vorbeikommt. Und hier stehe ich jetzt mit meinen drei Gläsern.

Jenseits der Straße vor unserem Haus geht es den Hang hinunter zum Moselufer – ich kann den trägen, dunklen Fluss von hier aus sehen. Auf der anderen Moselseite liegen meine »Wingerte« – so werden die mit Reben bestockten Einzelparzellen hier genannt. Ich genieße es, die meisten meiner Lagen von meinem Haus aus im Blick zu haben – auch wenn es sich zu dieser Jahreszeit um einen eher tristen Anblick handelt, denn der Weinberg ist jetzt grau, braun und blattlos, kein Vergleich zu seiner üppigen Pracht, die er im Frühling, Sommer und Herbst darstellt.

Einige Winzerkollegen haben schon den Rebschnitt in ihren Wingerten abgeschlossen und das Altholz entfernt. Ich sehe zwei von ihnen, die gerade mit dem Traktor zum Weinberg unterwegs sind. Meine eigenen Rebschnittarbeiten sind erst zur Hälfte fertig. Die nächsten Tage mit schönem Wetter werde ich nutzen, um damit fortzufahren.

Aber nicht heute. Heute brauchen mich die Weine. Ich wende mich ihnen zu.

Ausgerechnet jetzt muss ich kurz an einen Hollywoodstreifen mit Bruce Willis denken, in dem er selbst in ärgster Bedrängnis mit spielerischer Leichtigkeit seine Entscheidungen trifft. Genau wie er werde ich heute einfach tun, was richtig ist – weil ich alleine weiß, was richtig ist. Es gibt keinen Zweifel und kein langes Überlegen. So etwas wie das hier ist keine Sache des Verstands, weder bei Bruce Willis im Kugelhagel noch bei mir hier unten. Der Moselwinzer ist der Held in diesem Kellerthriller. Ich muss grinsen, schnäuze mir die Nase und lege los.

Ein Glas nach dem anderen nehme ich nun in die Hand und rieche den Wein ab. Dann stelle ich jedes Glas wieder hin und lasse die Emotionen in mir hochkommen. Welcher von den Weinen weckt in mir die positivsten Gefühle? Welcher von ihnen riecht am interessantesten? Welcher macht mich am neugierigsten auf den Geschmack?

Je nach Jahrgang tut sich ein Hang besonders hervor – eine kleine Parzelle, welche in dem jeweiligen Jahr passend zum Wetter die optimalen Voraussetzungen hatte. Hinzu kommt, dass die Gärungen allesamt individuelle, zum Teil unergründliche Prozesse darstellen. In jedem Fass läuft der Gärvorgang ein klein wenig anders ab.

Heute möchte ich diesen einen, besonderen, charakterstarken Wein erkennen, den ich in diesem Jahr als Terroir-Wein abfüllen kann – das ist derjenige Wein, der für mich besonders gut seine Lage, seinen Boden und meine Arbeit widerspiegelt. Er ist mein Charakterwein.

Und die anderen? Die »degradiere« ich zum »normalen« Steillagenriesling. Das klingt nach einem härteren Urteil, als es gemeint ist, denn alle Weine wurden mit dem gleichen handarbeitlichen Aufwand im Steilhang erzeugt, und bei vielen Jahrgängen lässt selbst diese Basisqualität wenig Wünsche offen.

Ich schließe die Augen und probiere das erste Glas. Ein Schluck fließt mir in den Mund. Über die Zunge schlürfe ich langsam ein wenig Luft dazu. Die Aromen verteilen sich im gesamten Mundraum, im Rachen, in der Nase. Ich versuche, den Wein mit möglichst allen Sinneszellen wahrzunehmen. Ein paar Sekunden lasse ich ihn reglos im Mund, dann kaue ich ihn ein wenig. Schließlich spucke ich ihn aus und schlucke nur einen kleinen Rest. Ich spüre dem Nachhall hinterher und höre zu, was der Wein mir beim Verlassen der Zunge erzählt. Ich denke nichts. Ich schmecke nur.

Ein Glas nach dem anderen verkoste ich auf diese Weise. Dazwischen spüle ich den Mund mit Wasser aus. Jeden Schluck Wein spucke ich nach dem Probieren auf den Boden, sonst wäre ich bereits bei Sonnenaufgang betrunken. Über die Schleimhaut nehme ich ohnehin ein wenig Alkohol auf. Das hat eine beschwingende Wirkung und schärft meine Wahrnehmung.

Denn um die geht es. Wie gut passt der Geschmack zum Geruch? Oder zeigt der Geschmack eine ganz andere Facette? Schmeckt der Wein noch verschlossen, hat aber Potential? Verrät er der Nase noch nicht, was er bringen wird? Ist der Geschmack vielversprechender, komplexer, als die Nase es vermuten lässt? Oder ist es umgekehrt so, dass der Wein mit seiner frühen Trinkreife gegenüber der Nase angibt, später seine Versprechen gegenüber der Zunge jedoch nicht halten wird? Ich schmecke in die Zukunft des Weines, erforsche das, was in ihm steckt.

Jeder der drei Kandidaten beeinflusst den Wein danach, die Reihenfolge der Proben ist daher keinesfalls beliebig. Also probiere ich die Gläser in umgekehrter Reihenfolge noch mal. Und dann noch ein drittes Mal durcheinander. Es ist wie eine Meditation, die einem festen Ritual folgt.

In diesem Jahr fällt die Entscheidung knapp aus. Alle Weine haben die erwartete Qualität – ich wusste, es ist ein gutes Jahr. Die Erträge bei der Traubenlese waren gering, und es gilt die weinbauliche Faustregel: Je weniger Trauben ein Rebstock trägt, desto intensiver und reifer sind sie im Geschmack.

Die Qualitäten sind diesmal durch die Bank sehr gut, die Qualitätsunterschiede zwischen den Hängen nicht so groß wie in schwierigeren Weinjahren. Die Topweine sind noch besser als sonst – es sind echte Schmankerl. Bei jedem von ihnen denke ich: »Na, guck mal hier, das ist ein Wein!«

Aber es gibt einen, der mir besonders nahe geht. Er erinnert mich an den Geruch des Schieferbodens im Weinberg kurz nach einem Regenschauer und an den Duft der Beikräuter im Sommer. Ich entsinne mich der heftigen Fruchtaromen des Mostes während der Zeit der Gärung. Ich erkenne den Geschmack der vollreifen Rieslingbeeren von damals, als ich Ende Oktober während der Lese von den Trauben genascht habe.

Freude breitet sich in mir aus und ein Wohlgefühl – und auch ein wenig Stolz. Das ist die Bestätigung: Die Summe meiner weinbaulichen Entscheidungen des letzten Jahres war gut. Ich bin auf dem richtigen Weg. Meine Reben verstehen mich, und ich verstehe meine Reben.

Der Eine ist gefunden. Ich sammle die Gläser ein und gehe wieder hinein.

Auch der eigenwilligste Wein hat seinen Ursprung ganz unspektakulär als Traube, die neben anderen Trauben an einer Rebe wächst – einer Rebe, die ihre Wurzeln tief in den Untergrund streckt. Den Trauben sieht man nicht an, was einmal aus ihnen werden wird. Der Winzer kann es nur ahnen. Und hoffen. Und sein Bestes geben.

So wie meine Eltern am Anfang meines Lebens ganz bestimmt ihr Bestes gegeben haben. Heraus kam eine Kindheit, die im besten Sinne unspektakulär verlief. Wir waren weder reich noch arm, und ich wuchs gut behütet in dem kleinen Dorf Briedel auf, malerisch eingebettet ins wunderschöne Moseltal. Jeden Mittag dampfte ein warmes, nach allen Regeln mütterlicher Kochkunst zubereitetes Essen vor mir, auf das ich direkt nach meinem großen Bruder Zugriff hatte. Aus pragmatischen Gründen ließen mir meine Eltern viele Freiheiten – sie waren viel zu sehr mit der Arbeit in unserem familieneigenen Weingut beschäftigt, um mich mit allzu zahlreichen Reglements einzuschränken.

Zur Pubertät hin entwickelte ich eine erstaunliche Geschicklichkeit darin, Arbeiten im Winzerbetrieb aus dem

Weg zu gehen; mit fortschreitender Jugend kam die intensive Wahrnehmung der Langeweile und Ereignislosigkeit im Dorf hinzu. Eine positive Entwicklung meiner Persönlichkeit erschien mir an diesem Ort unmöglich. Ich kleidete mich auffällig und benahm mich der gesamten Welt der Erwachsenen gegenüber aufsässig, frech und undankbar. Jeder weitere Tag, den ich in dieser Einöde verbringen musste, fühlte sich nach verschwendeter Lebenszeit an.

Nach dem denkbar knapp bestandenen Abitur entlud sich ein so zielloses wie machtvolles Fernweh in meiner ersten Amtshandlung als Erwachsener: Ich zog fort. Zusammen mit zwei Freunden, die mein Schicksal teilten, gründete ich eine WG. Wo? Völlig egal, Hauptsache nicht im Heimatdorf. Wir gingen dahin, wo es billig und schön war und wo wir der Welt unser Bestes geben konnten – drei Orte weiter. Mein neuer Wohnort … war ein kleines Dorf, malerisch eingebettet ins wunderschöne Moseltal.

Nach meinem Zivildienst begann ich 1992 ein Studium: Sport auf Lehramt. Lehrer klang für mich nach einem guten Beruf – die haben vormittags recht und nachmittags frei. Aber das Fernweh blieb und wurde auch durch die Jahre des Studiums in Koblenz, der nächstgelegenen größeren Stadt, nicht gestillt. Während der obligatorischen Weltreise zum Studienabschluss stapfte ich einige Monate mit dem Rucksack durch Neuseeland, Australien und Asien und überzog dabei alle meine Kreditmöglichkeiten. Bei meiner Heimkehr war ich darum gezwungen, mein Auto zu verkaufen und meine Wohnung zu kündigen. Was nun?

Bevor ich in irgendwelche existenziellen Tiefen absinken konnte, spülte mir das Schicksal glücklicherweise eine Arbeitsstelle als Lehrer vor die Füße. Ich sagte zu und arbeitete einige Jahre an einer kleinen Grundschule in einem Moseldorf. Ich heiratete meine wundervolle Frau Nicole, die ich zu

Anfang meines Studiums lieben gelernt hatte. Im Jahr 2000 bekamen wir einen Sohn und bald darauf einen zweiten. Im Alter von 30 Jahren schien mein Leben gesettelt zu sein. Aber war ich auch glücklich?

Das Anleiten von lautstarken Jugendlichen in Turnhallen stärkte meine Stimme und schwächte meine Nerven. Einem Impuls folgend entschieden meine Frau und ich, unser Glück nicht weiter im regionalen Kleinbürgertum, sondern am Puls der Zeit zu suchen, und gingen 2002 nach Berlin. Es langte mehr schlecht als recht, aber zu dieser Zeit wurde das aufgewogen durch das pulsierende Leben der sich neu erfindenden Stadt – es war aufregend, es fühlte sich gut an, und es erfüllte uns mit Zuversicht. Zunächst.

Hätte mir damals jemand gesagt, dass ich einmal Moselwinzer werden würde so wie mein Vater und mein Großvater vor mir, ich hätte ihn ausgelacht. Und wenn dieser Jemand auch noch behauptet hätte, dass ich dabei glücklich werden würde, hätte ich ihn vermutlich höflich zur Tür unserer Berliner Stadtwohnung hinauskomplimentiert.

Und heute?

Heute bin ich glücklich – und lebe mit meiner Familie in genau dem kleinen Dorf namens Briedel, in dem ich aufgewachsen bin, malerisch eingebettet ins wunderschöne Moseltal.

Aufbruch in die Zukunft

Wir leben in phantastischen Zeiten. Die enorme technische Entwicklung, die Globalisierung – was das alles für Chancen mit sich bringt! Ich hätte mir keine bessere Zeit aussuchen können, um Moselwinzer zu werden. Ohne all das, was uns die letzten Jahre und Jahrzehnte beschert haben, ohne Computertechnik, ohne Internet, ohne globalisierte Produktion und Handel – ohne all diese Möglichkeiten könnte ich mir mein heutiges Leben und Arbeiten überhaupt nicht vorstellen. Wann immer ich darüber nachdenke, wird mir klar, dass ich tatsächlich ein Winzer des 21. Jahrhunderts bin. Noch vor zwei Jahrzehnten war der Gedanke an das 21. Jahrhundert eher mit Raumschiff Enterprise verknüpft als mit der eigenen Zukunft. Nun lebe ich selbst in dieser Zukunft, fühle mich gut und freue mich auf die kommenden Jahre.

Nein, ich bin weder blind für die Kehrseiten der Innovationsmedaille, noch bin ich naiv und technikgläubig. Trotzdem freue ich mich zuweilen wie ein kleines Kind über die modernen Hilfsmittel und Bedingungen – all das Neue, das aus meinem jahrtausendealten Beruf ein Modell für kommende Generationen gemacht hat. Merkwürdigerweise habe ich das Gefühl, es ist richtig hip, Winzer zu sein. Der Beruf wirkt anziehend für viele Menschen, die mit ihrem Arbeitsleben unzufrieden sind, er kann Inspiration sein für die moderne Lebenswelt. Denn er zeigt: Ja, es gibt sie noch, die gute Arbeit. Und das nicht nur trotz, sondern – wenn man es richtig anpackt – sogar wegen der technischen Innovationen.

Natürlich müssen Sie nicht Moselwinzer werden, um Familie, Heimat und Bodenständigkeit in Ihre Lebenswirklichkeit zurückzuholen. Sie müssen keinen ländlichen Familienbetrieb führen, um traditionelles Handwerk und neueste Technik miteinander zu verschmelzen. Sie müssen sich nicht einmal selbständig machen, um Ihre Lebensqualität durch die Qualität Ihrer Arbeitsergebnisse zu bereichern. Es ist nur so: Ich selber habe vieles davon genau so erlebt und getan – und es funktioniert.

Weder als Weltreisender noch als Lehrer noch als Bewohner unserer wuseligen Hauptstadt wurde ich wirklich glücklich. Und so habe ich als spät heimkehrender »verlorener Sohn« im elterlichen Weingut an der Mosel etwas gefunden, von dem ich gar nicht wusste, wie sehr ich es in meinem vorigen Leben vermisst hatte: Qualität, Nachhaltigkeit und Sinn.

Einfach nur raus aufs Dorf und hinein ins Leben des vorletzten Jahrhunderts hätte ich jedoch nicht gewollt. Mir ging es nie um ein Zurück in »die gute alte Zeit«, die bei Lichte betrachtet gar nicht immer gut war. Nein, so verträumt bin ich nicht. Ich hatte vielmehr die verrückte Idee, dass es möglich sein müsste, das Beste aus allen Zeiten zu bekommen: einerseits Internet, Ökostrom, Weltmarkt, Handy – andererseits Familie, Tradition, Natur, Werte und »echte« Arbeit.

Geht das überhaupt? Und wenn ja: wie? Als Winzer? In einem Beruf, der so alt ist wie die menschliche Zivilisation?

Ja, es geht! Mit allem Drum und Dran. Es geht ökologisch, es geht finanziell, es geht sozial – und zwar auf Dauer. Aber es klappt nur mit den Errungenschaften der modernen Welt: mit ihrer Technik, ihrer weltweiten Vernetzung, ihrem Individualismus und ihrer Mobilität. Noch vor 20 Jahren hätte mein Weinbaubetrieb in seiner heutigen Form nämlich gar nicht existieren können.

Klingt das unromantisch?

Man sollte meinen, ein Winzer brauche nur eine Rebschere, vielleicht noch einen Traktor, sowie Fässer und Weinflaschen, um seinen Beruf auszuüben. Weit gefehlt! Gerade in meinem handarbeitsintensiven, traditionellen Handwerk bin ich in allen Bereichen mit moderner Technik konfrontiert – im Weinberg ebenso wie im Keller und im Büro.

Ja, ich habe ein Büro. Ein Kollege von mir, der schon in den 70er Jahren das elterliche Weingut übernahm, erzählte kürzlich, er habe seinen Vater früher nie im Büro gesehen. Warum? Weil es in dessen Weingut gar kein Büro gab. Die paar Kontoauszüge bewahrte seine Mutter in einer Zigarrenkiste auf. Aber ein Winzer im 21. Jahrhundert braucht ein Büro – und es ist keineswegs ein unwichtiger Ort.

Unser Stammhaus wurde freilich in anderen Zeiten gebaut, und so war mein Büro ursprünglich eine Wäschekammer. Wenn ich am Schreibtisch sitze, schaue ich in unseren Hinterhof mit der Wäschespinne. Vor mir auf dem Tisch liegt an einer Seite der übliche Stapel der Papiere, von denen niemand weiß, wann und wohin man sie jemals abheften soll. Daneben steht der Bildschirm meines Rechners, davor die Tastatur. Mein Computer meldet eine neue E-Mail: die Bestellung eines Kunden, der schon Kunde meines Vaters gewesen ist. »Bitte 48 Flaschen vom feinherben Riesling. Bringt's wie immer bei Gelegenheit vorbei. Eilt nicht«, steht da. »Und schöne Grüße an die ganze Familie.«

Die Bestellung passt hervorragend in meinen Zeitplan, denn morgen werde ich eh ins Ruhrgebiet fahren und einigen Kunden meinen Wein persönlich anliefern, so wie das mein Vater schon getan hat. Natürlich nutze ich auch professionelle Paketdienste und Speditionen, um Weine auszuliefern. Das geht nicht anders, wenn ich Zeit haben will, um mich im Weingut um die Arbeiten zu kümmern, die nicht von anderen erledigt werden können. Aber einen Teil der Weine liefere ich immer noch persönlich an. Der Kunde wird gepflegt, die Hand geschüttelt, man schaut sich in die Augen, man lacht zusammen.

Als mein Vater noch am Ruder war und ich ein Jugendlicher, war ich stets auf der Flucht vor elterlichen Arbeitsaufträgen. Aber das Ausliefern habe ich schon damals gern gemacht, denn jede Tour war eine eigene kleine Reise. Wir fuhren stets zu zweit: mein Vater am Steuer, ich an der Straßenkarte (in unserem Lieferwagen befand sich eine ganze Kiste voller Stadtpläne). Unsere Kundenliste enthielt alle Adressen der jeweiligen Route, und ich schaute ins Straßenregister der Stadtkarte und identifizierte anhand des Rasters, wo das Ziel lag: Herr Müller, Mathildenstraße, auf D3. Ging es schneller, wenn wir zuerst zu Frau Kruse, Beethovenstraße, auf B5 fuhren? Oder sollten wir zuerst Herrn Gärtner, Planckstraße, auf C2 beliefern? Von mir als Lotsen hing ab, wie viele Flaschen Wein wir an einem Tag auszuliefern schafften.

Heute plane ich die optimale Route am Abend zuvor mit Google Maps und fahre tags darauf der Stimme meines Navis hinterher. Ich spare Zeit und Nerven, habe Ruhe im Auto und kann die Zeit nutzen, um im Kopf zu arbeiten. Wenn meine Frau mitfährt, können wir uns unterhalten und die Liefertour wie einen Ausflug genießen, anstatt die Nase dauernd im Stadtplan zu versenken.

Wir vergessen schnell, wie viele Vorteile uns die Technik in nur wenigen Jahren gebracht hat. Wir nehmen unseren technikunterstützten Alltag als völlig selbstverständlich und können uns gar nicht mehr vorstellen, wie es noch vor kurzem war, als wir in einer Welt lebten, in der wir von Telefonzellen, Wählscheiben, Bankschaltern, Straßenkarten, Telefonbüchern und Schreibmaschinen umgeben waren. Ich muss freilich auch daran denken, wie gut gelaunt, nett und kumpelhaft mein Vater auf unseren Touren immer war. Es hatte so gesehen auch sein Gutes, wenn man einen kartenlesenden Beifahrer brauchte …

Vieles ist heute leichter. Aber einfacher ist es deswegen noch lange nicht. Manchmal muss man den passenden Einsatz der Technik erst mühsam finden. Zum Beispiel die Möglichkeiten des wichtigsten Gegenstandes im Büro eines Winzers. Welcher das ist? Der gleiche wie in jedem anderen Büro auch: der Computer. Mitsamt Internet.

Als ich als Winzer anfing, machte ich absichtlich einen Bogen um das Netz. Eine Website im anonymen World Wide Web widersprach meinem Ideal des persönlichen, freundschaftlichen Weinguts, wie ich es seit meiner Kindheit kannte. Ich fürchtete, die »reale« Verbindung zu den Menschen zu verlieren, wenn ich begann, via Internet mit ihnen zu kommunizieren. Also stellte ich bloß eine Art Visitenkarte ins Netz, so wie früher einen Eintrag in die Gelben Seiten.

Computer sind ohnehin nicht unbedingt meine besten Freunde. Ich nutze sie, aber nicht so unbefangen wie einen Schraubenzieher oder eine Bohrmaschine oder eben eine Rebschere. Diese merkwürdige Skepsis stand mir bisweilen im Weg. Nach den ersten Jahren des betrieblichen Aufschwungs unter meiner Regie raunte mir mein bester Freund Götz in eindringlichem Ton zu: »Du, hör ma', Achim, so geht das nicht weiter. Du unterschätzt das Internet kolossal. Ich kenn' die Zahlen. Ich empfehle dir dringendst, das Niveau deiner Website dem Niveau deiner Weine anzupassen!«

»Hör ma', Götz, du magst die Zahlen kennen, aber ich kenne meine Kunden. Die kommen vorbei. Und zwar persönlich! Und wenn nicht, dann rufen sie mich an.«

»Nee, Achim, hör ma', du wirst dich wundern. Wir machen das jetzt. Und dann zeige ich dir deine Zugriffszahlen. Wirst dich wundern ...«

Also erklärten wir das Ganze zu einem gemeinsamen Projekt und bauten eine »richtige« Website. Wir steckten die Köpfe zusammen, schrieben, entwickelten, fetzten uns und bastelten eine schöne neue Internetheimat für Reis' feine Weine.

Einen Monat später – wunderte ich mich. Und zwar gewaltig! Götz hatte recht behalten. In meinem Posteingang sammelten sich so viele E-Mails wie nie zuvor. Die ersten Rückmeldungen hatte ich bereits nach wenigen Stunden erhalten, nachdem die neue Website ins Netz gestellt war, und selbst ältere, langjährige Telefonkunden mailten mir begeistert: »Das ist aber eine schöne Seite, Herr Reis, die macht richtig Freude.« Ein paar Monate später starrte ich auf unglaubliche Statistiken: Tausende von Aufrufen jeden Monat. World Wide Wine.

Störrisch bin ich dennoch. Bis heute verzichte ich absichtlich auf einen Webshop, obwohl es gar kein Problem wäre, auf unserer Website einen einzurichten, und obgleich mir Kollegen immer wieder von der intensiven Nutzung ihrer Internetläden erzählen. Ich möchte nicht auf den persönlichen Kontakt zu meinen Kunden verzichten. Gerade den Verkauf will ich nicht automatisieren. Zwar beschränke ich so vielleicht die Anzahl der Flaschen, die ich verkaufe – aber dafür kenne ich fast alle meine Kunden persönlich, und das ist mir sehr viel wert.

Manchmal mailt mir ein Kunde, er würde ja gerne online bei mir bestellen, aber er finde den Webshop nicht. In einem solchen Fall antworte ich, das sei Absicht und er müsse die Schwelle überwinden und mich anrufen oder mir eine E-Mail schicken. Ich mag das. Ich will, dass wir uns wenigstens ein bisschen kennenlernen. Das ist mein Konzept, und so macht es mir Freude. Ich habe noch keinen erlebt, der das nicht verstanden hätte.

Mein Kompromiss lautet also: Website ja, Webshop nein. So viel Internet wie nötig, aber so viel Persönlichkeit und Individualität wie möglich.

Als Lohn dafür erhalte ich auch heute noch über die Hälfte der Bestellungen per Telefon. Ein paar bekomme ich sogar per Briefpost, Anzahl und Sorte auf Karopapier handschriftlich aufgelistet. Dazu schön sauber die Adresse, obwohl sich der Kunde schon seit 40 Jahren in unserer Kartei befindet. Ich sage Ihnen: Darüber freue ich mich! So eine Bestellung ist etwas ganz Besonderes.

Wie die meisten anderen nutze ich das Internet allerdings auch, um auf dem Laufenden zu bleiben. Über Facebook & Co. bin ich mit vielen Winzern und Weinbloggern vernetzt und bekomme so die neuesten Trends mit. Die Blogger sind quasi halbprofessionelle Spezialjournalisten, die Weine von Kollegen im Internet besprechen und bewerten. Sie erzählen Hintergrundstorys, informieren über Messen, berichten von den Kultfiguren der Weinszene, setzen Newcomer und Shootingstars in Szene. Welcher neue Weinstil ist in Mode? Welche Weinbaumethoden haben sich weiterentwickelt? Fast täglich stöbere ich auf einschlägigen Websites, lese Newsletter oder bekomme Informationen per E-Mail oder in den sozialen Netzwerken. Dadurch bin ich selbst in meinem abgeschiedenen Dorf extrem gut über das aktuelle Geschehen in der Weinszene informiert.

Im Guten wie im Schlechten. Denn manchmal nerven mich die täglich neuen Wahrheiten auch, deren Halbwertszeit bisweilen unter 24 Stunden liegt. Mit ein wenig Selbstdisziplin ist es jedoch möglich, nicht im Informationsmüll des Internets zu versumpfen, sondern mit geringem Zeitaufwand besser informiert zu sein als die bestinformierten Winzer der Welt vor zwanzig Jahren. Es liegt an mir, etwas daraus zu machen.

Damit ist das Internet exemplarisch für ein Problem, dessen ich mir immer bewusst sein möchte: Neue technische Möglichkeiten entheben mich nicht der Verantwortung für die Qualität der Dinge, mit denen ich meine Zeit verbringe, oder für die Qualität der Entscheidungen, die ich zu treffen habe. Gerade bei der Weinbereitung ist es nicht leicht, zu entscheiden, welche neue Technik im Weinberg, im Keller oder auch im Büro wirklich genutzt werden will, weil sie mir hilft, mich aufs Wesentliche zu fokussieren – und welche neue Technik lieber links liegengelassen gehört, weil sie mich meinem Handwerk entfremdet und meine Weine auf eine Weise manipuliert, die ich ablehne.

So ist moderne Technik nicht von vornherein etwas Gutes oder Schlechtes. Sie erweitert einfach unsere Möglichkeiten, und wir müssen selbst entscheiden, welche davon wir nutzen möchten und welche nicht. Um eine gute Wahl zu treffen, müssen wir allerdings wissen, welche Optionen es überhaupt gibt.

Drum bleibe ich offen für Innovationen und suche meine Lösungen zwischen E-Mail und Karopapier. Ich gebe gern zu, dass ich begeistert bin von all den modernen Errungenschaften, die meinem Vater vor 20 Jahren noch nicht zur Verfügung standen. Bei all dieser Begeisterung versuche ich gleichzeitig, die Ehrfurcht des Winzers vor der Natur des Weins und vor der Tradition unseres Handwerks nicht zu vergessen. Ich liebe es, im Spannungsfeld von sinnlicher Wahrnehmung und Hightech herumzutüfteln, stets darauf achtend, dass beides möglichst im Einklang steht.

Als Winzer bin ich mit der uralten Aufgabe der Weinbereitung betraut. Heute stehen mir technische Möglichkeiten zur Verfügung, die es in den Jahrtausenden der Weinbaugeschichte zuvor nicht gab. Die moderne Kellertechnik kann mit Maschinen, die an der Grenze zur Monstrosität stehen, tiefgehende Eingriffe in die Natur des Weines vornehmen. Hier muss ich mit Respekt und Vorsicht genau hinschauen: Welche Technik hilft mir, die Natur des Weines herauszuarbeiten, zu unterstützen und zu höchstem Genuss zu führen? Welche Technik hingegen pervertiert den Wein und degradiert ihn vom Kulturgut zum industriellen Massengetränk?

Es wäre schlicht ignorant, die phantastischen Chancen in der Weinbereitung zu übergehen, die die technischen Innovationen bieten. Nehmen wir zum Beispiel die Kontrolle des Gärprozesses. Er muss ständig kontrolliert werden, denn die Gärung hat eine erstaunliche Dynamik. Zu Beginn finden die Hefen im Tank paradiesische Bedingungen vor: Es gibt wenig Konkurrenz, viel Süße und keinen Alkohol. Hefezellen sind Mikroorganismen, die die im Traubensaft enthaltenen Kohlehydrate zur Energiegewinnung verwerten und sie in Alkohol, Kohlensäure und Wärme umwandeln. Während dieses Prozesses bilden sich die Gäraromen, die den Wein so schmackhaft machen.

Am Anfang also, wenn die wenigen vorhandenen Hefen in ihrem Eldorado herumschwimmen, feiern sie eine wilde Orgie und vermehren sich explosionsartig. Je mehr Hefen, desto mehr Stoffwechsel, desto mehr Wärme – das ist wie im Komposthaufen. Wenn man ihn lässt, erwärmt sich der Wein rasch auf über 30 Grad. Das tut ihm aber gar nicht gut, denn die ersten flüchtigen Aromen verlassen den Wein schon bei 20 Grad durch das Spundloch am obersten Punkt des Fasses in Richtung Atmosphäre. Und dieses Spundloch muss sein, denn dadurch entweichen stetig Gase, die bei der

Gärung entstehen. Wäre das Fass gänzlich geschlossen, würde es durch den Gasdruck nach wenigen Gärtagen explodieren.

Um die Aromen im Fass zu halten, gilt es also grundsätzlich schon mal, den Wein stets unterhalb von 20 Grad zu halten. Mein Vater machte sich dafür alte, aber wirkungsvolle Prinzipien zunutze: Unser Keller ist so tief in den Hang hineingegraben, dass die Temperaturen dort immer konstant kühl sind. Außerdem waren unsere Eichenholzfässer eher klein und deren Form so gewählt, dass die Wärmeenergie im Fassinneren schnell über die Fasswände nach außen abgeleitet werden konnte.

Was mein Vater aber noch nicht vermochte, war, die Temperatur für seine Gärvorgänge zu kontrollieren und zu variieren. Das zu tun ist aber äußerst sinnvoll. Es gibt nämlich noch einen anderen Aspekt der hitzigen Hefenorgie: Lässt man die Hefen zwei, drei Tage ungestört in ihrem selbstgeheizten Schwimmbad feiern, ist schlagartig die Süße im Most aufgebraucht. Die Konkurrenz der Hefen untereinander um die letzten Kohlehydrate steigt extrem an, die Lebensbedingungen werden schwierig. Außerdem wirkt Alkohol auch für Hefezellen toxisch, entsprechend ungern schwimmen sie in ihren selbstproduzierten zwölf Prozent herum. Das alles setzt die Hefen unter Stress. Und Hefen unter Stress leisten das Gleiche wie Menschen unter Stress: schlechte Arbeit. Hefen brauchen ein entspanntes, optimiertes Umfeld, um komplexe, wohlschmeckende Aromen zu erzeugen. Ein guter Weingeschmack hat also ganz entscheidend damit zu tun, wie der Winzer mit den Hefen umgegangen ist.

Die ersten Gewinne, die ich mit dem Weinbaubetrieb erzielte, steckte ich daher in eine technische Lösung für genau dieses Problem. An einer Wand in meinem Keller ist ein digitales Display angebracht, auf dem ich die aktuelle Temperatur im Innern eines jeden meiner Fässer auf ein Zehntel

Grad genau ablesen kann. Jedes Fass ist mit einem empfindlichen Fühler ausgestattet, der die Temperatur des Inhalts misst. Das Display zeigt auch den Sollwert an, den ich für jedes Fass individuell bestimmt habe. So kann ich ablesen, ob die Temperatur in einem Fass vom Optimum abweicht und wie stark diese Abweichung ist.

Ist die Temperatur in einem der Tanks etwas zu hoch oder zu niedrig, regelt das die Technik automatisch für mich. Meine Tanks sind aus doppelwandigem Edelstahl gefertigt. Durch den Hohlraum zwischen Innen- und Außenhülle kann die Anlage mittels eines elektrisch gesteuerten Ventilsystems gekühltes Wasser führen und so die Temperatur im Innern des Tanks auf den Sollwert hinsteuern. Auf diese Weise verhindert mein Kühlsystem schon zu Beginn der Gärung automatisch eine zu starke Erwärmung, so dass sich die Hefepopulation nicht zu stark vergrößert. Die Party der Hefen läuft daher nicht exzessiv, sondern stilvoll ab, mit edler Jazz- und Loungemusik statt schrillem Party-Gewummer. Denn wie gesagt: Mit entspannten Hefen entstehen die bestmöglichen Aromen. Alle gehen mit größter Ruhe und Gründlichkeit ihrer Arbeit nach, und nur ein Wein, der ohne Stress erzeugt wird, wird ein guter Wein.

Wie der Chefarzt bei der Visite messe ich jeden Tag den Gärfortschritt. Ich kontrolliere die Restsüße und kann täglich berechnen, wie viel der traubeneigenen Süße von den Hefen verarbeitet wurde. Anhand der Werte zeichne ich eine Gärverlaufskurve. Wenn ich sehe, dass die Kurve zu steil verläuft, sage ich mir »Uuups« – und stelle den Sollwert meiner Kühlungsanlage ein Grad herunter. Sehe ich, dass die Gärung zu langsam voranschreitet, regele ich die Temperatur des Tanks flugs ein Grad nach oben.

Will ich einen nicht durchgegorenen Wein, sondern einen feinherben oder süßen, dann brauche ich – anders als unsere Vorväter – dafür keine Chemie, um die Gärung zu beenden. Nein, ich stelle einfach die Kühlung für das Fass auf ständigen Kaltwasserdurchfluss und stoppe durch die so erzeugte Kälte die Gärung. Die frierenden Hefen stellen die Arbeit ein, und die gewünschte natürliche Restsüße verbleibt im Wein. Wünsche ich hingegen einen trockenen, komplett vergorenen Wein, stelle jedoch fest, dass die Gärdynamik bereits abklingt, obwohl noch Restsüße im Wein ist, kann ich den Tank auf 18 Grad erwärmen und damit den Hefen ihre Arbeit erleichtern, so dass sie die Gärung entspannt zu Ende bringen können.

Obwohl es für mich tägliche Realität ist, fasziniert es mich stets aufs Neue: Computergesteuerte Technik hilft mir, ein uraltes Problem der Weinbereitung zu lösen. Ich kontrolliere die Gärung, ohne den Wein manipulieren zu müssen, allein durch die Optimierung der Temperatur. Computer und Wein? Das passt!

So, nun aber los und auf ins Flaschenlager. Wenn ich jetzt nicht zu Potte komme mit dem Einpacken der Bestellungen für die morgige Liefertour, werde ich zum Abendessen ganz sicher nicht pünktlich sein, was mir allermindestens einen strengen Blick meiner Frau Gemahlin einbringen wird. Und wahrscheinlich auch ein schlechtes Gewissen, wenn mir spätabends auffällt, dass ich heute wieder zu wenig Zeit mit meinen Kindern verbracht habe. Ich neige manchmal dazu, mich zu sehr in meine Arbeit zu vertiefen und meine familiären Pflichten zu vernachlässigen.

Also raus aus dem Büro, Treppe runter und durchs Kelterhaus an der Traubenpresse vorbei ins Flaschenlager. Das Kelterhaus ist mit einem großen, doppelflügeligen Holztor an den Hof zur Straße angebunden. Dies ist der Haupteingang des Weinguts. Durch dieses Tor verlassen die Flaschenweine unser Gut auf dem Weg zum Kunden. Durch dieses Tor treten die Menschen ein, die uns besuchen kommen, kurz bevor sie mit einem schönen Glas Moselwein begrüßt werden. Durch dieses Tor werden im Herbst per Traktor die Trauben rangiert, um sie in die Presse zu füllen.

An genau dieser Traubenpresse gehe ich gerade vorbei. Die ist auch so ein Fall von 21. Jahrhundert: ein Riesenteil, komplett aus Edelstahl, fünf Meter lang, zwei Meter breit, zwei Meter hoch. Sie steht an genau der gleichen Stelle wie die Presse meines Vaters. Schon in meiner frühesten Kindheit stand ich daneben und schaute zu. Damals war unsere Weinpresse noch aus Holz, und die Weine wurden von Hand gekeltert! Somit fing nach der Traubenlese am Tag abends im Kelterhaus die Arbeit erst richtig an. In Handarbeit wurden die Trauben in die Kelter geschaufelt und anschließend mit kräftigen Armbewegungen »auf Druck gestellt«. Ein handgeführter Hebel presste über eine Gewindespindel von oben einen hölzernen Druckteller auf die Trauben.

Irgendwann in den 70ern erwarb mein Vater eine elektrische Presse, die nach einem ähnlichen technischen Prinzip arbeitete, aber immerhin aus Stahl gebaut war und keine Muskelkraft mehr erforderte. Immer stand er selbst neben seiner Presse, schaltete sie an, wartete, bis der eingestellte Druck erreicht war, und schaltete wieder ab. Auf, zu. An, aus. Damit waren die Einstellmöglichkeiten seiner Weinpresse erschöpft.

Meine heutige Traubenpresse arbeitet am liebsten alleine. Für jede Sorte Lesegut bietet sie ein eigenes Programm: Geht es um Premiumwein, der besonders schonend, langsam und sanft gepresst werden muss? Geht es um Rotwein, der bereits auf der Maische vergoren wurde? Oder soll ein Sektgrundwein entstehen? Meine Maschine hält für jeden Anwendungsfall das richtige Pressprogramm parat, die ich allesamt für meine Zwecke optimiert und angepasst habe. Ich befülle die Presse, erkläre ihr kurz, was zu tun ist, drücke auf »Start« – und den Rest erledigt sie selbst, während ich andere Tätigkeiten verrichte.

Zuerst setzt sie das Lesegut nur minimalem Druck aus, da zu Beginn des Pressvorgangs natürlich sehr viel Saft aus den Beeren strömt. Im Verlauf des Programms erhöht die Presse in einem ganz bestimmten Rhythmus die Kompression, und zwar so sanft, dass Stiele und Kerne unverletzt bleiben; denn deren Verletzung würde unerwünschte grüne Noten und Bitterstoffe in den Wein einbringen. Je nach Weinstil variiere ich durch die verschiedenen Pressprogramme Dauer, Rhythmus und Intensität des Pressvorgangs. Ist zum Beispiel das Lesegut besonders spät gelesen und hochreif, dann sind die Beerenhäute sehr dünn, und die Trauben geben ihren Saft willig her. Dementsprechend halte ich den Pressdruck niedrig und erhöhe ihn erst spät.

So gibt mir meine Presse die Möglichkeit, die Weine schon in diesem ersten Verarbeitungsschritt unterschiedlich zu gestalten. Für Winzer von vor hundert Jahren wäre so eine Maschine ein Wunderwerk gewesen, sicher mindestens so unglaublich wie ein Hightech-Lautsprecher vor hundert Jahren für einen Musiker oder ein Smartphone für eine Telefonistin aus den 60ern.

Es ist schon verrückt, wie schnell das alles geht. Vielleicht habe ich als einer, der aus beruflichen Gründen den Pflanzen buchstäblich beim Wachsen zusieht, eine besondere Beziehung zur Geschwindigkeit – insbesondere, weil sich das Grundprinzip des Weinbaus genau wie in den anderen Zweigen der Landwirtschaft über alle Modernisierungswellen hinweg nie verändert hat. Einerseits scheint die Zeit stillzustehen, andererseits rast sie wie ein Orkan über uns hinweg.

An der Kelter vorbei gehe ich weiter ins Flaschenlager. Wie der Fasskeller ist auch das Flaschenlager tief in den Hang gebaut, um eine konstant kühle Lagertemperatur zu gewährleisten. Zusätzlich ist das Lager klimatisiert, um während der heißen Monate eine Erwärmung zu verhindern. Bei 16 Grad Celsius Innenraumtemperatur schaltet sich die Kühlung automatisch ein. Die Abwärme der Klimaanlage nutze ich dazu, unser Wasser im Haushalt zu heizen.

Als ich das Licht im Lager anknipse, bekomme ich einen kleinen Schrecken: Hier sieht's aus wie Kraut und Rüben! Oder wie meine Eltern sagen würden: »Da hat wohl einer nach der Arbeit das Messer in der Sau stecken lassen.«

Der eine war ich selbst. Gestern habe ich nämlich gerade eine Palette mit Weinen für meinen dänischen Händler zusammengestellt, als spätnachmittags überraschend Gäste auf den Hof kamen. Und irgendwie habe ich nach einem Glas Wein und etwas Plauderei wohl »vergessen«, meine Arbeit ordentlich zu beenden und aufzuräumen.

Jetzt muss ich erst einmal die fehlenden Kartons für die mitten im Weg stehende Palette ergänzen, bevor ich mich um die Weine für meine morgige Liefertour kümmern kann. Anschließend wird die Palette mit Stretchfolie eingewickelt, damit während des LKW-Transports nichts verrutscht. Dann lege ich die Exportpapiere in dreifacher Ausfertigung bei. Jede Flasche Wein, die unsere Landesgrenzen verlässt, muss man nämlich vorher beim Zoll anmelden. Zusätzlich hat jedes Empfängerland seine eigenen individuellen Bestimmungen, wie die Einfuhr gehandhabt wird. Ich arbeite deswegen mit einem Spezialisten zusammen, der den kompletten Papierkrieg für den Warenverkehr in die unterschiedlichsten Länder regelt. Für jedes Land der Welt hat er das richtige Formular in seinem Schreibtisch, er kennt die Einfuhrgesetze von Hongkong bis Alaska – herrlich! Wenn ich das jedes

Mal selbst machen müsste, wäre ich vermutlich längst verzweifelt.

Mit der Hilfe dieses Spezialisten bereitet mir der Handel über unsere Landesgrenzen hinaus jedoch viel Freude. Die meisten Weinimporteure, mit denen ich handle, sind interessante Menschen – Profis, die ausgesuchte Spezialitäten aus der ganzen Welt importieren und in ihren eigenen Ladengeschäften oder an die Gastronomie weiterverkaufen. Unser kleiner, moselländischer Familienbetrieb liefert Wein nach Japan, USA, Dänemark, Holland, Belgien, England und in die Schweiz – ein großartiger Aspekt des globalen Dorfes, zu dem unsere Welt geworden ist. Mit jeder Flasche Wein, die über die Grenze geht, exportiere ich mit einigem Stolz ein kleines Stück meiner moselländischen Lebensart. Dieser Botschafteraspekt ist eine schöne Prise Salz in der geschäftlichen Suppe.

Bestellungen in fremder Sprache, Exportregularien, internationale Weinmessen … all das war meinen Eltern völlig unbekannt. Sie lieferten früher alle Weine, die nicht ab Hof verkauft wurden, persönlich zum Kunden. Damit das fahrerisch überhaupt zu bewältigen war, zogen sie irgendwann auf einer großen Deutschlandkarte mit dem Lineal zwei Striche: einen waagerechten etwa 50 km nördlich von Dortmund, einen senkrechten 50 km östlich von Dortmund. Als südliche Begrenzung des Liefergebiets diente die Mosel, als westliche Begrenzung die deutsch-holländische Grenze. Bis zu diesen Linien wurde ausgeliefert; alle anderen Kunden mussten zu uns kommen und die Weine abholen. Das funktionierte.

Ich hingegen will mir meine Arbeit ohne das internationale Abenteuer gar nicht mehr vorstellen. Obwohl der Start wenig vielversprechend war: Als wir zum ersten Mal mit einem eigenen Messestand an einer internationalen Weinmesse in Amsterdam teilnahmen, behandelten uns die professionellen Einkäufer dort zwar sehr nett und lobten unsere Weine durch die Bank, so dass wir glückselig auf das Kratzen der Füllfederhalter im Bestellbuch warteten. Doch nach der Messe standen auf der betriebswirtschaftlichen Seite der Aktion genau null verkaufte Flaschen Wein.

Zum Glück hatten wir damals bereits je einen Stand für eine belgische und für eine deutsche Weinmesse gebucht, so dass uns gar keine Möglichkeit blieb, vorzeitig die Flinte ins Korn zu werfen. Und siehe da, endlich verkauften wir ein paar Flaschen. Wir blieben am Ball und haben durch regelmäßige Messeteilnahmen über die Jahre hinweg einen internationalen Kundenstamm aufgebaut, der mir sehr am Herzen liegt.

Auf der ProWein in Düsseldorf, der weltweit größten Weinmesse, treffe ich meine ausländischen Kunden jedes Jahr sogar persönlich. So wie die herbstliche Frankfurter Buchmesse die Leitveranstaltung für die internationale Buchhändler- und Verlagswelt ist, so ist die ProWein in jedem Frühjahr die Leitmesse für den globalen Weinhandel. 40 000 Fachbesucher tummeln sich dort, fast alles Profis und Branchen-Insider. Rund 4000 Weingüter aus aller Welt stellen dort aus, auch alle Großkellereien. Und daneben: mein kleines Familienweingut von der Mosel.

Ich versuche oft, mich gedanklich in die Zeit meiner Eltern zurückzuversetzen. In den 60er und 70er Jahren erlebte mein Vater einen weinbaulichen Aufschwung. Er baute Haus und Weinkeller neu, vergrößerte und stabilisierte das Geschäft, stattete sich mit der damals zeitgemäßen Weinbautechnik aus. Auch damals waren es Zeiten des Wandels: Wein mauserte sich ganz allmählich vom unerschwinglichen Luxusgut der Reichen und Schönen zum Genussmittel der Wirtschaftswundergeneration. Es gab noch keine Billigflieger nach Mallorca, keine Elektronik in Keller und Büro –

aber scharenweise kamen Weinurlauber zu uns an die Mosel. Moselwein war in!

Das war ein Segen. Aber auch ein Fluch. Der Mosel-Boom verführte die Winzer nämlich dazu, die Qualität der schnellen Mark zu opfern, und bald litt der Weltruf der Moselweine schwer unter der Profitgier vieler Winzer dieser Generation. Lukrativ war das Geschäft trotzdem: Auf die Menge kam es damals an, auf nichts sonst. Sogar der charakterloseste Tropfen verkaufte sich über den Tourismus quasi von selbst.

So verdienten meine Eltern ihr Geld im Weinberg; je größer die Fläche, die sie bewirtschaften konnten, desto mehr Ertrag kam heraus. Und jede Flasche, die sie mehr produzierten, konnten sie auch verkaufen – der Markt dafür war ja da.

Heute ist alles ganz anders. Ich kann mit meinem vergleichsweise kleinen Weingut als Winzer nur überleben, wenn ich auf außergewöhnliche Qualitäten setze. Würde ich versuchen, möglichst viele Kilogramm Trauben zu erzeugen wie noch mein Vater und seine Kollegen in den 60ern und 70ern, würde ich auf den Messen böse abgestraft werden – und das zu Recht. Denn wer seinen Wein inmitten der globalen Konkurrenz präsentiert, muss schon etwas Besonderes bieten. Wo auf kleinstem Raum Hunderte Weine verkostet werden, geht Durchschnittsware unter. Die Kenner ziehen einfach weiter zum Nachbarstand und kaufen dort den Wein, der besser schmeckt.

Nein, ich verdiene heute mein Geld nicht mehr hauptsächlich durch die Bewirtschaftung möglichst ertragreicher Rebflächen – ich verdiene es mit dem Gaumen und mit meinem Kopf. Es geht um Feinschliff, um das Herausholen des letzten Quäntchens Geschmack, um die tägliche Arbeit an der Qualität.

Im Flaschenlager bin ich jetzt so weit: Alle Weine für morgen stehen bereit. Im Lieferwagen sind sie zwar noch nicht, aber das schaffe ich heute nicht mehr, wenn ich pünktlich beim Abendessen sein will. Außerdem habe ich inzwischen drei Söhne (der dritte wurde 2008 geboren – trotz intensiver Arbeit am Projekt Weingut), und mit denen möchte ich gerne etwas Zeit verbringen, mir anhören, was sie heute erlebt haben, und den nächsten Tag planen. Morgen stehe ich dann einfach eine Stunde früher auf, um die Weine vor der Abfahrt noch ins Auto zu laden.

Licht aus, Kellertor zu.

Auf der Treppe nach oben lassen mich die Gedanken von heute nicht los. Früher war ein Winzer nur ein Landwirt. Heute bin ich auch ein kleines Stück weit Künstler. Auch das ist ein Effekt der schönen neuen Welt. Und zwar ein wunderschöner. Ich wiederhole mich gerne: Wir leben in phantastischen Zeiten.

Einerseits. Denn es gibt auch eine Kehrseite unseres Zeitalters.

Supermarktweine und andere Errungenschaften

Nachdem ich von den Vorzügen unserer schönen neuen Welt geschwärmt habe, komme ich nicht umhin, auch deren Schattenseite zu betrachten. Allerdings offenbart sie sich nicht sofort, sondern verspätet, wie im Abgang eines mangelhaften Weines, denn diese Schattenseite wird leicht vom Licht der Errungenschaften überstrahlt. So wie die globalisierte Logistik, das Internet und die weltweite Wirtschaftsverflechtung mir die Gelegenheit geben, meine Weine vor Hunderten von Weinprofis zu präsentieren, so stehen wir als Konsument im Supermarkt vor Tausenden von Produkten und haben die Wahl. Und was wir nicht im Supermarkt finden, das finden wir im Internet. Nahezu alles ist überall für jedermann leicht erhältlich, und das nicht nur in einer Ausführung. Nein, wir dürfen zwischen zig Sorten wählen. Was für eine phantastische Welt, in der wir jederzeit um die Ecke Hunderte von verschiedenen Weinsorten kaufen können – und das für kleines Geld! Selbstverständlich bekommen wir allerorten weiß, rot und rosé; trocken, halbtrocken, lieblich und süß; aus Deutschland, Frankreich, Italien, Spanien, Australien, Amerika et cetera – die Liste ließe sich beliebig fortsetzen. Kurzum: Gäbe es blauen Wein, kriegten wir ihn auch. Ist das nicht schön?

Pardon – nein, das ist nicht schön! Wenn man etwas genauer hinsieht, ist es schrecklich. Denn für diese preisgünstige Vielfalt bezahlen wir einen hohen Preis, den man nicht in Euros messen kann. Und es handelt sich noch nicht einmal um echte Vielfalt.

Ein Wochenende Anfang Juni 2012: Wir besuchen das Altstadtfest von Koblenz. Uns ist herrliches Wetter beschert, die Leute sitzen draußen in den Straßencafés. Es dauert eine Weile, bis Nicole und ich einen Platz finden. Wir haben gute Laune und entscheiden uns für Sekt. Wir erwarten nicht unbedingt ausgesuchten Winzersekt, sind jedoch froh, zumindest das Produkt einer großen bekannten deutschen Qualitätskellerei zu bekommen.

Als die beiden Gläser kommen, prosten Nicole und ich uns zu, nehmen einen ersten Schluck und lassen ihn über unsere Zungen rollen. Zwar sind wir nicht zum Sektverkosten hergekommen, aber wir können nun mal nicht aus unserer Winzerhaut. Nicole schaut mich an und sagt: »Ja.«

Und ich: »Mhm.«

Ich schmecke noch mal nach und ergänze: »Gut.«

Nicole nickt. »Fehlerfrei.«

Ich stimme ihr zu: »Absolut. Der ist sauber. Aber irgendwie …« Ich bin unentschieden, irgendwie unzufrieden. Ich suche nach der zum Sekt passenden Emotion … aber da ist nichts. Leere.

Nicole runzelt nun auch die Stirn und meint: »Fehlerfrei, das schon. Aber flach. Ohne Charakter.«

»Man kann schon noch schmecken, dass es Riesling ist. Das schon«, erwidere ich. »Aber ansonsten …«

Der zweite und dritte Schluck machen die Sache nicht besser. Nicole und ich sind uns einig: Da hätten wir auch etwas anderes trinken können.

Es fühlte sich an, wie zu einem Obsthändler zu gehen, der nur kunstgedüngte Zuchtäpfel führt: groß, wunderschön rot, ohne jeden Makel – ein optisches Versprechen. Doch wenn man hineinbeißt, lassen einen die Früchte mit ihrem leicht wässrigen und insgesamt nichtssagenden Geschmack unberührt zurück. Durch ihr Äußeres sind sie gut verkäuflich, durch ihr Inneres jedoch langweilig. Ohne Geschmackserlebnis, ohne Erinnerungswert. Das Gleiche blüht Ihnen, wenn Sie in einen Supermarkt gehen und eine beliebige Flasche Wein aus dem Regal ziehen. Nach dem Trinken werden Sie weder enttäuscht noch erfreut sein. Nein, Sie werden den Wein einfach vergessen.

Der Supermarkt verkauft Hunderte Sorten von Wein. Vordergründig zumindest. In Wahrheit sieht das aber nur so aus. Die Manager der Handelskette stellen sich nämlich nicht 300 Weine ins Regal, um möglichst viele unterschiedliche Geschmacksrichtungen anbieten zu können, sondern weil die konkurrierende Handelskette »nur« 250 Weine im Regal stehen hat. Es ist nicht einmal erwünscht, dass die Weine möglichst unterschiedlich schmecken, denn die Großhändler wissen sehr genau, was dem Durchschnittskunden mundet – zumindest glauben sie es zu wissen. Dazu haben sie Millionen Datensätze aus Verkaufsstatistiken analysiert und ihre Produkte am Ergebnis ausgerichtet. So fällt die Bandbreite der Geschmäcker von Supermarktweinen erstaunlich schmal aus und pendelt nur wenige Prozentpunkte um den Durchschnitt namens »gefällig«.

Aus rein ökonomischen Gründen wird das unendliche Spektrum an Weingeschmacksrichtungen auf Wunsch des Handels durch die industrielle Weinproduktion auf einen Geschmack eingeebnet, der bei niemandem aneckt. Der bekannteste Weinjournalist Deutschlands ist der in England geborene Stuart Pigott. Er nennt dieses Phänomen »infantile Weine« – einfach deshalb, weil diese Weine kindliche Geschmacksinstinkte bedienen, so wie ein Eisbecher, der jedem

Kind schmeckt. Diese Weine sind ohne Ecken und Kanten, ohne Biss und Anspruch. Ihnen fehlen jede Komplexität, jede Finesse und jeder Charakter. Aber klar: Sie schmecken »gut« – oder sagen wir besser: »brav«.

Das hat den Vorteil, dass sich der Kunde nicht vertun kann. Wenn die Geschmacksrichtungen von »ähnlich« über »gleich« bis »genauso« reichen, ist das sehr kundenorientiert – zumindest wenn man sich mit Wein nicht näher beschäftigen, sondern ihn bloß als Getränk zum Abendessen konsumieren will. Man möchte kein Risiko eingehen, geht zur Fleischtheke und kauft ein Stück Rinderfilet; anschließend rüber zum Weinregal und einen »Chilenen« dazu in den Einkaufswagen gelegt. Sie können sicher sein, dass dieses Getränk am Abend einigermaßen funktioniert und auch Gäste ausreichend zufriedenstellen wird. Zufriedenstellend, also Note 3.

Ein Abendessen unter Freunden kann auf diese Weise unmöglich am Wein scheitern, die W-Frage ist entschärft. Das ist doch wieder schön, oder? Und schließlich kennt jeder den Spruch, dass es im Endeffekt ja doch nur zwei Sorten Wein gebe: den, der einem schmeckt, und den, der einem nicht schmeckt.

Daran stimmt, dass es in erster Linie natürlich wichtig ist, dass der Wein mundet. Aber ich verrate Ihnen gern, dass Wein noch viel mehr bieten kann, als einfach nur gut zu schmecken. Bei vielen Supermarktkäufen enthalten Sie sich selbst und auch Ihren Gästen das differenzierte Spektrum an Geschmäckern vor, die ein wirklich guter Wein zu bieten hat. Unter Umständen trinken Sie an einem Note-1-Erlebnis vorbei, ohne davon zu ahnen; Sie verzichten auf eine sinnliche Bereicherung Ihres Abends, ohne diesen verpassten Reichtum einschätzen zu können.

Wenn Sie einen der großen Radiosender anschalten, hö-

ren Sie den ganzen Tag lang das ungefähr gleiche Popgedudel. Das heißt nicht, dass die Songs alle schlecht sind, und
zwischendurch gibt es sogar immer wieder einmal richtig gut
gemachte, sauber produzierte Songs. Genauso ist das im Supermarkt: Sie finden dort die eine oder andere gut gemachte
Flasche Wein, keine Frage. Einige Supermärkte haben sogar
erkannt, dass immer mehr Menschen mit geschmacklichem
Einerlei unzufrieden sind, und reagieren, indem sie ihre
Weinabteilungen zunehmend besser sortieren. Vor allem wer
bereit ist, mehr Geld auszugeben, hat Chancen, einen Wein
mit Gesicht zu finden.

Mehr als 80 Prozent aller in Deutschland gekauften Weine kosten allerdings weniger als drei Euro – und das sind ganz
bestimmt keine handgemachten Winzerweine. Die großen
Handelsketten machen den Großkellereien ganz spezifische
geschmackliche und analytische Vorgaben, wie der Wein
bitteschön zu schmecken hat, und dementsprechend bieten
die allermeisten dieser Supermarktweine höchstens einen
leisen Hinweis darauf, wie viel Freude ein wirklich guter
Wein bereiten kann …

In den Anfängen meines Winzerlebens bekam ich durch
verschiedene Ereignisse teleskopartige Einblicke in die Weite des mir noch unbekannten Terrains des Weingeschmacks.
Einer dieser Momente blieb mir besonders deutlich im
Gedächtnis haften. Ich besuchte eine öffentliche Weinpräsentation an der Mosel, die mehrere Winzerkollegen zwecks
Vermarktung ausrichteten. Das Ganze war sehr geschmackvoll in einem historischen Saal inszeniert. Die Beleuchtung
war warm und gedämpft, die jahrhundertealten Balken an
der Decke strahlten eine gewisse Altehrwürdigkeit aus.

Die Winzer hatten ihre Tische aufgebaut und präsentierten stolz ihre Erzeugnisse. Mit von der Partie war auch mein

Kollege Clemens aus dem Nachbardorf. Er ist nicht irgendein Winzer aus der Gegend, sondern einer der höchstdekorierten Moselwinzer des vergangenen Jahrzehnts. Er und seine Frau investieren unendlich viel Mühe und Herzblut in ihre unzugänglichen, steilen Weinberge. Nur das Beste ist ihnen gut genug. Und dieser Einsatz macht sich bezahlt: Über die Jahre erkelterte sich Clemens bei Weinwettbewerben und in der einschlägigen Presse einen herausragenden Ruf. Der Stil seiner Weine wurde schon mit Opern von Wagner verglichen. Und die Preise für seine sehr aufwendig bereiteten und nur in kleinen Mengen abgefüllten Weine spiegeln mittlerweile deren Spitzenqualität wider.

Als ich damals an Clemens' Tisch trat, war ich entsprechend neugierig, was er mir ins Glas gießen würde. Im Halbdunkel führte ich den Tropfen zur Nase, und – wow! Der roch intensiv. Aber ungewöhnlich … Nicht glasklar und fruchtig, sondern etwas unsauber. Wie … verhangen. Ich roch noch einmal ins Glas: Ja, da war etwas leicht Muffiges! Und darüber wob sich ein subtiles Fruchtspiel. Was für ein Kontrast!

Der Geruch hatte mich neugierig auf den Geschmack gemacht. Ich trat einen Schritt zur Seite, aus dem Getümmel heraus, um in Ruhe zu probieren.

Zunächst überraschte mich, was fehlte: Der Wein verzichtete komplett auf das Spiel von Pfirsich, Aprikose, Citrus oder Mango, das ich von einem Top-Riesling erwartet hätte. Damit war der Empfang schon mal absolut ungewöhnlich: Der Wein begrüßte mich nicht mit den Früchten, sondern gleich mit deren Untergrund: erdig, steinig. Ich schmeckte den alten Weinberg. Auch den Keller. Und nun mischte sich eindeutig noch Hefe in den Geschmack. Diese merkwürdige, schwer zu beschreibende Geruchsnote hallte ebenfalls am Gaumen wider. Woher die wohl stammte?

43

Ich stutzte: Gehörte das so? Konnte es sein, dass diesem großartigen Winzer ein Lapsus unterlaufen war? Eine Unachtsamkeit? Hatte der Wein vielleicht einen Fehler?

Ich war verunsichert. Allerdings nicht abgeschreckt, sondern im Gegenteil noch neugieriger als zu Beginn. Ich nahm einen zweiten Schluck. Kann ein hochdekorierter Wein so merkwürdig schmecken? Und wenn ja: Darf er das?

Inzwischen hatte sich der irritierende Muffton durch den Kontakt mit der Luft im Glas etwas abgeschwächt. Meine Sinne waren mittlerweile geschärft. Ich schmeckte also darüber hinweg oder durch ihn hindurch weiter in die Tiefe des Weins hinunter. Es war, als erzählte er mir seine Geschichte. Da war der hefige Ton – sehr angenehm, herbstlich. Zu ihm gesellten sich freundliche Noten von Steinobst … hmm … hochreifes Steinobst! Ich dachte an rote Weinbergpfirsiche, wie sie meine Großmutter früher eingekocht und zu Grießmehlklößen serviert hatte. Und dann war da auch immer noch der Schiefer. Er hallte nach, leicht bitter im Mund.

Ich schmatzte ein bisschen, um diesem Steingeschmack auf die Spur zu kommen – der Stein, auf dem die Rebe gewachsen war. Er schmeckte nicht hart, sondern war verwoben mit würzigen und cremigen Tönen. Cremig? Noch tiefer hineingeschmeckt entfaltete sich eine herbe Fruchtigkeit. Es war absolut erstaunlich, wie lange dieser Wein nachschmeckte und was er immer noch alles zu erzählen hatte.

Plötzlich war es, als wenn die Blase, in die ich mich zurückgezogen hatte, platzte. Schlagartig wurde mir bewusst, wie mich dieser kleine, verflixte Schluck Wein völlig für sich vereinnahmt hatte! Ich stand inmitten des Trubels der Weinverkostung, und der Wein hatte mich über zwei lange Minuten hinweg beschäftigt. Er hatte mich gefordert, meine Sinne beansprucht, meine ganze Aufmerksamkeit auf sich gezogen, mich zum Zweifeln gebracht, zum Nachdenken, zum Erinnern. Er hatte Bilder und Gefühle in mir wachgerufen.

Ich war schwer beeindruckt und schaute Clemens mit großen Augen an. Wissend blickte er zurück: Ja, genau das war seine Absicht gewesen. Was für ein Künstler.

Jetzt war mir klar, was die Weinkenner an ihm so beeindruckte und warum dieser Winzer so erfolgreich war. Sein Wein war kein Getränk, sondern etwas, das weit darüber hinausging. Ein Kunstwerk. Ein Erlebnis.

Und genau diese Grenze zwischen Getränk und Erlebnis ist die Linie, die industriell hergestellter Massenwein niemals überschreitet. Nein, günstiger Supermarktwein kann keine Identität haben. Er darf es gar nicht, schon aus Prinzip. Denn um die notwendigen Mengen zu erreichen und die vom Handel geforderten Kriterien zu erfüllen, muss das Produkt vom Standpunkt der önologischen Sicherheit her vinifiziert werden (wie das in der Fachsprache heißt). Praktisch bedeutet das, dass in den Industriekellereien hochbezahlte Spezialisten das Produkt so mischen, abstimmen, mit unterschiedlichen Methoden manipulieren und mit Zusätzen versehen, dass es den angestrebten Durchschnittsgeschmack auch unter den Strapazen der globalisierten Logistik garantiert trifft. Das flüssige Produkt muss auf dem weiten Transport per Lkw, Schiff und Bahn einen langen Zeitraum überstehen, in dem es geschüttelt und ständig wechselnden Temperaturen ausgesetzt ist. Im Lager und im Supermarktregal wird die Flüssigkeit dann meist zu warm aufbewahrt und muss überdies den ständigen Lichteinfluss aushalten. Zu den Dingen, die der Handel unbedingt vermeiden will, zählen unzufriedene Kunden, die ein fehlerhaftes Produkt reklamieren. Müssen nämlich daraufhin größere Chargen aus dem Handel zurückgerufen werden, explodieren die Kosten. Konservierung und Fehlersicherheit sind also weitaus wichtiger für den Weinproduzenten als irgendwelche spitzfindigen geschmacklichen Feinheiten und emotionale Erlebnisse.

Auch die Anschlussfähigkeit genießt hohe Priorität. Nehmen wir an, Sie kaufen in einem Supermarkt eine Flasche Wein zum deutschen Durchschnittspreis von zwei Euro noch was. (Die Sortenvielfalt ist in diesem Preissegment weniger groß, die Umschlagsmenge pro Sorte dafür umso größer.) Nun fahren Sie 100 Kilometer weiter zu einer anderen Filiale der Supermarktkette und kaufen dort eine Flasche des gleichen Weines. Sie öffnen beide, schenken sich zwei Gläser ein und probieren. Wenn Sie Glück haben, handelt es sich tatsächlich um identischen Wein. In vielen Fällen aber werden Sie zwei unterschiedliche Produkte vor sich haben, die zwar durchaus ähnlich schmecken, aber sogar für absolute Laien klar unterscheidbar nicht ein und derselbe Wein sind. Wie kann das sein?

Ganz einfach: Es ist unmöglich, die gigantischen Mengen, die beim globalen Weinvertrieb umgesetzt werden, mit Trauben eines einzigen Weinbergs zu bedienen. Die Industriekellereien vermischen darum große Mengen unterschiedlichster Herkunft. Eine Charge von beispielsweise 500 000 Litern wird verarbeitet, abgefüllt, etikettiert – sagen wir als Marke Nonnenglück – und ausgeliefert ins Zentrallager West der Handelskette X. Einige Wochen später wird eine neue Charge benötigt, um die Regale mit Nonnenglück aufzufüllen. Einige Wochen später noch eine. Jedes Mal verändert sich der Mix der Kellereien, denn inzwischen wurden Trauben eines anderen Produzenten eingekauft. Da die Handelskette jedoch drei Millionen Flaschen von diesem Wein bestellt hat, muss die Kellerei versuchen, die Weine möglichst identisch schmecken zu lassen. Hinter ein und demselben Markennamen verstecken sich also unterschiedliche Weinmixturen. Wenn Sie die Etiketten vergleichen, finden

Sie irgendwo eine winzig kleine Nummer, die die Chargen kennzeichnet. Und nur diese eine kleingedruckte Nummer am Rand der Rückenetiketten weist darauf hin, dass es sich um unterschiedliche Weine handelt.

Nehmen wir an, Ihnen hat ein Wein vom Supermarkt besonders gut geschmeckt. Also fahren Sie vier Wochen später wieder hin und kaufen eine weitere Flasche davon. Sie glauben, Sie kaufen den gleichen Wein wie beim letzten Mal. Da in der Zwischenzeit der Markt sein Lager jedoch umgeschlagen hat und eine neue Charge im Regal steht, legen Sie jetzt einen völlig anderen Wein gleichen Namens in Ihren Einkaufswagen. Hier kommt nun die Anschlussfähigkeit ins Spiel. Denn je schlechter Sie sich an den genauen Geschmack des ersten Weines erinnern, desto weniger fällt Ihnen dieser ganz legale Etikettenschwindel auf. Ich vergleiche Weine gerne mit Musik: Gute Weine sind wie erwachsene Kompositionen, von erfahrenen Musikern virtuos gespielt. Preiswerte, in großen Mengen produzierte Konsumweine dagegen sind einfache Kinderlieder. Während die erwachsene Musik in ihrer Komplexität, ihren Höhen und Tiefen, ihren Wechseln den ganzen Hörsinn und Erfahrungsschatz herausfordert und beglückt und ein bleibendes Erlebnis hinterlässt, bedarf es beim Kinderlied keiner ausprägten musikalischen Fähigkeiten. Man kann schnell mitsingen und mitklatschen, aber man verbindet damit keinen besonderen Hörgenuss. Es ist einem egal, wie das Kinderlied gesungen wird, solange man es irgendwie erkennt. Genauso verhält es sich mit billigem Wein. Er schmeckt immer gleich, aber eben nur »irgendwie« – weil er keinen spezifischen Geschmack hat, egal in welcher Charge.

An diesem Punkt stellt sich die Frage, warum sich so viele Konsumenten das Geschmackserlebnis so bereitwillig entgehen lassen. Warum ziehen sie das ewig Gleiche und Belanglose der spannenden Abwechslung vor? Nun, unsere Trinkgewohnheiten haben eine Geschichte.

Während die Ursprünge des Weinanbaus mehrere Tausend Jahre zurückliegen, wird in Deutschland erst seit einigen Hundert Jahren Wein getrunken. Zudem war Wein bis vor wenigen Jahrzehnten noch ein reines Luxusprodukt, das lediglich für die reicheren Schichten erschwinglich war. Noch vor zwei Generationen konnte es sich der durchschnittliche Moselwinzer nicht leisten, den eigenen Wein zu trinken. Für den Eigenverbrauch weichte er die bereits ausgepressten Trauben daher in Zuckerwasser ein, kelterte sie tags darauf noch einmal und bereitete daraus den »Flubbes«, den Haustrunk für die Familie. Ja, Wein war teuer und elitär. Es fehlten einfach die Produktionsstrukturen, um die breite Masse zu bedienen.

In den letzten Jahrzehnten änderte sich das, und der Weinkonsum stieg stetig an. Das Luxusprodukt von einst wurde zum Lebensmittel. Insbesondere in den letzten dreißig Jahren hat der Weinverbrauch enorm zugenommen. Wein ist en vogue, was man daran erkennt, dass sich heute viele Weinjournalisten in den Medien tummeln und neue Trends suchen oder setzen. Im Zuge dieser Veränderung wird auch der Weinkonsument zunehmend aufgeklärter. Kurzum: Der Weingenuss ist neu für uns; wir lernen ihn – historisch betrachtet – gerade erst kennen.

Den Anstieg des weltweiten Weinkonsums hat natürlich der technische Fortschritt ermöglicht: die globale Logistik und die Vergrößerung der Anbauflächen. In Australien gibt es beispielsweise erst seit den 80er Jahren nennenswerten Weinanbau. In Chile und Südafrika wuchsen früher vergleichsweise wenig Reben; heute zählen beide Länder zu den größten Weinanbaugebieten der Welt.

Während also langsam überhaupt erst eine allgemeine

Weinkultur entsteht, finden wir auf dem Markt bereits ein extrem großes Weinangebot bei extrem leichter Verfügbarkeit. Es bleibt jedem überlassen, ob er seinen Wein beim Winzer, im Fachhandel, im Supermarkt oder beim Discounter kauft oder ob er ihn übers Internet bestellt, direkt beim Anbieter in Down Under.

Der Markt zergliedert sich in niedrigere und höhere Preissegmente. Während bei günstigen Massenprodukten die Geschmäcker in der Regel einer gut befahrbaren, aber eintönigen Asphaltstraße gleichen, erwartet uns im Hochpreissegment eine Parklandschaft mit vielen verzweigten Wegen, die mal von Schieferfelsen gesäumt sind, mal von kräuterbewachsenen Sandböden, mal von Kalkmergel geprägt – Wege, auf denen man gerne lustwandelt, innehält und die Aussicht genießt.

Das niedrige Preissegment beginnt bei etwa drei Euro pro Flasche – das ist die obere Grenze! Den Tiefpunkt erreicht Wein im transportoptimierten Tetra Pak für 89 Cent pro Liter. Hier ist die Grenze erreicht, bei der Transport und Verpackung teurer sind als der Inhalt. Von Wein möchte ich da gar nicht mehr sprechen, eher von Alkohol-Trägersubstanz – Hauptsache, es knallt. Das ginge freilich noch effektiver: Doppelkorn bietet ein weitaus besseres Preis-Promille-Verhältnis.

Ich frage mich: Warum drücken wir als Konsumenten den Preis so gnadenlos in den Keller – und das längst nicht nur beim Wein –, wenngleich wir doch wissen, was wir damit anrichten?

Zumal Geschmack und Qualität ja längst nicht als Einzige unter dem Preiswahn leiden. Nehmen wir zum Beispiel die Haltung, die ein großindustrieller Produzent heute gegenüber seinen Konsumenten einnimmt. Er kennt seine Kunden nicht persönlich und will das auch gar nicht, denn im

Massenmarkt geht es nur um Zahlen; der Kunde ist nichts weiter als eine abstrakte Größe, das letzte Glied in der Kette, ein Faktor, den es braucht, um das Geld fließen zu lassen. Gemessen und bewertet wird er nach seinen wichtigsten Eigenschaften: Kaufkraft, Kaufgewohnheiten, Kaufverhalten. Der Kunde ist ein körperloser Datensatz, der eine bestimmte Menge Geld für bestimmte Bereiche des Lebens zur Verfügung hat und dem man dieses Geld entlocken will. Auf diesen Geldfluss hin wird jedes Produkt optimiert. Das Erlebnis des Kunden ist zweitrangig, die langfristigen Auswirkungen auf die anderen Glieder der Wertschöpfungskette sind ohnehin egal – zur Not werden sie ausgetauscht.

Und wir spielen der Industrie wunderbar in die Hände. Denn obwohl jeder über die Geiz-ist-geil-Attitüde schimpft, nimmt es beim eigenen Einkauf plötzlich kaum jemand mehr so genau. Ob Wein, Marmelade, Milch oder Grillfleisch: Selbst mit dem teuersten iPhone in der Hand kaufen viele im Supermarkt gerne das billigste Produkt und verdrängen, dass genau dieses Kaufverhalten das Ramsch-Rad am Laufen hält.

Prinzipiell ist der Preis nur eines von mehreren Kaufargumenten, jedoch leider eines, das in unserer Gesellschaft merkwürdig überbewertet wird. Andere Faktoren, die die Kaufentscheidung beeinflussen könnten, sind zum Beispiel Nachhaltigkeit, Langlebigkeit, Respekt vor Tieren oder Service. Diese Produkteigenschaften werden durchaus gewünscht, doch leidet der durchschnittliche Konsument an einer verwunderlichen Schizophrenie: Zwar möchte er hochwertige Produkte, lässt diesen Anspruch im Moment des Kaufs jedoch allzu oft hinten runterfallen, weil auf einmal doch nur noch der Preis zu ihm spricht, mit der lauten Stimme eines Marktschreiers. Und schon liegt das Sonderangebot im Einkaufswagen. Der Konsument will eigentlich Qualität kaufen – und kommt mit Schrott nach Hause.

Mir ist natürlich klar, dass viele Menschen scharf rechnen müssen und sich beim Einkauf nicht immer die Wahl zwischen unterschiedlichen Preiskategorien leisten können. Andererseits ist es äußerst erfreulich, dass es der Mehrheit in unserer Gesellschaft heute gut genug geht, um sich sehr vieles leisten zu können. Ich hoffe, dass irgendwann jeder an diesem Wohlstand teilhaben kann. Ich hoffe aber auch, dass die Mehrheit irgendwann auch das Hochwertige und Nachhaltige dem Billigen und rein Statusbezogenen vorzieht.

Den meisten, die billig einkaufen, schwant, dass irgendwo ein Haken dran sein muss. Dass das vom Produzenten als Qualitätsprodukt Angepriesene möglicherweise doch nicht hundertprozentig in Ordnung ist. Perfiderweise sind unsere Lebensmittelkonzerne absolut führend, wenn es darum geht, aufkeimende Zweifel zu zerstreuen! Sie holen uns da ab, wo wir uns wohlfühlen: in unserer heilen Welt. Über die Werbung vermitteln uns die Firmen die passenden Bilder für das, was wir uns als Eigenschaft für die Dinge in unserem Einkaufswagen wünschen.

Natürlich wollen wir keinen Joghurt essen, der von Kühen stammt, die tagaus, tagein bewegungslos nebeneinander in einem Riesenstall stehen, so gut wie nie ans Tageslicht gelangen und denen die Milch von vollautomatischen Melkanlagen aus den Eutern gesogen wird. Nein, die Milch fürs Müsli soll natürlich von Kühen stammen, die bei Sonne und Regen zufrieden auf der grünen Weide herumstapfen und fröhlich ihre gesunde Milch beisteuern. Alle Milchpackungen suggerieren das – doch nur bei den wenigsten Milchsorten verhält es sich auch so. Aber sind wir auch bereit, die dreißig Cent mehr im Supermarkt für die Bio-Milch hinzulegen? Oft genug leider nicht: Wir sparen uns die paar Groschen und unterstützen die Agrarindustrie, der es nur um

Profit, aber nicht um Qualität geht – auch nicht um Lebens-qualität!

Gerne wird auch amerikanischer Whiskey mit Attributen beworben, die mit der Realität der anonymen Abfüllanlagen nichts zu tun haben. Alte, verschrobene, charismatische und sympathische Männer rollen im Trailer Holzfässer auf alte Lieferwagen und machen deutlich: Man geht die Sache unverkrampft an, Termindruck gibt's nicht. Deshalb ist natürlich immer auch Zeit, im Keller, wo die Fässer eine gefühlte Ewigkeit lagern, mit dem Kollegen ein Glas zu heben. Leidenschaftliche Hingabe, Tradition und Genuss – so schmeckt dann auch der Whiskey. Das mag sein, aber sicher nicht bei einem Massenbrand für wenige Euro.

Natürlich durchschaut der Konsument den Trick der Werbung. Ihm ist schon klar, dass sein Joghurt nicht vom einsamen Bergbauern zusammengerührt wurde und dass sein Bourbon nicht in unter Spinnweben bedeckten Fässern gereift ist. In unserem Kopf läuft der Film beim Shoppen trotzdem ab oder wirkt unbewusst nach. Der Griff ins Billigregal ist dann nur noch ein gelernter Reflex. Der bei mir selbst übrigens genauso sicher funktioniert wie bei Millionen anderer Konsumenten. Auch ich bin zu bequem, um bei jedem Einkauf darauf zu achten, politisch, ökologisch und geschmacklich bestmöglich mein Geld in den Wirtschaftskreislauf einzubringen. Oft fehlt mir schlichtweg die Zeit, um meine Kaufentscheidung angemessen abzuwägen. Und ja, auch ich bestelle regelmäßig bei den großen Internetanbietern, schädige damit regionale Fachgeschäfte und stärke die zentralen Branchenriesen, denen ihre monopolistischen Bestrebungen durchaus wichtiger sind als das Wohl der Kunden.

Aber ich mache Fortschritte. Ich bemühe mich immer öfter, verantwortlich einzukaufen. Die Fußballschuhe für meine Kinder kaufe ich zum Beispiel nur noch im Sportgeschäft im Nachbardorf, anstatt mir eine Auswahl im Internet zu bestellen und die unpassenden Paare zurückzuschicken. Auf indische Mangos und spanische Orangen möchte ich trotz aller Prinzipien nicht verzichten; dafür meide ich Äpfel aus neuseeländischer Herkunft und halte mich lieber an die leckeren deutschen Sorten. Ich lasse mein Rindfleisch auch nicht aus Südamerika hierhertransportieren, weil nämlich um die Ecke in Hunsrück und Eifel Rinder mit phantastischer Fleischqualität grasen. Den Landwirt, in dessen Stall die Tiere stehen, kenne ich sogar persönlich, und ich kaufe meinen Sonntagsbraten dort, weil ich weiß, dass es diesem Landwirt am Herzen liegt, gesundes und wertvolles Fleisch unter Bedingungen zu produzieren, unter denen ein Tier noch ein Tier ist und keine Fleischproduktionsmaschine. Für meine Kaufentscheidung ist es mir wichtig, dass ein Produzent in seinem Produkt mehr sieht als nur ein Vehikel zum Geldverdienen.

Und so wünsche ich mir, dass wir alle uns vom Konsumenten zum Kunden weiterentwickeln – oder vielleicht sogar einen Schritt zurückentwickeln, um aus dem Konsum wieder die Kultur zu machen, die es einst überall gab. Es ist wichtig, wie wir einkaufen, daher sollten wir das bewusst tun! Wir entscheiden, wo wir einkaufen und wen wir damit unterstützen; was wir einkaufen und welche Produktionsmethoden wir damit fördern. Mit unserer Kaufentscheidung nehmen wir Einfluss auf die gesellschaftliche, wirtschaftliche und kulturelle Entwicklung in unserem Umfeld. Es ist wie bei einer politischen Wahl: Natürlich kann Ihre Stimme alleine nicht viel bewirken, aber alle gemeinsam geben wir mit der Summe unserer Entscheidungen die Richtung vor. Und ganz wichtig: Wir entscheiden damit auch, welche Qualität uns ins Haus, auf den Tisch oder ins Glas kommt – und wie viel Lebensglück wir daraus ziehen können.

Aber nicht nur der Kunde ist in der Pflicht, Händler und Produzenten müssen genauso dazulernen. Sie sind – egal in welcher Branche – gleichermaßen in der Verantwortung für das, was sie anbieten, und ebenso für ihre Beziehung zum Kunden. Mir zum Beispiel ist es wichtig, meine Kunden persönlich zu kennen und ihnen nicht nur Wein zu verkaufen, sondern auch ein Weinerlebnis zu vermitteln. Denn Wein ist mehr, als es den Anschein hat. Hinter dem Supermarktregal fängt die Welt des Weines erst an. Mit ein wenig Mut im Gepäck muss es nicht immer der glattgebügelte, allzu nett grinsende Konsenswein sein, sondern man sollte getrost einmal einen herben Tropfen genießen. Die Richtung weg vom Konsum und hin zum Genuss, weg vom unbewussten, oberflächlichen hin zum bewussten, konzentrierten Trinken von Wein ist die Richtung, für die ich mich einsetze, die ich auch versuche, meinen Kunden zu vermitteln. Und was ich für den Wein fordere, darf man gerne ausdehnen auf ganz andere Aspekte unseres modernen Lebens.

Diese bewusste Sinnlichkeit, in der so viel Lebensqualität stecken kann, versuche ich auch im Alltag zu leben. Wenn ich zum Beispiel mit meiner Frau zusammen im Weinberg arbeite, nehmen wir uns fast immer Zeit dafür, ein paar Schönheiten am Rande zu bemerken. Meine Frau zeigt mir zum Beispiel eine besonders hoch gewachsene Königskerze mitten in der Rebfläche, ich kontere mit zwei hübschen Weinbergsschnecken, die mit ihren Häusern pittoresk auf den Schieferbruchsteinen der Weinbergsmauer posieren. Von Zeit zu Zeit verschnaufen wir einige Minuten und lassen unseren Blick über das Bild schweifen, das unsere Arbeit in den Reben hinterlassen hat. Oft kitzelt dabei die Sonne unsere Gesichter, manchmal weht ein kühler Wind. In jedem Fall aber kehren wir erschöpft und erfrischt zugleich nach Hause zurück. Angeregt von Sinneseindrücken, können wir immer wieder aus unserer Arbeit ein Stück Lebensqualität schöpfen. Und auch ein Wein kann diese kleinen, sinnlichen Besonderheiten bieten, die zu bemerken sich lohnt und die ihn abheben vom täglichen Einerlei. Ein Wein für zwei Euro aus dem 500 000-Liter-Tank bietet diese Momente nicht.

Fassen wir zusammen. Erstens: Das, was vielen Leuten vorschwebt, wenn sie an Wein denken, ist strenggenommen gar kein Wein, sondern ein industriell produziertes, massentaugliches Konsumprodukt. Zweitens: Viele Konsumenten fördern die Marktpräsenz solcher Produkte durch ihr Kaufverhalten im ständigen Schnäppchenwahn, wobei sie es oft nicht besser wissen, weil sie »richtigen« Wein gar nicht kennen. Auf diese Weise wird – drittens – ein Kulturgut zur Industrieware herabgewürdigt, was mich – viertens – als Winzer schmerzt.

In jedem Fall müssen wir alle lernen. Denn es gibt sie, die kulinarischen Alternativen, die aus guter Arbeit stammen – auch wenn es nicht immer einfach ist, sie auf den ersten Blick zu erkennen.

Die Anbauflächen meiner Familie lagen schon immer größtenteils in Steillagen am Moselufer. Für Rieslinganbau sind das die besten Lagen – zumindest wenn Qualität der Maßstab ist. Sie fangen mehr Sonne ein als flache Hänge und eröffnen dem Winzer alle Möglichkeiten für hervorragende Weine. Die steinigen, kargen Böden dieser Schiefersteillagen bedeuten für die Rieslingrebe positiven Stress, der sie zu aromatischen Höchstleistungen treibt. So schmecken diese Rieslingweine definitiv anders, als wenn sie von fetten, nährstoffreichen Böden stammen. Außerdem heizt der Schieferboden sich leicht auf und schafft dadurch ein wärmeres Mikroklima für die Reben, was auch diese ganz spezielle Aromatik bewirkt.

Die Steillagen sind aber keineswegs die besten Lagen, wenn es um die Wirtschaftlichkeit der Arbeit geht oder um die Mengenausbeute. Steillagen den Wein abzuringen ist eine mühsame, handarbeitsintensive Angelegenheit, der die großen Weinproduzenten in einem großen Bogen aus dem Weg gehen. So bleibt dies die vornehme Angelegenheit der Kleinbetriebswinzer.

Als ich den Betrieb meines Vaters übernahm, galt es, die Rebfläche durch Zupacht oder Zukauf auszuweiten. Ich verfiel auf die naheliegende Idee, einige flachere Weingärten dazuzukaufen, denn der Arbeitsaufwand der neuen Fläche würde nicht unüberschaubar zunehmen, da in Flachlagen vieles mit Maschinen durchgeführt werden kann. So könnte ich mit wenigen Arbeitsstunden viel Wein von guter, aber günstiger Basisqualität anbauen. Der Gedanke entsprang einerseits meinem Sicherheitsbedürfnis, denn ich wollte eine garantierte Mengenbasis haben, um nicht einen willigen Weinkäufer wegschicken zu müssen, weil mir der Stoff ausgegangen war. Andererseits hallte aber auch die Stimme meines Vaters in mir nach, denn zu seiner Zeit verdiente ein Winzer sein Geld schlicht über die Anzahl der Flaschen.

In mir plante also mein betriebswirtschaftlich denkender rationaler Persönlichkeitsanteil – und wähnte sich voll im Recht. Gegen diese kopfgesteuerte Kurzfristdenke habe ich jedoch Gott sei Dank eine Lebensversicherung an meiner Seite – in Form von weiblicher Intuition und dem damit verbundenen tieferen Verständnis von Wirtschaftlichkeit. Als ich nämlich eines Tages mit meiner Frau durch die Rebstöcke ging und ihr von meinen Plänen erzählte, blieb sie stehen und sagte mit bestimmtem Ton: »Auf gar keinen Fall!«

Ich blieb ebenfalls stehen. Und noch bevor sie weitersprach, war mir klar, was sie sagen würde: »Wir sind doch nicht von Berlin hierhergezogen, um etwas Zweitklassiges anzufangen! Wenn hier schon so viele Weinberge zum Verkauf stehen, dann lass uns auch die besten nehmen, die es gibt, und Spitzenweine machen.«

Ich hatte zwar recht gehabt, aber sie hatte eindeutig rechter. Und so brauchte es keine weiteren Worte, um mein Einverständnis zu bewirken. War es die richtige Entscheidung? Ganz zweifelsohne. Heute kann ich mir gar keine andere Herangehensweise mehr vorstellen.

Grundsätzlich steht es jedem Unternehmen frei, qualitativ hochwertige oder eben minderwertige Produkte auf den Markt zu werfen. Und natürlich beherrscht jeden Produzenten die Sorge, ob es ihm gelingt, sich erfolgreich zu positionieren.

In den ersten Jahren unserer Winzertätigkeit steigerten Nicole und ich Produktionsaufwand und Weinqualität. Wir kauften und pachteten Steillagen in den besten Weinlagen und machten uns frisch ans Werk, immer hochgradig gespannt auf die Trauben im Herbst und den Wein, der daraus reifte. Die Verkaufspreise hatten wir nicht dem Produktionsaufwand entsprechend erhöht – wir machten uns große Sorgen, ob unsere Weinkunden bereit wären, unseren höheren Aufwand für bessere Weine auch zu bezahlen. Da Vater und Mutter unermüdlich und wie selbstverständlich mithalfen, die Steillagen zu bewirtschaften, ging das anfangs gut – aber nur, weil wir die Arbeitszeit meiner Eltern mit null Euro kalkulierten.

Besonders im Sommer schuftete die gesamte Familie an der Leistungsgrenze, um die schnell wachsenden jungen Triebe in mehreren Arbeitsgängen nach oben zu biegen und zu fixieren. Ohne meine Eltern wäre uns – wie so oft – die ganze Arbeit überm Kopf zusammengeschlagen. Aber sie impften uns geradezu mit ihrer unerschütterlichen »Zusammen schaffen wir das auf jeden Fall«-Haltung – und ja, wir schafften es!

Die Weine, die entstanden, ernteten immer wieder großen Zuspruch und Bestätigung, sowohl von meinen Eltern (was mir wichtig war) als auch von Weinkunden und Fachpresse. Bei einigen Kunden, zu denen ich ein besonders freundschaftliches Verhältnis pflege, klopfte ich bei Gelegenheit einmal auf den Busch und ließ durchblicken, dass wir früher oder später tatsächlich die Preise unserer aufwendigen Handarbeit anpassen müssten. Ich erinnere mich gerne an unseren langjährigen Weinfreund Bernd, der daraufhin lapidar erwiderte: »Ich hab' mich sowieso schon gefragt, wie ihr solche Weine zu diesem Preis anbieten könnt. Da kannst du ordentlich was aufschlagen. Jeder wird's verstehen und immer noch zufrieden sein.«

Gesagt, getan: Im vierten Jahr unseres Winzerlebens erhöhten wir die Preise um 20 Prozent. Gerade einmal zwei Kunden sprangen deswegen ab, der Rest hatte offenbar volles Verständnis. Das hat uns bis heute darin bestärkt, unseren Weinfreunden zu vertrauen und dem Gefühl der Menschen für gute Arbeit. Qualität funktioniert!

Über Niveau, Kultur oder Geschmack lässt sich bekanntlich streiten. Und manche Erscheinungen, die zunächst als kulturelle Verrohungen empfunden wurden, relativieren sich gerade im Rückblick. Mit den Beatles ist das Abendland schließlich doch nicht untergegangen.

Bei der Gesundheit hört der Spaß jedoch auf. Es gibt nämlich auch Wein von der Sorte »fahrlässige bis vorsätzliche Körperverletzung«. Er wird in unterschiedlichen Tönungen und Färbungen abgefüllt und zählt zu den »Errungenschaften« unserer modernen Zeiten. Auf was ich hier anspiele, sind Herstellungsverfahren, bei denen dem Wein gesundheitsschädigende Stoffe beigemischt werden, um den einen oder anderen Effekt zu erzielen. Ein Grund für diese real existierenden Missstände sind neben den beschriebenen Konsumgewohnheiten die Weingesetze. Weil sie international nicht einheitlich sind, findet man im Supermarktregal Weine aus Gegenden mit unterschiedlichsten Bestimmungen undeklariert nebeneinander. Es ist schlicht unmöglich, nachzuvollziehen, welcher Wein unter welchen Gütekriterien produziert worden ist. Insbesondere ausländische Hersteller profitieren davon, dass niemand etwas Genaues weiß. Selbst wir Weinfachleute wissen nicht exakt, wie in manchen Ecken der Welt getrickst und gemischt wird. Insider gehen allerdings davon aus, dass gemacht wird, was geht. In vielen Erzeugerländern gibt es einfach keine Kontrollen – und bei der Einfuhr nach Deutschland gibt es auch keine.

Vor diesem Hintergrund sind Skandale vorprogrammiert. Kommen sie jedoch spät genug ans Licht, lässt sich mit schmutzigem Wein in der Zwischenzeit ein ordentlicher Reibach machen. Ich erinnere mich an einen Fall vor einigen Jahren, bei dem 500 000 Flaschen argentinischen Rotweins zurückgerufen werden mussten. Im Wein war ein Antibiotikum nachgewiesen worden. Was hatte es da drin zu suchen? Vermutlich war es ein missglückter Versuch, den Wein auf dem langen Transportweg vor Pilzen oder Keimen zu schützen. Der aufgedeckte Fall war kein Einzelfall. Folgeuntersuchungen wiesen eine große Anzahl von Weinen als vergleichbar misshandelt aus. Vor allem in Südamerika muss das Beimixen von Antibiotika wohl jahrelang gängige Praxis gewesen sein, die schlicht unentdeckt geblieben war, weil hierzulande keiner auf die Idee kam, Wein auf Antibiotika zu testen.

Auch wir Deutschen hatten in den 70er und 80er Jahren unsere Weinskandale. Mit der Konsequenz, dass wir heute das strengste, komplizierteste und bestkontrollierte Weingesetz der Welt haben und die Anzahl der schwarzen Schafe in der Branche rapide gesunken ist.

Wenn ich von solchen Skandalen lese, bei denen mal Frostschutzmittel, mal Antibiotika im Wein schwimmen, versuche ich mir vorzustellen, wie ein Mensch ticken muss, der die Gesundheit seiner Kunden aufs Spiel setzt, nur um seinen eigenen Profit zu maximieren. Und mir wird schlecht, wenn ich daran denke, dass die ständige Wiederkehr solcher Lebensmittelskandale zeigt, wie viele Produzenten es gibt, die die Gesundheit ihrer Kunden mit Füßen treten.

Ich leite mein Weingut seit über zehn Jahren und kenne fast alle meine Kunden persönlich. Natürlich ist mit vollen Windeln gut stinken, wie man so schön sagt, aber ich glaube fest daran, dass es auch heutzutage für viele Unternehmer möglich ist, über die Qualität zum Erfolg zu kommen. Und Qualität schließt die Beziehung zu den Kunden mit ein. Über die Jahre habe ich von meinen Kunden vieles empfangen, was eine Freundschaft ausmacht: Verlässlichkeit, Konstanz, Humor, Ehrlichkeit, Tiefe und Freude. Ich versuche diese Attribute zu erwidern, wo immer ich kann. Über die Jahre ist daraus ein Gefühl der Freundschaft gewachsen: Wir sind Weinfreunde.

Wirtschaft kann auf Beziehungen zwischen Menschen basieren und muss nicht nur der Maximierung des Gewinns dienen. Wenn nicht der Mensch, mit dem ich Handel treibe, wichtig ist und wenn die Handelswaren langweilig und durchschnittliche Massenprodukte aus industrieller Herstellung sind, ist das Einzige, was am Konsumieren noch kurzzeitig Spaß macht, der niedrige Preis. Aber wollen wir unser Lebensglück wirklich von so etwas abhängig machen? Ich nicht.

Optimierung, Rationalisierung, Maximierung – das fatale Dreigestirn

In der Saison 2003 verletzte sich mein Vater im Frühjahr schwer am Arm und war sechs Monate lang arbeitsunfähig. Ich kehrte zum Weingut zurück, um dort für ihn in die Bresche zu springen. Der Sommer war heiß und trocken und so gesehen auch für uns phantastisch, die Weine entsprechend unproblematisch und gelungen. Das linderte nicht nur den Kummer meines Vaters, sondern bestärkte Nicole und mich in der Entscheidung, die wir im Frühjahr 2004 trafen: Wir kehrten mit der ganzen Familie heim ins elterliche Weingut. Wir wollten erproben, ob uns diese Lebensart dort behagen und auch allesamt ernähren würde.

Mit dieser Entscheidung begannen aufregende Jahre: die Zeit der Aufbauarbeit. Am Anfang standen wir vor einem wahren Mount Everest an Herausforderungen. Uns plagten ein breites Potpourri von Sorgen, Hoffnungen und Ungewissheiten und unüberschaubar viele Fronten, an denen wir zu kämpfen hatten. Ich hatte zwar den Weinbau mit der Muttermilch aufgesogen und kannte alle notwendigen Handgriffe, aber ich wollte ja mehr. Ich wollte wirklich guten Wein machen. Und dafür braucht man etwas, das man nicht kaufen kann: Know-how. Natürlich hatte ich mein Handwerkszeug vom Vater erlernt und hatte einen Bruder mit eigenem Weingut im Rheinhessischen, in das er eingeheiratet hatte, der mir mit seinem reichen Erfahrungsschatz bei jeder Gelegenheit

61

unter die Arme griff. Ich kannte aber eben nur meines Vaters Art und Weise, in Weinberg und Keller zu arbeiten. Die hatte sich bewährt und war erfolgreich – und trotzdem fühlte ich mich manchmal wie ein Maler, dessen Bilder einander allzu sehr gleichen, weil er nur einen ganz bestimmten Stil beherrscht. Außerdem sind Wissen und Nachahmen zwei Paar Schuhe; mein Vater war für mich der Prophet im eigenen Land, ich aber musste meinen Horizont erweitern.

Also unterhielt ich mich bei jeder sich bietenden Gelegenheit mit Kollegen über Wein. Wie hast du diesen Wein ausgebaut? Was hast du im Weinberg dafür getan, um diesen herrlichen Duft nach Ananas zu ermöglichen? Wie schaffe ich es, dass mein trockener Wein herb schmeckt, ohne bitter zu sein? Warum hat dieser Wein so eine cremige, schmelzige Art? Ich hatte manchmal fast schon ein schlechtes Gewissen, weil ich in geselliger Runde unter Kollegen an manchen Tagen nur den passenden Moment abwartete, um wieder eine fachliche Frage in Sachen Wein zu stellen. Rückblickend freilich hat mich vor allem dieser Austausch mit den Kollegen als Winzer enorm weitergebracht. Wenn mir ein Wein besonders gut gefiel, ging ich dessen Erzeuger kurzerhand besuchen und fragte ihn nach seinen Methoden. Die meisten Winzer waren milde überrascht, gaben aber bereitwillig Auskunft, und ganz allmählich setzte sich aus den vielen Mosaiksteinchen, die ich sammelte, eine Vorgehensweise zusammen, die mich zu dem Weinstil führte, den ich schätze und bis heute pflege. Und zu einem Kollegenkreis, den ich ebenfalls sehr schätze und pflege.

Nachdem ich gemeinsam mit meiner Frau entschieden hatte, fortan auf Spitzenqualität zu setzen, musste ich Rebflächen finden, mit denen wir diesen Plan umsetzen konnten. Und wieder fragte ich Kollegen und Familie: Wo wächst in unserer Gegend der beste Wein? Wo sind die besten Weinlagen? Was macht diese so besonders? Welcher ältere Kollege würde Weinberge abgeben? Gemeinsam gingen wir Weinberge sichten, verhandelten Landpreise und Pachtbedingungen, besprachen Möglichkeiten und Probleme. Hatten wir den Kauf über die Bühne gebracht, begann der nächste Akt: Pfähle ausbessern, neue Drahtrahmen installieren und was sonst noch alles anfiel – und so drückten wir den Neuerwerbungen allmählich unseren weinbaulichen Stempel auf.

Eine weitere Baustelle war die technische Ausstattung des Weinguts. Welche unserer Geräte und Methoden waren veraltet? Welche Neuanschaffung wäre nicht nur für den Moment, sondern langfristig sinnvoll für Weinberg und Keller? Was kosteten diese Geräte, welche waren am wichtigsten und brauchte ich für meine betriebliche Ausrichtung daher als Erste? Und welche Investition würden wir besser aufschieben, solange wir uns noch nicht endgültig entschieden hatten, im elterlichen Weingut unsere Zukunft zu suchen?

Last but not least: Wo sollte ich das Geld hernehmen? Der Betrieb schrieb zwar schwarze Zahlen, ließ aber jedes Jahr nur begrenzten Spielraum für Investitionen. Ich erstellte einen Investitionsplan für die ersten Jahre: Holzfässer raus, temperaturkontrollierbare Edelstahltanks rein – jedes Jahr ein paar. Dazu musste der Keller umgebaut werden, da die Holzfässer auf fest installierten betongegossenen Lagern ruhten. Die mussten weg, und das möglichst preiswert. Also Presslufthammer leihen, Staubschutzmaske an – und los. Nach drei Tagen ohrenbetäubendem Lärm und unendlich viel Staub war ich zwar fix und fertig, hatte am Ende aber wieder dieses merkwürdig lang anhaltende, befriedigende Gefühl, ein Projekt erfolgreich vollendet zu haben.

Eine der ersten technischen Neuerungen, die höchst notwendig waren, betraf Vaters Traubenpresse. Die war definitiv nicht mehr zeitgemäß. Aber an eine neue Presse war für mich damals finanziell nicht zu denken. Was tun?

Wie es der Zufall wollte, baute der Vater eines Sportfreunds Keltersteuerungen, war also absoluter Fachmann in diesem Metier und hatte die entsprechenden Kontakte. Ich bat ihn, nach einer günstigen gebrauchten und dennoch modernen Presse Ausschau zu halten – und siehe da, nach einigen Wochen meinte er, das perfekte Objekt für mich gefunden zu haben. Wir besichtigten die Presse gemeinsam, und schon der Anblick bescherte mir solch glänzende Augen, wie sie ein Kunstsammler bei einer Ming-Vase kriegt: 2000 Liter Volumen, Trommel aus mattiertem Edelstahl, 1000-Liter-Saftwanne, pneumatische Pressfunktion mit einer Druckfläche von über fünf Quadratmetern … Für den Laien sind das nur abstrakte Eckdaten, für einen Winzer jedoch bedeuten sie ein ganz neues Feld an Möglichkeiten. Nur 14 Jahre alt war das gute Stück und in tadellosem Zustand. Wir zahlten bar an Ort und Stelle, und ich konnte kaum den nächsten Herbst erwarten, um die Presse endlich in Aktion zu sehen.

Der Herbst kam, und die Presse presste. Und tatsächlich prägte ihre Arbeit die Weine: Es gab keine vegetativ-unreifen Aromen, da ein geringer Pressdruck auf großer Fläche arbeitete und so die Stiele und Traubenkerne den Pressvorgang unverletzt überstanden. Ich konnte das Ergebnis meiner Investitionsentscheidung geradezu auf der Zunge schmecken – und das machte einfach nur Freude.

So anstrengend und teuer das alles auch war, so waren die Weinberge und die Weinbautechnik doch noch die angenehme und aufregende Seite meines neuen Betriebsleiterdaseins. Es gab auch die drögen und bürokratischen Seiten. Im Sommer 2004 hatte ich mein erstes längeres Treffen mit dem Steuerberater meiner Eltern. Der eröffnete mir, dass meine Eltern steuerrechtlich gesehen ihr Unternehmen nicht immer zufriedenstellend geführt hatten. Er hatte das stillschweigend geduldet und immer eigenständig aufgearbeitet und zurechtgebogen, da aufgrund ihres Alters ein Ende dieser Wurstelei absehbar war. Wollte ich aber nun das Unternehmen weiterführen, dann müsse sich einiges ändern, erklärte er mir. Wir vereinbarten drei volle Nachmittage, in denen er mir die steuerrechtliche Seite eines Weinguts näherbrachte. Nach jedem dieser drei Termine rauchte mir anschließend der Kopf – ich konnte kaum glauben, wie viele Meldungen zu ganz bestimmten Zeitpunkten in einer ganz bestimmten Form abgegeben werden mussten, um auch nur den schlimmsten staatlichen Sanktionen zu entgehen: Traubenerntemeldung, Meldung der Weinbestände, Kellerbuch, Flaschenlagerbuch … Jede abgefüllte Flasche Wein muss gemeldet werden, ebenso jede verkaufte Flasche von jeder Sorte, und zwar monatlich! Jeder meiner Weinstöcke muss jährlich aktualisiert in einer Kartei gemeldet werden. Hinzu kommen Umsatzsteuer, Lohnsteuer, Einkommenssteuer. Und wie sieht's überhaupt aus mit unserer Krankenversicherung, unserer Rente?

Anfangs fühlte ich mich geradezu erdrückt von all den regelmäßig wiederkehrenden bürokratischen Pflichten, die unser familiäres Kleinunternehmen in diesem Land erfüllen muss. Und nach diesen drei Nachmittagen beim Steuerberater mit all dem Gegeneinanderrechnen von Einnahmen, Ausgaben, Aktiva, Passiva, dem Erstellen von Konten und Bilanzen war ich noch unsicherer als zuvor, ob ich mit diesem Weingut jemals Geld verdienen konnte.

Nicole und ich waren von jetzt auf gleich spürbar überbeschäftigt. Denn wir hatten ja damals nebenbei auch noch zwei Kleinkinder zu versorgen. Und auf einen Schlag und immer wieder die eigenen Bedürfnisse zugunsten des Betriebes hintanzustellen war einigermaßen gewöhnungsbedürftig – und birgt bis heute jede Menge Konfliktpotential für die ganze Familie. Beispielsweise habe ich während der Traubenlese, wenn ich wochenlang vom Aufstehen bis zum Schlafengehen arbeite, an manchen Tagen kaum Zeit, den Kindern auch nur einen guten Morgen zu wünschen. Nicole hat es nicht leichter: Sie steht im Weinberg ihre Frau und soll sich nebenbei auch noch um unsere mittlerweile drei Kinder kümmern – und die sollen bitte schön einen Monat lang damit klarkommen, dass wir beide ihnen unsere Aufmerksamkeit nicht in gewohntem Maße widmen können, und trotzdem in der Spur laufen. Oder der Klassiker: Wir planen einen sonntäglichen Ausflug ins Schwimmbad oder zu Freunden. Doch dann klingelt um 13 Uhr Kundschaft, die sich spontan für ein Moseltourchen entschieden hat und nun Wein kaufen möchte, natürlich nicht, ohne vorher noch ein Stündchen Weine zu verkosten. Kann ich da ernsthaft die Tür absperren und zum Schwimmen fahren? Nein, ich kümmere mich um die Leute, deren Besuch uns ja eigentlich freut, und die Familie geht den Sonntag halt ohne mich an.

Es ist für alle nicht immer leicht, gut gelaunt mit dieser Vermischung aus Privatleben und betrieblichen Erfordernissen umzugehen. Trotzdem war und ist es angenehm elektrisierend, sich mit einer solchen Vielzahl von Tätigkeiten und Schwierigkeiten beschäftigen zu müssen und dabei die eigene Leistungsfähigkeit ebenso zu entdecken wie den familiären Zusammenhalt untereinander, den solche Situationen zutage fördern können.

In der Zeit der Betriebsübernahme waren natürlich auch die Kunden eine unserer größten Sorgen. Würde unser Kundenstamm dem Weingut die Treue halten, wenn der Vater an den Sohn übergibt? Die Kunden kauften seit Jahrzehnten die bewährte Qualität aus Händen von Winzermeister Wilfried Reis. Würden sie mich als ihren neuen Winzer akzeptieren? Hatte ich genügend Kompetenz, aufgrund derer sie mich respektieren könnten? Wenn ja, würde ich diese Kompetenz ebenso ausstrahlen wie mein Vater? Sollten wir die Betriebsübergabe überhaupt an die große Glocke hängen oder einfach stillschweigend vollziehen und die Leute sich nach und nach an mich gewöhnen lassen?

Denn es ist nicht egal, wo der Wein herkommt. Es ist nicht egal, wer ihn herstellt und wie er hergestellt wird. Und es ist nicht egal, wer ihn kauft und trinkt. Wie sich zeigte, fühlten die meisten unserer Stammkunden sich mit der ganzen Familie verbunden und boten mir durchaus Gelegenheit, sie längerfristig von meinen Weinen zu überzeugen. Viele von ihnen zählen zu der gleichen Generation wie meine Eltern, und wir hatten schon herzliche Kontakte und viel Freude miteinander. Trotzdem richteten meine Frau und ich insgeheim von Anfang an unser Augenmerk auch auf Leute unseres Alters und hofften, dass diese ebenfalls den Weg zu unserem Hof finden würden. Dummerweise verirren sich die jungen, netten Leute nicht unbedingt in rauen Massen nach Briedel an der Mosel. Und wenn, dann wüssten wohl die wenigsten von ihnen, warum sie ausgerechnet an meiner Kellertür klopfen sollten.

Und trotzdem standen eines Tages vor fast zehn Jahren plötzlich zwei hübsche junge Damen auf meinem Hof – rein vom Alter her nicht gerade die typische Kundschaft der letzten Jahrzehnte beim Weingut Reis. Vermutlich wollten sie einfach nur nach dem Weg fragen.

Doch weit gefehlt. Sie fragten – nach mir. Sie hielten ein

Etikett in der Hand, das sie von einer Flasche abgelöst hatten. Es gehörte zu einem süßen Wein, den noch mein Vater bereitet und abgefüllt hatte.

»Sind wir hier richtig?«, fragten sie und ahnten gar nicht, wie richtig sie hier waren! Ich lud sie in meinen Keller ein und servierte ihnen diverse Weine. Während wir Gläschen um Gläschen probierten, erfuhr ich mehr über die beiden Mädels. Sie hatten die Flasche Wein, deren Etikett sie mitgebracht hatten, geschenkt bekommen, und der Tropfen hatte ihnen ausgezeichnet gefallen. Jetzt waren sie auf einer Moseltour, um ihre Lieblingsweingüter zu besuchen. Sie waren sozusagen Fans – nicht von mir speziell, sondern generell Weinfans. Sie unterhielten sogar einen eigenen kleinen Weinclub am Niederrhein, woher sie stammten. Wir verbrachten ein paar fröhliche Stunden, bevor die beiden weiterreisten, nunmehr mit einem kleinen Weinpaket im Gepäck.

»Sachen gibt's«, dachte ich. »Es scheint also auch junge Menschen zu geben, die aufgeschlossen sind für das, was ich hier mache.«

Es dauerte nicht lange, bis die beiden wiederkamen – zu meiner großen Überraschung diesmal jedoch nicht alleine, sondern geradezu im Pulk. Kurzerhand hatten sie ihren kompletten Weinclub ins Auto geladen!

Das war eine Truppe … Lauter hübsche Damen unter dreißig, mitsamt ihren Männern, durchweg nette Kerle. Und innerhalb von Minuten verwandelten sie mein Weingut in eine Partyzone. Wir quartierten sie ein, wo immer wir sie unterbringen konnten, zum Teil schliefen sie in unserem Gästehaus auf dem Boden in Schlafsäcken. Aber dorthin zogen sie sich erst früh am Morgen zurück. Am Abend bevölkerten wir alle zusammen Probierstube und Kelterhaus und feierten.

Die liebe Feiergemeinschaft liebte lieblichen Wein und trank nur süßen Stoff, und das nicht zu knapp. Am nächsten Morgen folgte das verblüffte Erwachen. »Ich bin topfit!«, staunte eine der Damen. Sie hatte mit einem kolossalen Kater gerechnet, aber hinter ihrer Stirn war es klar, der Magen verhielt sich ruhig, und wie ihre Kameradinnen fühlte sie sich lediglich angenehm ermattet. Rausch ist eben nicht gleich Rausch – es kommt schon darauf an, was im Glas war.

Die Gruppe war so angetan von unserer Sause, dass sie seitdem alljährlich wiederkommt. Und jedes Mal gibt es ein großes Hallo und eine feuchtfröhliche Willkommensfeier am Abend. Über die Jahre hinweg differenzierte sich ihr Weingeschmack, und mittlerweile schätzen sie auch feinherbe, halbtrockene und sogar trockene Weine. Es ist eine wahre, sich immer weiter entwickelnde Weinfreundschaft. Mir geht jedes Mal das Herz auf, wenn die Damen vom Niederrhein auf dem Hof erscheinen.

Irgendwann ist mir etwas klargeworden: Damals, als die beiden Mädels mit dem Etikett in der Hand vor mir standen, waren sie gar nicht auf der Suche nach irgendeinem Wein. Nein, heute glaube ich, sie suchten ein Weinerlebnis. Und das haben sie gefunden – beim Winzer!

Das Phänomen »Winzer« ist im Weltmaßstab eine ziemlich seltene Angelegenheit. Was wir hier an der Mosel sowie im restlichen Deutschland mit all den Klein- und Familienbetrieben vorfinden, ist sogar einmalig auf der Welt. Eine kleine, aber intakte Winzerkultur mit Verkauf ab Hof finden Sie in der Form sonst nirgendwo. Ich möchte Sie dafür sensibilisieren, dass wir es hier mit einem echten kulturellen Kleinod zu tun haben. Wenn Sie Glück haben und findig sind, entdecken Sie vielleicht noch in Italien etwas Vergleichbares, aber schon in Frankreich, dem ehemals größten

Weinland, sowie in den allermeisten weiteren Anbaugebieten auf der Welt werden Sie sich ziemlich fehl am Platze fühlen, wenn Sie bei einem Weingut auf den Hof fahren und den Winzer besuchen möchten. Mit dem Chef persönlich sprechen, in aller Ruhe von ihm durch den Weinkeller geführt werden, Wein probieren, vielleicht sogar übernachten dürfen, verköstigt werden und sich überhaupt kennenlernen – das ist in vielen anderen Ländern nicht möglich. Da erwartet Sie am Eingang des Weinguts oft eine Vinothek mit einem professionellen Verkäufer hinter der Theke, und häufig finden Sie auf dem Weingut selbst gar nichts Interessantes zu sehen, weil die Weine nicht vor Ort, sondern ganz woanders gepresst, eingekellert und abgefüllt werden. Das ist der Unterschied zwischen »großen« Weinproduzenten und »kleinen« Winzern.

Wenn wir jedoch nicht aufpassen, ist auch bei uns der Winzer ein Auslaufmodell. Unter Artenschutz steht er jedenfalls nicht; sein Bestand wird derzeit langsam, aber sicher reduziert, sein Lebensraum schrumpft.

Was dabei immer weiter zurückgedrängt wird, ist das Konzept der Manufaktur. Ein selbständiger Winzer vereinigt in seinem Kleinbetrieb alle Wertschöpfungsstufen. Er bewirtschaftet seine eigenen Anbauflächen, liest selbst die Trauben, keltert sie selbst, baut selbst die Weine aus, füllt sie selbst ab und verkauft sie auch noch selbst. Alles aus einer Hand.

Diese konzeptionelle Besonderheit steht im völligen Gegensatz zum weltweiten Trend der Industrialisierung, die seit dem 19. Jahrhundert durch die Welt fegt und bis in die letzten Ritzen der menschlichen Existenz vordringt. Ihr Prinzip ist so einfach wie durchschlagend: weniger Handarbeit, mehr Arbeitsteilung und Spezialisierung.

Diese Methode wird gleich mehrfach und auf unterschiedlichen Ebenen durchgezogen: auf der Ebene des Betriebs, auf der Ebene der Branche und auf der globalen Ebene der Weltwirtschaft. In den Unternehmen teilen sich Manager und Arbeiter das Denken und das Handeln fein säuberlich auf; Gedacht wird in der Chefetage, gemacht wird in der Produktionshalle. Auch das Prinzip von verschiedenen Abteilungen, das für die Wirtschaft heute selbstverständlich scheint, es aber im historischen Maßstab niemals war, ist eine Form von Arbeitsteilung. Dabei weiß die linke Hand oft nicht, was die rechte tut. Die Verkäufer können nur verkaufen, nicht aber neues Personal einstellen – dazu braucht es eine Personalabteilung. Die versteht nichts von Marketing, weswegen man eine Marketingabteilung benötigt. Die wiederum kann nicht rechnen, das machen die Controller. Und so weiter.

Diese Arbeitsteilung durch Spezialisierung setzt sich auf der Ebene der Branchen fort. Da gibt es Produktionsbetriebe, Handelsbetriebe, Zulieferer, Auslieferer. In einer hochentwickelten Ökonomie bilden sich für jeden einzelnen Wertschöpfungsschritt Spezialbetriebe heraus, die ihren kleinen Ausschnitt aus dem Ganzen so gut beherrschen, dass sie den Alleskönnern das Wasser abgraben. Unternehmen gehen immer mehr dazu über, sich auf ihre Kerntätigkeit zu konzentrieren, die innerbetriebliche Vielfalt abzubauen und spezielle Arbeiten auszulagern. Dieser Trend des sogenannten Outsourcings ist in der Wirtschaft seit über hundert Jahren ungebrochen.

Auf der globalen Ebene manifestieren sich derzeit ähnliche arbeitsteilige Strukturen: Die Europäer tüfteln und designen, genäht und produziert wird aber in China und Bangladesh. Die Kalifornier sind Vorreiter in der Informationstechnologie, aber die Inder haben die meisten Programmierer. Es bilden sich mehr und mehr Welt-Abteilungen heraus. Dagegen ist das Manufakturkonzept chancenlos; es

ist im Begriff, den historischen Vergleich der Wirtschafts-
modelle zu verlieren.

Allerdings ist das Spiel noch nicht abgepfiffen. Mit der
Arbeitsteilung gibt es nämlich ein Problem: So gut sie sich
auf kurze Sicht rechnet – langfristig fördert sie die Ober-
flächlichkeit im Denken, die Entfremdung von der Arbeit,
den Verlust von Produktwissen, das Drücken vor Verantwortung. Und sie macht ganz allgemein zwar reich, aber nicht
glücklich.

Es ist nämlich ein großer Unterschied, ob Sie in der ar-
beitsteiligen Wirtschaft unter dem Gestirn der Industrialisierung arbeiten oder als eigenständiger Moselwinzer. Und
diesen Moselwinzer nehme ich jetzt mal als Stellvertreter für
den schottischen Whisky-Destiller, den Biobauern auf der
Schwäbischen Alb, den Berufsfischer am Bodensee oder den
Schreiner im Hinterland.

Worin genau der Unterschied besteht? Die Geschichte
beginnt mit einem merkwürdigen Umstand: Ich neige dazu,
recht schnell betrunken zu sein. Wohlgemerkt: schnell!
Nicht: oft. Nicht: dauernd! Das Klischee des ständig be-
schwipsten Winzers erfülle ich leider nicht.

Wenn ich jedoch ausgehe und in geselliger Runde Wein
trinke, dann tue ich das oft recht zügig. Ich nippe nicht nur
vorsichtig am Glas, sondern beschäftige mich aktiv damit.
Der Wein, den ich bevorzuge, ist trocken und hat deshalb
einen hohen Alkoholgehalt. Trockener Wein ist ja genau
deshalb nicht süß, weil die Hefen die Süße des Traubenmostes verkonsumiert und in Alkohol verwandelt haben. Das ist
ein Dilemma bei der Weinbereitung – normalerweise muss
ich mich während der Gärung entscheiden: Entweder wird
der Wein trocken oder ein Teil der Süße bleibt unvergoren
erhalten, so dass weniger Alkohol entsteht. Wie kann ich
aus einem Entweder-oder ein Sowohl-als-auch machen?

Nun bin ich selbst Weinerzeuger und halte alle Hebel für die Weingestaltung in der Hand. Und ich kenne eine Menge Weinfreunde und deren vinophile Wünsche und Neigungen. Ein guter Freund und Kunde zum Beispiel wünschte sich schon oft leichte Weine von mir: »Auch die trockenen Weine müssen gar nicht so schwer sein; trinken muss man sie können, am besten viel davon«, meinte er. Wir beide würden schon nicht die Einzigen sein, die solche Weine mögen. Auch ich vermutete eine gewisse Dunkelziffer an möglichen Liebhabern leichter, trockener Rieslingweine, die vielleicht einen echten Markt darstellen könnte.

Eigentlich sind alkoholisch leichte Weine eine traditionelle Spezialdomäne von uns Moselwinzern. Hier im Tal haben wir ganz besondere Bedingungen, um leichte Weine zu keltern. International betrachtet gehören wir zu den so genannten Cool-Climate-Weinregionen. In unseren Breiten scheint die Sonne nicht nur seltener, sondern auch in einem flacheren Winkel als beispielsweise in Italien, Südfrankreich oder Spanien. Dadurch steht weniger Lichtenergie zur Verfügung, welche die Rebe durch Photosynthese zur Zuckerbildung in den Trauben nutzen kann. In manchen Weinlagen entwickelt sich deshalb ein verhältnismäßig geringes natürliches Alkoholpotential. Eine weitere regionale Besonderheit des Moseltals ist der lange, kühle Herbst, der uns eine ausgiebige Reifeperiode beschert, während der die Trauben »auf kleiner Flamme vor sich hin köcheln« und aromatisch reif werden. Diese kleinklimatischen Bedingungen ermöglichen uns volles Aroma bei wenig Volumenprozenten. Ich sagte mir also: Mach dir deinen trockenen Leichtwein doch selber, Achim!

Gesagt, getan. Ich hatte eine ziemlich genaue Vorstellung des gewünschten Weinstils im Kopf und arbeitete immer wieder ein kleines Schrittchen an seiner Realisierung. Mit den Erfahrungen der letzten Weinernten war der ideale Hang schnell gefunden. Die Rebstöcke waren etwa 40 Jahre alt und hatten genug Zeit, ihre Wurzeln in unergründliche Tiefen wachsen zu lassen, deshalb würden sie eine deutliche, würzige Mineralität vom Schiefer mitbringen, die dem Wein Geschmackstiefe verleiht, auch wenn der Geschmacksträger Alkohol in geringerem Maße vorhanden ist. Der Hang war nicht nach Süden, sondern nach Osten ausgerichtet, so dass etwas weniger Lichtenergie zur Verfügung stand, und er lag etwa 120 Meter über Moselniveau, wo es etwas kühler und windiger ist, was den Stoffwechsel noch einmal einbremst, vor allem im Herbst.

Mit Argusaugen war ich dann den Sommer über im Weinberg unterwegs, um das Laub vorsichtig auszudünnen, damit die Photosynthese nicht allzu großzügig Zucker in die Trauben einlagern konnte, aus dem später der Alkohol entstehen würde. Im Herbst selektierte ich die Trauben in mühevoller Handarbeit: Nur perfekt reife Trauben fanden den Weg in die Verarbeitung, keine überreifen und auch keine grünen kamen ins Lesegut.

Die Aufgabe war anspruchsvoll, und meine qualitative Latte hing hoch. Es brauchte einige Versuche, aber schon bald lag der natürliche Alkoholgehalt im gewünschten Bereich, nämlich bei nur 10,5 Prozent. Nach dem Winter war der neue Wein schließlich fertiggereift: leicht und süffig, dabei aromatisch und komplex. Meine eierlegende Wollmilchsau gefiel mir gut.

Die Arbeit im Weinberg und die Weinbereitung waren jedoch nur ein Teil dieses Leichtweinprojekts. Im Anschluss warteten weitere Herausforderungen. Wie gliedere ich die neue Sorte ins Sortiment ein? Wie nenne ich sie? Wie vermarkte ich sie? Und an wen? Meine Frau Nicole und ich gestalteten ein neues Etikett. Ich plante, den Wein mit seiner besonderen Eigenschaft zu bewerben: Weingenuss mit weniger Alkohol ohne Qualitätsverlust!

Schließlich kam der Moment, in dem ich an die Öffentlichkeit ging: Im Frühjahr 2012 präsentierte ich meinen neuen trockenen, aber leichten Riesling auf der ProWein. Jahrelange Planung und Vorarbeit hatten sich materialisiert in einem schlüssig designten, wohlschmeckenden, verkaufsfertigen Produkt.

Mir war klar, dass ich mittlerweile möglicherweise etwas betriebsblind geworden war, denn natürlich fand ich meinen Wein großartig. Er war schließlich mein Baby. Deshalb konnte ich aber noch lange nicht von mir auf andere schließen. Dementsprechend klopfte mein Herz bis zum Hals, als ich meine Kreation den ersten Kunden einschenkte, und während sie an ihren Gläsern nippten und die ersten Schlucke probierten, hielt ich den Atem an.

Was soll ich sagen? Dem Publikum ging es wie mir: Die Leute waren begeistert! Die Verkaufszahlen schnellten nach oben. Zu guter Letzt wurde meine Kreation sogar von einem bekannten Weinexperten im Fernsehen vorgestellt und besonders gewürdigt. Bestimmt können Sie sich meine tiefe Zufriedenheit vorstellen, mit der ich später im Flaschenlager die Pakete mit dem neuen Wein versandfertig machte oder als die ersten Flaschen von Kunden auf unserem Hof abgeholt wurden. Tatsächlich war der Leichtwein in diesem Jahr der erste ausverkaufte Wein im Keller.

Vielleicht kennen Sie das selbst von Ihrem Hobby oder aus der Hornbach-Werbung: Der innere Frieden mit sich und der Welt stellt sich ein, wenn Sie auf den ersten Gedanken zurückblicken, der am Anfang eines Projekts stand; wenn Sie die Zeit Revue passieren lassen, in der Sie mit eigenen Händen Schritt für Schritt für dessen Umsetzung gesorgt haben; und dann der Stolz, wenn Sie am Ende die stimmige

Resonanz von anderen Menschen bekommen. Das, was für Sie Bedeutung hatte, bedeutet auch anderen etwas – das erzeugt eine Verbundenheit mit der Welt, von der Sie sehr lange zehren können. Vielleicht klingt es esoterisch, wenn ich sage, dass ich diese Form von Freude immer dann besonders tief empfinde, wenn die Arbeit auch die entsprechende Tiefe hatte. Aber genau so ist es.

Bei der Geburt des Leichtweins war ich ganzheitlich mit dem Projekt beschäftigt und trug die Verantwortung nicht nur für isolierte Teilaspekte, sondern alle Aspekte lagen in meiner Hand: Idee, Kreation, Planung, Eigentum an Grund und Boden und damit die freie Verfügungsgewalt darüber, Produktion des Grundstoffs, Verarbeitung, Ausbau, Kontrolle und Verfeinerung im eigentlichen Produktionsprozess, Abfüllung, Verpackungsgestaltung, Marketing, Verkauf, Versand. Somit kamen auch die Resonanz, das Feedback und der Ertrag direkt zu mir zurück.

All das erzeugt Tiefe und eine Langfristperspektive. Eine gewisse Nachhaltigkeit im Denken und Handeln. Und ein Qualitätsbewusstsein, das über platte Marketingbotschaften hinausgeht und sich durch alle Arbeitsprozesse zieht und als Grundeinstellung nach innen dringt.

Bei allem Idealismus, den ich an den Tag lege, muss jedoch auch ich Geld verdienen. Auch ich muss dafür sorgen, unterm Strich mehr einzunehmen als auszugeben. Auch ich habe Druck und Stress. Auch ich arbeite sehr viel. Auch ich trage große Verantwortung. Auch ich kann nicht stur mein eigenes Ding machen, unabhängig davon, was die Welt da draußen davon hält. Der Unterschied ist nur: Ich fühle jeden Tag, dass die Arbeit mich braucht, und gebe dem freiwillig nach. Ich habe meine Arbeit gewählt, niemand hat mich dazu genötigt. Und diese Arbeit mit der Natur drängelt meist sanft, manchmal auch unerbittlich, aber sie wirkt nicht wie eine Notwendigkeit, sondern fast wie ein Privileg. Die Natur tut, was sie will, zwingt aber zu nichts. Sie ist willkürlich, dies jedoch auf eine angenehm faire Weise. Man kann sich ihr anpassen oder nicht, je nachdem, welche Spielräume man sich herausnehmen möchte.

An manchen Tagen bin ich so auf das gerade anstehende Projekt konzentriert, dass ich abends denke: »Huch, schon Abend! Schade, dass ich so müde bin. Eigentlich würde ich gerne noch weitermachen.« Ich kann mich an kaum einen Arbeitstag als Lehrer erinnern, an dem ich gedacht habe: »Schade, dass die Schüler schon nach Hause gehen. Ich hätte sie gerne noch ein paar Stunden unterrichtet.« Natürlich habe ich auch ein paar Idealisten im Schuldienst erlebt, die ins Lehrerdasein gehören wie Jürgen Klopp an die Seitenlinie des Fußballfelds. Für die ihr Job kein Job ist, sondern ihre Berufung. Von diesen Lehrern habe ich viel gelernt; noch heute habe ich großen Respekt vor ihnen.

Auch ich hatte ja gute Zeiten in der Schule. Verglichen mit anderen Berufen bietet der Lehrerberuf einige zeitliche und persönliche Entfaltungsmöglichkeiten. Aber die zur Verantwortung gehörige Freiheit war mir nicht groß genug. Mir fehlte die Selbstbestimmung bei der Arbeit. Der Schulstundenrhythmus, der Stundenplan, der Lehrplan – all das fühlte sich an wie ein starres Korsett, in das ich mich täglich zwängen musste. Und wenn ich mal nicht gut drauf war und der Tag anstrengend wurde, hatte ich keine Chance, dem Stress zu entkommen. Ich fühlte mich eingeschnürt in einen vorgegebenen Ablauf. Ich merkte das an der zunehmenden Überwindung, die es mich kostete, morgens aufzustehen; an der abendlichen Unlust beim Gedanken an den nächsten Arbeitstag; und daran, dass ich mich in der Freizeit mit allem beschäftigte, nur nicht mit meiner Arbeit. Ohne unter Zeitdruck zu stehen, schob ich Dinge, die zu erledigen waren, bis zum letzten Moment auf.

Ein Aspekt meiner Arbeit als Lehrer, der mir besonders gefiel, war die Langfristperspektive – das Denken in einem größeren Zeitrahmen, das Hinarbeiten auf eine Zukunft. Ich brachte durch die tägliche Arbeit ein Stück meiner selbst ein in die Erziehung der Schüler und erinnere mich noch gut, wie ich als Leiter einer vierten Klasse beim Verteilen der Abschlusszeugnisse bei der Schulentlassungsfeier überraschend stark mit feuchten Augen zu kämpfen hatte. Man hinterlässt Spuren im Bemühen um die Entwicklung der Kinder und kann auf gemeinsam Erreichtes zurückblicken. Jahre nach deren Ausschulung treffe ich manchmal ehemalige Schüler zufällig beim Einkaufen wieder und freue mich, wie nett sie mich grüßen. Ich halte einen kleinen Plausch mit ihnen und sehe voll Bewunderung, wie erwachsen sie geworden sind.

Dieses tägliche Arbeiten an langfristigen Zielen erfüllt auch meine Tätigkeit als Winzer. Speziell bei meinen alten Reben. Denn wer mit ihnen umgehen will, braucht einen langen Atem, besonders dann, wenn er sie auf ihre alten Tage noch mal umziehen will – so wie ich es mir in den Kopf gesetzt hatte.

Die Erziehung von Reben ist eine Wissenschaft für sich. Es gibt verschiedene Methoden, die oft der regionalen Tradition entstammen und entsprechend gut an die örtlichen Bedingungen angepasst sind. Auf Lanzarote zum Beispiel werden Reben in Mulden gepflanzt und weniger als einen Meter hoch gehalten, um sie vor den kräftigen Winden zu schützen, die ständig über die Insel fegen. In südlichen Ländern hält man die Rebstöcke eher niedrig und gedrungen und erzieht die Blätter sonnenschirmartig über die Trauben, um die Früchte vor übermäßiger Strahlung zu schützen. In Griechenland habe ich sogar ein überdachtes Weinfeld gesehen!

In Deutschland herrschen komplett andere Anforderungen: Hier werden die Reben grundsätzlich so erzogen, dass sie maximal zur Sonne exponiert stehen, um möglichst viel von der wertvollen Lichtenergie aufzufangen und umzusetzen. Steillagen sind dafür perfekt.

Wegen der weltweit einmalig vielen und großen zusammenhängenden Steillagenrebflächen haben wir an der Mosel aus der Geschichte heraus eine ganz eigene Erziehungsmethode entwickelt, die auch heute noch in den weinbaulichen Lehrbüchern als »Moselpfahlerziehung« ausgewiesen ist. Bei dieser Methode bekommt jede einzelne Rebe ihren eigenen Holzpfahl, der direkt neben dem Rebstamm in den Boden gerammt wird und etwa zwei Meter aus jenem herausragt. Wenn die Reben im Frühjahr austreiben, werden etwas weniger als die Hälfte der Triebe mit Bastfäden an dem Holzpfahl in die Höhe gebunden. Im Laufe des Sommers ranken diese Triebe dann auf die ganze Länge des Pfahls und tragen den größten Teil der Blätter. Die übrigen Triebe werden auf eine Länge von etwa einem halben Meter eingekürzt und haben im Verhältnis zu den Früchten, die sie tragen, nur wenige Blätter.

Der große Vorteil dieser Methode liegt in der hohen Anzahl von Rebstöcken, die der Winzer auf seiner wertvollen Rebfläche unterbringen kann. Der Nachteil ist die geringe sonnenexponierte Blattfläche. Das wird zum Teil durch die günstigen Belichtungsverhältnisse in den amphitheaterartigen Steilhängen ausgeglichen. Ein weiterer großer Nachteil dieser Methode ist der sehr hohe manuelle Aufwand, den sowohl das Anbinden der Triebe am Holzpfahl in mehreren Durchgängen jährlich als auch das Einkürzen der einzelnen Triebe verursacht. Diese Erziehungsmethode stammt aus Zeiten, als Handarbeit noch billig war und Arbeitszeit keine so wichtige Rolle wie heute spielte.

Als ich noch ein Kind war, flitzte ich durch Weinberge, die allesamt mit der Moselpfahlerziehung bewirtschaftet waren. Erst in den 80er Jahren kam die sogenannte Drahtrahmenerziehung auch an der Mosel auf. Bei dieser Methode werden in jeder Reihe mehrere lange Drähte von Pfahl zu Pfahl gespannt. Während des Wachstums verteilt und fixiert man die Blätter und Trauben in mehreren schnellen Arbeitsgängen gleichmäßig über diese Drahtrahmen, so dass sich Reihen von Laubwänden bilden. Die Blätter werden dadurch optimal zu Licht und Luft exponiert. Außerdem bleiben mehr Blätter pro Traube an der Pflanze.

Um diese Erziehungsmethode zu perfektionieren, verwendet man Biegedrähte, Heftdrahtpaare, Klammern, Rankdrähte und beschäftigt sich mit optimalen Abständen, speziellen Arbeitsgängen und den perfekten Zeitpunkten für Schneiden, Klammern, Biegen und Heften. Wenn man weiß, wie das mit der Drahtrahmenerziehung funktioniert, rechnet sich die Bewirtschaftung der Steillagen viel besser als die traditionelle Moselpfahlerziehung. Allerdings ist der finanzielle Aufwand bei Aufbau und Pflege der Drahtrahmenanlage nicht unerheblich. Man muss also erst einmal investieren, bevor der Ertrag dafür sorgt, dass sich das Ganze auszahlt.

Lange vor meiner Betriebsübernahme hatte mein Vater in all unseren familieneigenen Weinbergen Drahtrahmenanlagen installiert. Dagegen war der größte Teil der Steillagenparzellen in Spitzenlagen, die ich gezielt von anderen Winzern dazukaufte, noch nach der Moselpfahlmethode bewirtschaftet worden. Und genau diese Spitzenlagen erforderten wegen der Pfahlerziehung einen mörderisch hohen Arbeitsaufwand, der unsere Familie den ganzen Sommer über ordentlich auf Trab hielt. Kaum hatten wir in einer Parzelle die Reben fertig angebunden, war der nächste Wingert schon wieder so weit gewachsen, dass einem die Triebe von

Ferne geradezu entgegenwinkten und um Hilfe riefen. Also fängt man wieder von vorne an und bindet auch den neuen Zuwachs an. Zeitweise war ich mit dem überproportionalen Arbeitsaufwand überlastet. Also setzte ich mich in meinem zweiten Winzerwinter hin und rechnete. Ich erstellte eine vollumfängliche Investitionsrechnung, um herauszubekommen, ob sich eine Umstellung auf Drahtrahmenerziehung lohnte. Wie viel Geld müsste ich in die Hand nehmen? Ab wann würde sich der Spaß rechnen? Würde sich die Investition je amortisieren?

Es war eine Entscheidung mit einiger Tragweite, nicht nur finanziell gesehen. Eine Umstellung würde die Arbeit im Weingut auf Jahrzehnte hinaus verändern. Gleichzeitig war ich extrem gespannt darauf zu beobachten, ob und wie sich die Weinqualität durch die größere Anzahl Blätter pro Traube wandeln würde.

Die meisten anderen Winzer reißen die alten Reben kurzerhand aus, wenn sie eine Drahtanlage anlegen, und ersetzen sie durch neue, junge Sprosse. Ich entschied mich dagegen. Denn ich wollte die alten Pflanzen erhalten. Der Prozess der Umstellung würde hochinteressant werden: Wie würden die Reben nach mehreren Jahrzehnten reagieren, wenn sie plötzlich komplett anders wachsen und einen ganz anderen Rebschnitt erdulden sollten? Ich schätzte, dass es alleine zwei Jahre dauern würde, bis die alten Reben optimal in die Drahtanlage hineingewachsen wären.

Und was, wenn das alles gar nicht funktionierte? Wenn die alten Reben anders als erwartet auf die Umerziehungsmaßnahme reagierten und plötzlich deutlich weniger Ertrag lieferten? Das würde meine schöne Investitionsrechnung über den Haufen werfen. Oder wenn sie zu viele Trauben trügen? Darunter litte mein Qualitätsanspruch.

Ich ging eindeutig ein Risiko ein. Für meine bescheidenen Verhältnisse nahm ich ordentlich Geld in die Hand und konnte das nur rechtfertigen, indem ich einen langen Blick auf viele vor mir liegende Jahre warf. Natürlich versprach ich mir in der Zukunft einen Gewinn von dieser Maßnahme, insofern war ich in diesem Moment Vollblutunternehmer.

Ich atmete tief durch und legte los.

Zuerst kaufte ich das Material: Stahlpfähle mit Aufnahmeösen für Drähte, viele Rollen zwei Millimeter starken Stahldraht sowie Erdanker, um die Last der Laubwand abzufangen. Dann nahm ich mir einen ersten kleinen Hang als Testgebiet fürs erste Jahr vor. Dort entfernte ich zwei Tage lang sämtliche Holzpfähle, rammte in weiteren zwei Tagen Stahlpfähle in den Boden und fing danach an, die Drähte zu ziehen. Am Wegrand über dem Steilhang standen zwei große Drahtspulen. In jede Reihe zog ich sieben Drähte, dabei nie mehr als zwei zur gleichen Zeit, da sie sich sonst verheddert hätten, bevor ich sie fixieren konnte. In jeder Hand einen Draht ging ich also den Steilhang hinab, unten angekommen machte ich kehrt und fixierte die beiden Drähte beim Hangaufwärtsgehen. Vierzehn Reihen mal sieben Drähte macht achtundneunzig Drähte, geteilt durch zwei Drähte pro Gang – macht neunundvierzigmal den Hang runter und rauf, bei 50 Grad Hangneigung, jedes Mal etwa hundert Meter. Uff! Aber ich hab's geschafft. Weil ich es unbedingt fertig sehen wollte! Dann wartete ich auf das Frühjahr, um zu sehen, wie sich die Triebe in den Drahtrahmen schmiegen würden.

Schon im ersten Jahr und schon beim ersten Weinberg funktionierte die Umstellung sensationell gut: kein übermäßiger Wuchs, stattdessen kleine, gesunde Trauben mit deutlich höheren Oechslegraden und intensiver Aromatik. Der Testballon war hoch geflogen, viel höher, als ich gehofft hatte.

Im darauffolgenden Winter stellten wir unsere übrigen Pfahlanlagen auf Drahtrahmenerziehung um, und mit der Zeit entwickelten wir eine gewisse Kunstfertigkeit im Anpassen der alten Reben auf das neue System. In den folgenden Jahren stellten wir, wann immer wir eine alte Moselpfahlanlage übernommen hatten, sofort die Erziehung um und installierten im Weinberg eine Drahtrahmenanlage. Inzwischen ist dies quasi mein Begrüßungsgeschenk für neue alte Weinberge in unserem Weingut, wie ein Handschlag mit dem Versprechen einer langjährigen Partnerschaft.

In langen Zyklen denken und handeln – dieser unternehmerische Ansatz bereitet mir unendlich viel Freude. Mir läuft ein wohliger Schauer über den Rücken, wenn ich daran denke, dass die von mir in den Boden gerammten verzinkten Stahlpfähle mindestens 50 Jahre halten. Wie viele Menschen haben in ihrem Job einen so langfristigen Blick? Und wie vielen davon fehlt genau das zu einem tieferen Wohlbefinden?

Eines Tages verguckte ich mich ernsthaft. Zuerst war es nur ein Flirt, aber dann habe ich mich bis über beide Ohren verknallt, schaute dem Objekt meiner Begierde ständig hinterher und wusste: Eines Tages werde ich dich haben!

Sie heißt Schäferlay und ist ein Weinberg. Eine schnuckelige Parzelle in der für mich besten Lage von Briedel. Dort gibt es noch viele wurzelechte Reben, also keine Reben mit aufgepfropfter sortenfremder Wurzel, sondern mit noch alter Rieslingwurzel. So etwas gefällt mir. Bei den allermeisten deutschen Rebpflanzungen wurden im Zuge der Flurbereinigungen der letzten 40 Jahre Pfropfreben eingesetzt: Das Edelreis, also der oberirdische Teil, wird auf eine Wurzel gepfropft, die im Gegensatz zum Edelreis reblausresistent ist, als vollständige Pflanze aber gar keine schmackhaften Trauben hervorbringen würde. Alte Rebbestände hingegen, die noch keiner Flurbereinigung unterworfen waren, sind oft nicht auf reblausresistente Wurzeln aufgepfropft, sondern als »vollständige« Sorte gewachsen. Diese »wurzelechten« Reben sind schwächer im Wuchs und haben etwas dünnere Äste, dafür sind sie robust, ihre Trauben kleinbeerig und besonders aromatisch.

Der Hang mit der von mir ausgeguckten Parzelle ist ideal gelegen, nach Südsüdwest ausgerichtet. Der Schieferboden, auf dem die Reben wachsen, stellt genau das richtige Maß an Nährstoffen bereit. Die Trauben bestehen aus sehr kleinen Einzelbeeren, und weil sie nicht so dicht gepackt sind, bekommen sie im Herbst keine Druckstellen. Die geringe Größe der Beeren ergibt außerdem ein tolles Verhältnis: viel Schale pro Volumen Flüssigkeit – in der Schale sitzen die meisten Aromastoffe.

Genau diese Kombination von besonderen Eigenschaften war mir seit jeher ins Auge gefallen. Ich beobachtete den Hang schon lange, zumal er direkt unter einem Weinberg lag, der schon länger mir gehörte. Immer wenn ich an ihm vorbeifuhr, wirkte er still und zurückhaltend, gleichzeitig jedoch auch gutherzig und freundlich auf mich. Mir fiel auf, dass die Trauben im Herbst dort sehr lange hängen konnten, ohne faul zu werden. Auch das führte ich auf die kleinen Beeren zurück. In einem trockenen Sommer bemerkte ich wiederum, dass der Weinberg keinerlei Stress hatte, ganz im Gegensatz zu anderen Lagen in der Nähe. Bei genauem Hinsehen erkannte ich, dass der steile Hang leicht konkav geformt ist, also eine unauffällige großräumige Mulde bildet, die möglicherweise unterirdisch Wasser sammelt, denn die Wurzeln standen offensichtlich auch dann noch in feuchter Erde, wenn die Reben ringsum an der Trockenheit zu leiden begannen. Was für ein verflixt schöner Weinberg!

Diese Parzelle musste ich haben. Ich ließ nicht locker. Ich freite um das Stück Land, machte ihm schöne Augen und buhlte immer wieder im scherzhaften Schwatz mit dem Eigentümer darum. Und eines Tages gab er tatsächlich nach und bot mir die Parzelle an, und das auch noch zu einem fairen Preis. Ich konnte mein Glück kaum fassen und schlug ein, bevor er es sich anders überlegte.

Nun begann die Zeit des Beziehungsaufbaus. Wie immer ging ich forsch zur Sache und stellte den Weinberg von Pfahlerziehung auf Drahtrahmen um. Dabei hatte ich durchaus Herzklopfen und hoffte, dass mir die schwachwüchsigen Reben diesen Eingriff verzeihen würden. Zur langfristigen Bodenverbesserung kaufte ich einen ganzen Lastwagen samt Anhänger voll Grünschnitthumus und arbeitete diesen in den Weinberg ein. Der Dorfschmied von Briedel, der Schmied Fränz, hatte vor vielen Jahren eine Art Schubkarre ohne Rad gebaut. Die war eigens für solche Zwecke angefertigt, etwa doppelt so groß wie eine normale Schubkarre und konnte an den Seilzug des Traktors angeschlossen werden. Nachdem ein 24 Tonnen schwerer Hügel Humus per Lastwagen oben am Weg direkt neben meiner Parzelle abgekippt worden war, schaufelte ich gemeinsam mit meinen polnischen Saisonarbeitern etwa einen Zentner Humus in die modifizierte Schubkarre. Dann ging einer mit der Karre den Weinberg hinunter, entleerte sie, setzte sich rein und wurde von der Seilwinde des Traktors wieder hoch zum Weg gezogen. Zu viert schafften wir es auf diese Weise, an einem Tag den gesamten Humus in den Wingert einzubringen. Und mein Vater ließ es sich natürlich nicht nehmen, das Material persönlich von Hand mit der Hacke zu verteilen.

Im ersten Jahr war ich gespannt wie ein Flitzebogen. Mir gefiel sehr, dass sich nach der Humusbeigabe die Blattfarbe dunkler zeigte und vitaler aussah, die Reben jedoch nach wie vor schwachwüchsig blieben. Die Traubengröße hatte sich nicht verändert – zum Glück.

Allerdings haute mich der Wein nach dem ersten Jahr nicht vom Hocker. Ich war sogar ein wenig enttäuscht. Entweder hatte ich zu viel in meinen neuen Weinberg hineinphilosophiert, oder ich hatte einfach noch nicht den Bogen raus. Vielleicht musste ich noch behutsamer mit meiner Schäferlay umgehen? Oder hatten möglicherweise die Alten recht, die sagten, dass die Weine von der Schäferlay Zeit bräuchten, dann aber eine unvergleichliche Tiefe offenbarten?

Ich investierte weiter alle Mühe in die alten Reben und arbeitete furchtbar gern in ihren Reihen. Der Weinberg hat viele, aber dafür kurze Reihen. Das hat den psychologischen Vorteil, dass man bei der Arbeit viel öfter den Triumph spürt, wieder eine ganze Reihe geschafft zu haben. Die Hangneigung ist auch nicht so mörderisch steil wie manch andere, sondern gerade so, dass wir bei jedem Wetter reinkönnen, ohne auszurutschen, auch bei Frost oder Matschwetter. Sehr motivierend ist darüber hinaus der Ausblick: Wenn ich im Hang bin, stehe ich genau in einer Moselkurve und kann hinüber zu meinem Heimatdorf schauen, mit der Kirche in der Mitte. Ich sehe die Moselfähre und erkenne schon von Weitem, welcher Kollege gerade übersetzt. Der meistbefahrenste Wirtschaftsweg führt direkt unter dem Weinberg durch, so dass ich während der Arbeit immer wieder andere Winzer treffe und mit ihnen plaudern kann. Das macht die Schäferlay zu einem besonders kommunikativen Weinberg. Und das Allerschönste: Es ist ein Abendsonnenweinberg! Von all meinen Lagen kann ich hier am längsten in der Sonne arbeiten.

Und wie das bei einem Lieblingsweinberg so kommen kann, bedankte er sich eines Tages mit einer kleinen Geste für die entgegengebrachte Zuneigung: Zwischen den Reihen entdeckte ich einige Zierkürbisse! Was war denn das? Ich holte meine Familie und zeigte ihnen das kleine Wunder. Wir suchten den ganzen Hang ab und fanden acht bildhübsche Kürbisse. Wahrscheinlich waren die Samen im Grünschnitthumus gewesen, mir kam es jedoch wie ein liebes Geschenk meines Weinbergs vor. Im Herbst ernteten wir die Kürbisse und schmückten unseren Balkon mit ihnen.

Im zweiten Jahr quittierten mir die Rieslingreben mein konstantes Bemühen um ihr Wohlbefinden mit einem wunderbaren Wein. Es schien, als hätten wir uns aneinander gewöhnt. Wir wurden vertrauter miteinander, und ich erkannte ihre besonderen Qualitäten.

Im Jungweinstadium hat der Wein jedes Mal eine eigene Note: Immer schmeckt er leicht metallisch, so wie wenn zwei Feuersteine aneinanderschlagen – ein wenig wie Pulverplättchen in Spielzeugrevolvern. Nach etwa einem halben Jahr verliert sich diese metallische Note und weicht einer leicht herben Mineralität. Das hält den Wein spannend und frisch, klirrend, stahlig. Darum eignet sich dieser Wein für eine längere Reifung. Schließlich, nach etwa einem Jahr, zeigt er seine ganze Stärke und bildet wunderbare Fruchtaromen aus. Dann sagt er mir: »Jetzt bin ich so weit, schau, jetzt bin ich da!«

Ich kann mich darauf verlassen: Jedes Jahr kommt dieser Wein aufs Neue groß raus. Immer und immer wieder. Er braucht nur etwas mehr Zeit. Mein Lieblingsweinberg ist treu, vertrauenswürdig, zugänglich, gepflegt, zurückhaltend, scheu, unscheinbar, ein wenig verschlossen, aber von unergründlicher Tiefe, spannend, charakterstark, schön, ausgeglichen, umgänglich, gut proportioniert, zuvorkommend und freundlich. Ich bin gerne bei ihm. Wenn am Abend alle Arbeit in den Weingärten getan ist, halte ich auf dem Heimweg oft noch bei ihm an, gehe durch die Reihen und flechte in der Abendsonne noch die letzten Triebspitzen, die oben hervorlugen, in den Drahtrahmen ein. Am Fuß des Hanges steht ein kleines Mäuerchen aus Schiefersteinen, auf denen man wunderbar sitzen und plaudern kann – oder einfach nur auf die Mosel schauen. Am liebsten im Sonnenschein mit einem Glas Riesling in der Hand.

Diese innige Beziehung zur Schäferlay begründet sich nicht zuletzt durch die Langzeitperspektive, die sie mir bietet. Sie wird mich ein Winzerleben lang begleiten und hoffentlich auch meinen Kindern noch köstliche, kleinbeerige, hochreife Rieslingtrauben schenken.

Genau diese heile Welt wird akut bedroht durch die industrielle Arbeitsteilung, durch reines Profitstreben, durch rücksichtslose Rationalisierung, durch die Ausbeutung von Ressourcen und die Respektlosigkeit gegenüber den Kunden. Die Großkellereien machen uns traditionellen Familienbetrieben das Leben immer schwerer, indem sie auf das Prinzip Arbeitsteilung setzen – jeder soll sich gefälligst um den Bereich kümmern, in dem er Spezialist ist! Folgerichtig müssen die drei Hauptbereiche der Weinbranche –Traubenproduktion, Weinherstellung und Vermarktung – voneinander getrennt werden, denn durch die Konzentration jedes einzelnen Rädchens in der Produktionskette auf seine optimale Umdrehung kann am ökonomischsten gewirtschaftet werden. Was im weltweiten Weinbau vor sich geht, macht auch an der Mosel nicht halt. In ihrem eindimensionalen Wachstumswahn und dem damit verknüpften Preiskampf bedrohen die modernen Großkellereien die Existenz der traditionell selbständigen und damit in ihren Augen unwirtschaftlich arbeitenden Winzer – dies oftmals so subtil, dass der Winzer gar nicht merkt, dass es um seinen Kopf geht.

Dann heißt es etwa: »Schau mal, lieber Winzer, du hast so hübsche Weinberge, aber deine Kellerei ist nicht mehr auf dem neuesten Stand. Wie du weißt, sind neue Investitionen riskant, Kredite nicht leicht zu bekommen. Wir hingegen verfügen über hochmodernste Technologie. Wir wäre es also, wenn du uns die Trauben ablieferst und wir dir dafür die schwierigen und arbeitsintensiven Bereiche der Weinherstellung und Vermarktung abnehmen? Dann könntest du das tun, für das du gut gerüstet bist, nämlich Trauben anbauen. Du bekommst dein Geld für die Trauben, und alles Lästige machen wir. Na, wie wär's?«

Der Schamlosigkeit, mit der so manche Großkellerei auftritt und ihre Stärken ausspielt, mussten einige meiner Kollegen tatsächlich ins Auge sehen. Besonders die Steillagenwinzer, die zwangsläufig mit einem hohen Anteil Handarbeit wirtschaften, haben Probleme, einen Preis durchzusetzen, mit dem sie auf ihre Kosten kommen. So billig, wie es der Kunde – sprich: der Handel – will, können sie gar nicht produzieren. In Steillagen bestehen in der Regel nur die Winzer, die ihre Erzeugnisse selbständig als Flaschenwein direkt an den sogenannten »Endkunden« vermarkten.

Was aber soll ein Winzer tun, der nachts aus Alpträumen hochschreckt, in denen er sich mit dem Rücken an einer Wand aus weinbefüllten Tetra Paks wiederfindet? Der kein Geld für Investitionen hat? Und keine Nachkommen, die den seit Generationen bestehenden Familienbetrieb übernehmen möchten und für die es sich noch einmal lohnen würde, ein Risiko einzugehen?

Manche waren im ersten Moment froh über so ein Angebot, sahen in der Möglichkeit des Traubenverkaufs eine Chance und schlugen ein. Die erste Zeit gab ihnen sogar recht: Sie sparten Arbeit, und das Geld floss unproblematisch in angemessener Menge. Einige sind bis heute zufrieden damit, durch die Spezialisierung auf den Traubenanbau der Vielzahl unterschiedlicher Winzerarbeiten entkommen zu sein. Viele verscherbelten ihre Weinfässer und Weinpressen. Den Werkzeugkasten des Winzers waren sie damit los, genauso wie die Möglichkeit der Weinerzeugung.

Doch es kam ein Jahr, an das ich mich noch gut erinnere. Plötzlich hieß es von Kellereiseite, die für die Trauben gezahlten Preise ließen sich am Weinmarkt nicht mehr erwirtschaften. Außerdem seien die Weinbestände vom Vorjahr noch gar nicht verkauft. Der allgemeine Preisverfall müsse nun von den Winzern mitgetragen werden. Das hieß unterm Strich: Die Großkellereien zahlten in diesem Jahr 30 Prozent weniger. Basta!

Ich habe heute noch den Aufschrei der Winzer im Ohr – welch ein Heulen und Zähneknirschen unter den traubenabliefernden Kollegen! Viele Winzer hatten sich in die Abhängigkeit manövriert. Ihre eigenen Mittel zur Herstellung waren verkauft, und auch die Selbstvermarktungsstruktur des Weinguts war sanft entschlummert. Das spürten sie nun auf schmerzhafte Weise. Ein Weg zurück in die selbstvermarktende Winzerexistenz war unmöglich geworden, denn das hätte Neuinvestitionen verlangt, für die kein Geld mehr da war. Die Zukunft war verkauft – und mit ihr die Unabhängigkeit.

Der Preisverfall erwischte nicht nur einzelne Winzerexistenzen, sondern auch den Steillagenweinbau insgesamt. Unter den veränderten Vorzeichen rentierte er sich für reine Traubenproduzenten nun überhaupt nicht mehr. Dabei sind diese Lagen die hochwertigsten! Es ist absurd: Vor 30 Jahren konnte man diese Weinberge wegen ihrer hohen Traubenqualität nur von den eigenen Eltern erben oder indirekt erwerben, indem man der jungen Winzerstochter des Besitzers ein Ja abrang und in diese Hänge einheiratete. Und nun liegen an der Mosel Teile von Weinlagen brach, in denen vor 100 Jahren noch einige der teuersten Weine der Welt reiften.

Ich selbst habe eine bizarre Situation in unserem Dorf erlebt. Aus Gründen abnehmender Rentabilität im Steillagenweinbau und zunehmenden Alters gab ein älterer Kollege die Bewirtschaftung seines Weinbergs in einer der steilsten und besten Lagen des Ortes auf. Da mein Weinberg direkt neben seinem lag, war ich der naheliegende Ansprechpartner und ein möglicher Interessent. Doch war ich zu diesem Zeitpunkt dermaßen mit Arbeit ausgelastet, dass ich keine weitere Anbaufläche übernehmen konnte, ganz unabhängig vom Preis. Am Ende bot mir der Kollege seinen Weinberg sogar gratis an, nur damit die wunderbare alte Rebanlage weiter bewirtschaftet würde. Trotz dieses außergewöhnlichen Angebots musste ich ablehnen. Und auch sonst fand sich kein Kollege, der bereit war, diesen Weinberg in seinen Betrieb einzugliedern. Früher war ein Weinberg von dieser Qualität völlig unverkäuflich; keiner wäre auf die Idee gekommen, solch ein Goldstück zu veräußern – und heute will man den Weinberg nicht einmal geschenkt haben.

Im Jahr 2011 hat das Steillagenberatungszentrum Mosel prognostiziert, dass nach den folgenden fünf Jahren 20 Prozent aller Steillagenweinberge unbewirtschaftet sein würden. Ich fürchte, das trifft zu. Jedes Jahr kann ich von meinem Balkon aus beobachten, wie wieder mal eine Parzelle gerodet wird. Das ist eine bittere Form von zivilisatorischem Kollaps: Eine über Jahrhunderte gewachsene Kulturlandschaft wird eingestampft – zugunsten von Abfüllmagnaten, für die Wein nur eine Ertragsgröße ist, ein Volumen Flüssigkeit mit einem bestimmten Marktwert.

Dabei hat diese Landschaft ihre ursprüngliche Nachhaltigkeit längst bewiesen. Wir bewirtschaften heute noch die

91

Rebflächen, auf denen die Römer bereits vor 2000 Jahren Wein anbauten. Der Wein schenkte der ganzen Mosel-gegend über Jahrhunderte einen relativen Wohlstand. Er ge-hörte zur Kultur der hier lebenden Menschen. Er durchdrang nicht nur berauschend die Gehirnwindungen, sondern auch die Familien.

Und heute?

Gemeinsam mit den Betrieben wird eine ganz bestimmte, zutiefst menschliche Arbeit zerstört. Die Weinhänge drohen zum Flickenteppich zu mutieren. Die Traditionen und mit ihnen eine ganze Lebensart sind in Gefahr.

Herkunft

Als Kind kannte ich nur zwei Richtungen: flussauf- oder flussabwärts. Die Mosel bestimmt hier alles. An ihre Ufer sind die Dörfer gebaut, die sich wie Perlen an einer Schnur aufreihen. Von fast überall kann man den Fluss sehen, mit all seinen Kurven und Windungen – es gibt kaum einen Ort, an dem man nicht ein Stückchen seiner glitzernden Oberfläche hervorblitzen sieht. Die großen Straßen folgen auf beiden Seiten dem Lauf der Mosel und werden von grünen Hängen gesäumt. Auf den Außenseiten der Moselschlingen steigen die Prallhänge steil empor, auf den Innenseiten fallen die Hänge eher sanft ans Ufer. Auf diesen flacheren Gleithängen liegen die Häuser mit ihren Gärten.

Auf allen Hängen, die mehr oder weniger Richtung Süden abfallen, wächst Wein. Im Sommer leuchtet er saftig grün, im Herbst rotgelb. Die Winter sind hier nicht kalt und die Sommer nicht sehr heiß. Morgens ist die Mosel noch in Nebel gehüllt, den die aufsteigende Sonne langsam auflöst; am Abend schöner Tage ist der Flusslauf in orangefarbenes Licht getaucht, und die Felsen an den Hängen glühen rötlich, bis sich die Nacht über das Tal senkt.

Es ist eine reizvolle, ja malerische Landschaft; und wenn ich mit einem Faible für Farben, Pinsel und Leinwand ausgestattet wäre, hätte ich meine Motive gleich vor der Haustür. Als Maler von Postkartenidyllen müsste ich nichts retuschieren. Die Berge so grün, das Wasser so klar, der Himmel so blau – was wollte man da verbessern? Nur mit einem mutwilligen Pinselstrich, einer eigenwilligen Verzerrung, hätte ich das Ganze aufrauen können, um dem Kitsch-Vorwurf zu entkommen. Genauso hätte ich Lichteinfall, Silhouetten der Bergkämme und den Flusslauf in Versen besingen können, hätte mich die dichterische Muse geküsst.

Nun haben familiäre Herkunft und Zufall mit dafür gesorgt, dass ich dem Tal, aus dem ich stamme, keine Gemälde und Gedichte abgerungen habe, sondern etwas viel Einfacheres: Trauben. Doch erkenne ich in meinen Weinen ebenfalls ein Abbild der Landschaft, in der sie gediehen sind, schmecke das Licht, den Boden, den Wind. Und für mich, der ich meinen Geburtsort als junger Mann verlassen habe, in die Welt aufgebrochen und aus freiem Entschluss wieder zurückgekehrt bin, schmecken sie heute nach Heimat.

Es ist etwas Besonderes, genau dort zu leben, wo man als Kind aufwuchs. Ich bin sicher, dass ich öfter an Kindheitserlebnisse erinnert werde als viele andere, weil der Ort, in dem ich arbeite, identisch ist mit dem Ort, wo ich als Kind gespielt habe. Auf diese Weise entsinne ich immer wieder, wie schön und unbeschwert meine Kindheit war.

In meiner Erinnerung haben meine Eltern ständig gearbeitet – bei jedem Wetter, von früh bis spät, auch samstags, sonn- und feiertags, da meistens Gäste am Hof waren oder noch Tätigkeiten im Keller zu erledigen waren. Kam ich von der Schule nach Hause, stand oft das »Marmittchen«, unser Warmhaltebehälter, auf dem Tisch und wartete mit guter Hausmannskost auf mich, etwa das typisch moselländische »Gräwes« – Sauerkraut mit zerdrückten Kartoffeln und Gewürzen vermischt, dazu Kassler. Ein anderer Favorit von mir, den meine Mutter auch heute noch im Herbst oft für das Leseteam zubereitet, war Gehacktes mit Zwiebeln, Rotkraut und Kartoffeln. Neben dem Marmittchen lag meist ein Zettel: »Lieber Achim, Papa und ich sind heute im Weinberg auf der anderen Moselseite. Du brauchst nicht nachzukommen. Bitte sei bis zum Abendessen wieder zu Hause. Liebe Grüße, Deine Mama.«

Falls bei Ihnen nun der Schlüsselkind-Verdacht aufkommen sollte: So war es mitnichten. Ich kann mich an keinen einzigen Augenblick meiner Kindheit erinnern, in dem ich mich vernachlässigt gefühlt oder mir mehr Aufmerksamkeit meiner Eltern gewünscht hätte. Im Gegenteil, diese Zettel hießen für mich: Bis zum Sonnenuntergang durfte ich Tom Sawyer sein. Unsere kleine Welt stand mir offen, und ich konnte tun und lassen, was ich wollte. Mit meinen Huckleberry Finns stromerte ich nachmittags durch unser Dorf und die Umgebung. Ich fühlte mich frei!

Mein bester Huck Finn hieß Götz. Seine Eltern wohnten in einem kleinen Holzhaus direkt an der Mosel. Zusammen trieben wir uns oft am Ufer herum, flitschten Steine übers Wasser, schwammen, fuhren Schlauchboot, angelten, zelteten auf der Wiese vor dem Haus, beobachteten Touristen oder spielten Fußball auf unserem kleinen Bolzplatz, wo wir andere Kinder trafen. Wir waren uns selbst überlassen, das aber im besten Sinne. Das hieß auch: Kein elterlicher Schiedsrichter griff bei Streitigkeiten ein. Wir mussten Konflikte allein regeln und erzogen uns dadurch praktisch selbst, wobei uns die Wirklichkeit den Rahmen vorgab. Natürlich ist der Pfad der Gerechtigkeit mit Stolpersteinen gepflastert, gab es Zerwürfnisse, Gezank, Verrat und ab und an das unrühmliche Recht des Stärkeren, zerrissene Hemden und blaue Flecken inbegriffen. Aber wir fanden schließlich selbst heraus, dass Lügen kurze Beine haben oder dass es sich nicht lohnt, anderen eine Grube zu graben. Letztlich lernten wir auch, was Freundschaft bedeuten kann – und wie rasch sie manchmal in die Brüche geht.

Wenn ich mir heute manche Kinder ansehe und die Umstände, unter denen sie aufwachsen, denke ich oft, ihnen müsse etwas fehlen. Die meisten toben nicht mehr über Bolzplätze (gerade in Städten gibt es ja kaum noch welche), streifen nicht mehr durch Wälder und Felder, sondern rasen per Joystick oder Tastatur durch imaginäre Welten, wo ihnen animierte Gefahren drohen. Wenn sie zu viele Fehler machen, heißt es einfach »Game over« – und das nächste Spiel beginnt. Und wenn sie durch Schluchten und über Berge hasten, während sie »zocken«, bewegen sich ihre Körper dabei nicht von der Stelle. Zwar holen manche Kinder die körperliche Aktivität beim Sport nach, aber längst nicht alle. Vielen fehlt daher dieses Toben, das Ausprobieren der eigenen körperlichen Fähigkeiten.

Aber das ist nur das Eine. Das Zweite: Kinder, die mehr und mehr Zeit vor dem Computer verbringen, kennen zwar alle Regeln der Onlinespiele, versäumen jedoch zunehmend, die Regeln des sozialen Miteinanders zu lernen. Dabei sind wir gezwungen, in unserer komplexen Welt soziale Situationen zu meistern. Wir müssen mit den unterschiedlichsten Menschen umgehen können, um nicht bei jedem Sozialkontakt Flurschaden zu hinterlassen. Diese Fähigkeiten kann man nur im wirklichen Leben erproben und erlernen.

Umso wichtiger sind mir meine Kindheitserlebnisse. Zum Beispiel die Erinnerung daran, wie wir unsere Welt entdeckten. Eine Zeitlang galt unser Hauptinteresse dem Feuer, genau genommen dem offenen Feuer unter freiem Himmel, von uns selbst entzündet. Dazu suchten wir uns Plätze am Moselufer, die schlecht einzusehen waren und wo wir ungestört wirken konnten. Das war Chemieunterricht auf eigene Faust. Wir untersuchten die unterschiedlichsten Materialien auf ihre Brennbarkeit, fielen manchmal in Qualm gehüllt hustend hinten über oder hingen eine Handbreit über der Glut, um das Feuer anzublasen. Wir verbrannten Blätter, Papier, Pappe, Plastik, trockenes oder feuchtes Holz und entwickelten so nach und nach eine beträchtliche Feuerkunst.

Im nächsten Schritt versuchten wir, unsere Kochkünste zu verfeinern, was bedeutete, dass wir in einer alten Konservendose Kartoffeln garten – die, wie wir rasch merkten, tatsächlich eine gewisse Zeit köcheln mussten, um genießbar zu werden. Das sich unmittelbar daran anschließende Projekt waren Zinnsoldaten. Mein Vater sammelte für uns alte bleihaltige Kapseln, die in den 70er Jahren oft bei hochwertigen Weinen als Verschluss dienten. Wir schmolzen sie in einer kleinen Pfanne über dem Feuer ein und gossen Zinnsoldaten daraus. Oder wir fertigten uns unsere eigenen Angelbleie, um uns Fische aus der Mosel zu ziehen.

Unausweichlich kam irgendwann die Zeit, in der wir uns erwachseneren Ritualen wie dem Rauchen nähern wollten. Die ersten kindlichen Versuche dieser Art haben an der Mosel sogar eine gewisse Tradition. Am Ufer wächst nämlich eine bestimmte Sorte Schilf, aus deren Halmen man sich ein etwa 30 Zentimeter langes Stück schneiden kann, das man mit einem dünneren Hölzchen aushöhlt, um ein Rohr zu erhalten, das sich anzünden lässt. Es verglüht ähnlich langsam wie eine Tabakspfeife und verströmt dabei einen beißenden Rauch. Viele Generationen moselländischer Kinder machten mit diesem Schilf ihre ersten Rauchversuche, und so heißt diese Schilfsorte im Volksmund auch »Rauchholz«.

Natürlich konnte es beim Rauchholz nicht bleiben – darin waren meine Freunde Bernhard, Ossa, Guscha und ich uns völlig einig. Wir wollten echte Zigaretten rauchen, wie echte Männer! Immerhin waren wir ja schon zehn Jahre alt …
Was das erste Problem mit sich brachte: Wer würde uns Zi-

garetten verkaufen? Darüber hinaus hatten wir kaum Geld. Also legten wir zunächst einmal unsere Groschen zusammen und kamen auf sage und schreibe 2 Mark und 30 Pfennige. Ob das für Zigaretten reichte? Wir wussten es nicht.

Wo ein Wille ist, ist bekanntlich auch ein Weg. Wer aber würde diesen Weg gehen und den Schritt in unseren Tante-Emma-Laden wagen, die einzige Einkaufsmöglichkeit in unserem Dorf? Wer wäre mannhaft genug, dort wie selbstverständlich ein Päckchen Zigaretten zu ordern? Ich weiß nicht, wie lange wir uns vor dem Laden herumgedrückt haben, bevor wir den mutigen Einkäufer letztlich per Los bestimmten. Es traf Bernhard. Während er mit einem Bimmeln durch die Tür verschwand, standen wir anderen drei wie Schwerverbrecher Schmiere. Heute denke ich, dass uns jeder, der vorbeikam, sofort ansah, dass wir etwas im Schilde führten. Die gespielte Unschuld, in der wir herumstanden, muss zum Schießen gewesen sein.

Nach einer gefühlten Ewigkeit, in der wir Bernhard schon am Kragen rausgeführt und uns alle vors Elterngericht gestellt sahen, klimperte die Ladentür auf – und o Wunder, er war tatsächlich erfolgreich gewesen. Wie eine Trophäe hielt er zwei Päckchen empor: Tabak und Blättchen!

Wir fielen augenblicklich allesamt aus der Rolle, johlten, klopften Bernhard auf die Schulter und scharten uns neugierig um die Beute. Uns war natürlich klar, dass ihm keiner im Laden seine angeblichen 16 Jahre abgekauft haben konnte; immerhin kannte im Dorf jeder jeden. Aber was spielte das jetzt schon für eine Rolle? Euphorisch schwangen wir uns auf unsere Räder und radelten zum alten Umkleidehaus am Strandbad. Das war der perfekte Ort, wo wir zumindest in dieser Hinsicht nun zu Männern werden würden.

Aufgedreht und mit zerzausten Haaren bremsten wir vor der heruntergekommenen Baracke, stellten unsere Räder ab, schauten in alle Richtungen, ob uns auch niemand ins Visier genommen hatte oder gar gefolgt war, und kletterten durch eines der vielen Löcher in den Verschlag. Das Dach des einstöckigen Gebäudes war eingefallen, Wände eingerissen, und überall standen rostige Nägel hervor. Also nicht das, was man sich heute unter einem perfekten Kinderspielplatz vorstellt. Für uns aber war dies ein willkommener Unterschlupf.

Im Kreis hockten wir uns auf den Boden und starrten gebannt auf Tabak und Blättchen. Beides ging von Hand zu Hand, denn jeder wollte es mal berühren. Wir hatten Streichhölzer, aber keine Ahnung, wie man aus den anderen beiden Dingen eine Zigarette bastelte. Bei den Erwachsenen sah das immer so leicht und spielerisch aus. Von Dorffesten wussten wir, dass selbst manch Betrunkener mit einer Hand eine Zigarette drehen konnte. Doch uns gelang es weder nüchtern noch mit zwei Händen, nicht mal mit insgesamt acht – am Ende unseres ersten echten Rauchversuchs hatten wir nur verkohlte Blättchen produziert. Der ersehnte Kick war ausgeblieben, musste also vertagt werden. Wir versteckten den Tabak samt Blättchen in einem Loch des Verhaus und radelten nach Hause.

Am nächsten Tag trafen wir uns wieder. Ossa griff in unser Versteck – und schaute mich verblüfft an: Unser Schatz war verschwunden! Sofort verdächtigte ich ihn, dass er ihn sich heimlich unter den Nagel gerissen hatte. Bernhard und Guscha sagten nichts, guckten nur enttäuscht und verdächtigten möglicherweise wiederum Ossa und mich, insgeheim unter einer Decke zu stecken. Schlussendlich hat sich dieser Verlust nie richtig aufgeklärt, unsere Freundschaft aber auch nicht beeinträchtigt. Das leise Misstrauen verflog schließlich; wahrscheinlich hatten andere Kinder, die auch im Umkleidehaus herumkletterten, unseren Tabak samt Blättchen gefunden und ihren Spaß damit gehabt.

Heute denke ich, dass unsere Eltern geahnt haben mussten, was wir so alles trieben, aber uns machen ließen – vielleicht auch aus der Erfahrung, dass sie selbst Rauchholz und erste missglückte Rauchversuche unbeschadet überlebt hatten. Sicher vertrauten sie nicht jedem, aber auf jeden Fall ihren Kindern und insgesamt dem Dorf, wo sich unser Leben abspielte. Denn der Ort unserer Kindheit war ja auch der Ort ihrer eigenen Kindheit. Und vielleicht spürten auch wir dieses über Generationen gewachsene, an die Heimat geknüpfte Vertrauen, diese grundlose Zuversicht, diese heile Welt, was uns wohl davon abhielt, wirklich krumme oder gefährliche Dinger zu drehen.

Besonders erinnerungsträchtig und gleichzeitig besonders heimatlich sind bestimmte, immer wiederkehrende Wegmarken im Jahresverlauf. Zweifellos gibt es einen Höhepunkt im Jahr, dem nicht nur wir Kinder, sondern auch die Erwachsenen und Gäste entgegenfieberten, also das ganze Dorf: das Weinfest am ersten Augustwochenende. Das war so und ist auch heute noch so. Seit vielen Jahren gibt es diese Feier, bei der auf dem Platz nahe der Fähre ein Zelt aufgebaut wird und die Straßen im Dorf mit Girlanden und Fahnen geschmückt werden. Es ist ein sehr volkstümliches Fest, an dem alle mitwirken, an dem Traditionen gepflegt werden und an dem die komplette Dorfgemeinschaft zusammenkommt, weil sonst so eine Feier gar nicht möglich wäre. Würde nicht vieles ehrenamtlich erledigt, machten allein die Kosten der geplanten Ausgelassenheit einen Strich durch die Rechnung.

Ein Verein zur Durchführung des Weinfestes plant das Event in mehreren Sitzungen übers Jahr verteilt. Zig Bürger helfen drei Tage lang beim Aufbau des Festzeltes und Schmücken des Festplatzes. Den Kuchen, der am Sonntag verkauft wird, backen die Frauen des Dorfes. Die Winzer stellen eine umfangreiche Weinkarte zusammen und geben ihre Produkte zu Sonderpreisen an den Festverein ab.

Es gibt echte Idealisten, die das Weinfest lieben und fördern. So hat das Feuerwerk am Freitag schon seit langer Zeit einen heimlichen Sponsor. Viele Bürger arbeiten unermüdlich im Hintergrund, ohne dafür ständig gelobt werden zu wollen. Gemeinsames Zupacken, auch am frühen Morgen, wenn einem vielleicht gar nicht nach schwerer Arbeit ist, schweißt die Menschen zusammen.

Natürlich gibt es bei einem solchen Vorhaben, an dem so viele Leute beteiligt sind, immer wieder Querelen. Die einen finden dies und das ungerecht, die anderen fühlen sich hier und da überfordert, und wieder andere weigern sich, mit diesem und jenem zusammenzuarbeiten oder finden manche Tätigkeit unter ihrer Würde. Und dann gibt es natürlich auch noch diejenigen, die gar nicht mithelfen möchten, weil sie glauben, dass die ohnehin wohlhabenden Weinbauern durch das Weinfest nur noch wohlhabender werden. Doch wer glaubt, dass wir Winzer bei einem Aufwand von einem Tag Planung, einem Tag Aufbau, einem Tag Abbau und 12 Stunden Thekendienst beim Verkauf von wenigen hundert Flaschen pro Weingut (zum Sonderpreis!) Geld verdienen, liegt gewaltig schief. Nein, das Weinfest ist eine Bereicherung für alle – ein Stück Identität unseres Dorfes.

Und so bricht jedes Jahr am ersten Freitag im August der Trubel los. Beim Gedanken daran erwacht in mir ein verklärtes 70er-Jahre-Gefühl: Den ganzen Tag über spürte ich schon als Kind die knisternde Vorfreude auf unserem Weingut. Einheimische und Gäste gaben sich die Klinke in die Hand, stimmten sich auf die Feierlichkeiten ein. Die Erwachsenen waren fein herausgeputzt, im Haus duftete es nach Parfum und Rasierwasser. Unter großem Tamtam mit Festzug und Fanfaren wurde dann die Weinkönigin zu Hause abgeholt und von aberhunderten Menschen durch die engen Straßen zum Festplatz geleitet.

An diesen drei Tagen gehören heute genauso wie damals ein gerötetes Gesicht und ein Schoppen Wein in der Hand einfach zum guten Ton. Überall witzeln und lachen die Leute, der Wein fließt in Strömen, Kinder flitzen zwischen den Theken und Tischen hin und her. Alle Mühen sind vergessen – der Ausnahmezustand ist da, und die Musik spielt den Takt dazu. Alte Bekanntschaften werden aufgefrischt, Freundschaften mit Leben gefüllt, Kontakte geknüpft, Neuigkeiten ausgetauscht, tausendmal erzählte Geschichten zum tausendundersten Mal erzählt, Gerüchte verbreitet oder dementiert, Kriegsbeile begraben oder wenigstens zu Hause gelassen.

Doch jedes Weinfest geht zu Ende, und es ist der Güte unserer Weine und unserer Trinkfestigkeit zu verdanken, dass der Katzenjammer danach nie besonders groß ist. Für manch einen ist im Rausch möglicherweise nicht alles nur günstig gelaufen: Die schönen Augen, die die Ehefrau ihrem Sitznachbarn gemacht hat, mögen auch dem Ehemann aufgefallen sein; der eine oder andere Witz mag so gar nicht nach dem Geschmack desjenigen gewesen sein, auf den er gemünzt war; und es gibt nach jedem Fest immer einen, der, obwohl alle tiefer ins Glas geschaut haben als sonst, eben noch etwas tiefer hineingeschaut hat und dabei vielleicht eine Hemmung zu viel hat fallen lassen. Aber die Nachlese ergibt schließlich auch den Stoff fürs nächste Weinfest, und so lässt man im Großen und Ganzen Gnade walten. Schlussendlich ist das Dorf nicht nur an den Bänken und Tischen im Festzelt, sondern auch im übertragenen Sinne wieder mal enger zusammengerückt.

Ich kann Ihnen versichern: Das fünfzehnte oder zwanzigste Weinfest Ihres Lebens wird Sie anöden. Irgendwann können Sie nicht mehr verstehen, warum sich erwachsene Menschen so etwas antun. Doch ab dem fünfundzwanzigsten oder dreißigsten Weinfest begann sich das für mich zu wandeln. Es ist, als würden Sie nach und nach hinter einen Vorhang schauen – und dann erfasst Sie ein Gefühl der Tradition und lässt Sie nicht mehr los, weil jedes Weinfest das Band feiert und festigt, das die Menschen im Dorf miteinander verbindet, heute genauso wie früher.

Mir ist heute klar, dass es nicht nur das Dorf ist, das diese Menschenverbindung begründet, sondern auch der Wein. Und damit meine ich nicht das gemeinsame Trinken, sondern den Weinbau, die Weinwirtschaft, den Beruf des Winzers, der kein Job ist, sondern eine Lebensform, die eine Basis unseres Dorfes, einen Kern des Zusammenlebens bildet. Der Weinbau ist einer der Gründe, warum es das Dorf in seiner jetzigen Form überhaupt gibt.

In der Kindheit haben wir diese Kultur als selbstverständliche Tatsache mitbekommen. Ich bin als Winzersohn aufgewachsen und habe all das, was mit dieser Lebensform verbunden ist, aufgenommen, ohne es zu wollen, ohne dass es mir bewusst gewesen wäre. Aber jetzt, da ich selbst Winzer bin, gibt mir der Weinbau die Selbstverständlichkeit der Kindheit zurück. Diesen Beruf jetzt selbst auszuüben, zumal auf moselländische Weise, ist für mich eine Form von Heimat.

Natürlich bekamen wir Kinder nicht ganz genau mit, was die Erwachsenen beim Weinfest im Einzelnen untereinander verhandelten, wer sich wem mehr zuneigte oder zu wem er eher auf Abstand ging. Für uns war das Fest mit seiner ausufernden Fröhlichkeit und der auch für uns Kinder für ein paar Tage gelockerten Moral einfach eine willkommene Abwechslung, für die wir selbst unsere Lieblingsbeschäftigungen einige Tage unterbrachen.

Dazu gehörte ganz klar das Angeln. Gelernt habe ich es im Dorf von drei durstigen Rentnern: älteren Männern, die oft mit ihrer Angelrute am Fluss zu finden waren: der Kahmter Heinz, der Franze Ferdi und der Gibbisch Kurt – Namen, die ich nie vergessen werde, genauso wenig wie die drei Originale selbst, die mir als Achtjährigem mit einer Engelsgeduld beibrachten, wie die drei Meter lange Bambusrute zu handhaben war, welche Köder an den Haken gehörten und wie der Schwimmer zu beobachten war. Ich lernte von ihnen, welche Fische es gab, welche schmackhaft waren, wie ich sie auszuweiden hatte – alles, was man als Angler eben wissen muss. Dabei war mir jedoch nicht ganz klar, welche Leidenschaft es genau war, die die drei regelmäßig an den Fluss trieb. War es der Wein, den sie stets in ein, zwei Flaschen mit sich führten und deren grüne Hälse aus einer ihrer Taschen hervorlugten? Oder war es doch das Angeln? Fischten sie, weil sie dabei ungestört am Fluss trinken konnten? Oder tranken sie, um sich die Zeit beim Angeln zu vertreiben? Wie auch immer, so mancher Fisch wird ihrem leicht vernebelten Blick entgangen sein.

Seitdem ich selbst Vater bin, denke ich, dass es wohl nicht wenige Eltern gibt, die sich für ihre Kinder andere Lehrmeister, einen anderen Umgang wünschen. Meine Eltern sahen das jedoch nicht so eng und bewiesen damit ganz nebenbei ihre Menschenkenntnis. Mein Vater begegnete jedem, auch diesen verschrobenen Gestalten, stets auf Augenhöhe; für ihn gehörten sie zur Dorfgemeinschaft, und er vertraute ihnen wie jedem anderen. Außerdem würdigte er meine bescheidenen Fänge, indem meine Fische mittags auf dem Tisch landeten und er seine Rolle als Ernährer damit für einen Tag an mich abtrat. Jedes Mal platzte ich fast vor Stolz.

Überhaupt war mein Vater in meiner Kindheit und Jugend eine sehr prägende Figur für mich, auch ohne besonders viel

Zeit mit mir zu verbringen. Er besaß eine natürliche Autorität, eine Sicherheit, die ich gerade in schwierigen Situationen immer wieder spürte. Eines der ersten Dinge, die ich von ihm lernte, war: »Ein Mann nimmt sein Leben selbst in die Hand!« Eine Lektion, die mir damals als acht- oder neunjährigem Jungen in der konkreten Situation nicht ganz in den Kram passte, die ich im Rückblick aber, da ich nun selbst Vater bin, als genialen pädagogischen Schachzug betrachte.

Ich angelte mal wieder mit zwei anderen Jungs an der Mosel und geriet mit einem der beiden in Streit. Worum es dabei ging, weiß ich heute nicht mehr, auch nicht, wer angefangen hatte. Aber ich weiß, dass der andere Junge älter und definitiv größer und stärker war als ich. Der Streit eskalierte und endete damit, dass er mit Absicht auf meine Bambusrute trat und sie zerbrach. Zusätzlich drohte er, mich grün und blau zu schlagen, wenn er mir das nächste Mal begegne. Ich hatte keinen Zweifel daran, dass er seine Drohung wahrmachen würde, klaubte meine zerbrochene Rute zusammen und lief mit Tränen in den Augen nach Hause.

Völlig aufgelöst erzählte ich meinem Vater, was vorgefallen war, und verlangte, dass er sofort und unverzüglich meinen Peiniger aufsuchen und auf welche Weise auch immer für Gerechtigkeit sorgen solle. Noch heute weiß ich genau, dass sich mein Vater nicht aus der Ruhe bringen ließ, sondern erst einmal nachdachte. Dann sagte er mir wohlüberlegt, er könne mir diesen Dienst nicht erweisen. Ich war fassungslos. Aber mein Vater erklärte: »Es nützt dir nichts, wenn ich mich da einmische. Du musst dich mit der Situation selbst auseinandersetzen, denn du bist es ja, der mit diesem Jungen im Dorf umzugehen hat, nicht ich.«

Vielleicht heulte ich noch ein bisschen rum, aber mein Vater blieb standhaft, was ich ihm niemals als Treulosigkeit nachtrug. Denn zweierlei wurde mir klar: Zum einen war ich selbst nicht ganz unschuldig an dem Streit gewesen, zum anderen war es schlicht Feigheit, meinen Vater vorzuschicken, um ihn die Kartoffeln aus dem Feuer holen zu lassen. Also dachte ich nach: Was konnte ich tun? Ich war clever und durchaus ein ernstzunehmender Gegner. Aber mein Widersacher war mir körperlich überlegen, zudem mit zwei älteren Brüdern aufgewachsen und nicht die Art von Junge, der sich von mir einschüchtern lassen würde. Nein, ich wäre derjenige, der im Zweifelsfalle übel Dresche bezöge.

Von welcher Seite ich die Sache auch betrachtete, mir fiel keine Lösung ein. Also ging ich in Deckung und mied den Teil des Dorfes, wo ich dem anderen über den Weg laufen könnte. So sahen wir uns einige Tage nicht. Als wir uns dann schließlich doch mal begegneten, schwiegen wir beide und ignorierten uns gegenseitig. Wir besprachen unseren Streit nie wieder – bis heute nicht.

Damals lernte ich etwas Wichtiges: Nicht jeder Konflikt wird gelöst, und nicht jeder Konflikt kann oder muss gelöst werden. Das Problem bleibt zwar bestehen, aber das Leben geht weiter. Das Wichtigste: Nur wenn ich mich selbst meinen Problemen stelle, lerne ich damit umzugehen und kann Selbstbewusstsein für die Zukunft daraus schöpfen.

Als ich 16 Jahre alt war, erhielt ich einen weiteren Denkzettel in Sachen Erziehung. Ich fuhr nämlich das Auto meiner Schwester zu Schrott – betrunken, ohne Führerschein – und hatte dabei obendrein noch eine pfeilgerade, autobreite Schneise quer durch einen fremden Weinberg gefräst und einen ganzen Haufen niedergewalzter Rebstöcke hinterlassen.

Wie es dazu kam? Auftakt zu manch glorreicher Tat ist bekanntlich eine vermeintlich gute Idee. Wie so oft saß ich mit Freunden spätabends am Fluss; wir tranken, weil uns nichts Besseres einfiel, und mir kam der tolle Einfall, meiner Freundin, die ein Jahr älter war als ich und sich gerade in der

Fahrschule angemeldet hatte, das Autofahren beizubringen. Mit meinen 16 Lenzen war ich nämlich bereits ein ausgewiesener Traktorpilot; und was, bitte schön, ist denn beim Auto schon groß anders …? Kupplung, Bremse, Gaspedal, Schalthebel, Lenkrad – das kannte ich aus dem Effeff.

So schlich ich mit meiner Freundin auf unseren Hof und stibitzte vom Schlüsselbrett in der Garage den Schlüssel für den Ford Fiesta meiner Schwester. Wir stiegen ein und fuhren los. Immerhin hatte ich noch genug Verstand, nicht die öffentlichen Straßen, sondern die Wirtschaftswege zwischen den Weinbergen zu nutzen.

Die Nacht so mild und meine Liebste zur Seite, wurde mein Fuß auf dem Gaspedal immer schwerer. Der Fahrtwind erfrischte uns … allerdings nur bis zur nächsten Kurve. Plötzlich verhielt sich das Auto nicht, wie ich es wollte, sondern folgte stattdessen den physikalischen Gesetzen und fuhr geradeaus, direkt in die Botanik. Metall knirschte, Holz brach, Äste knallten gegen Kühler, Kotflügel und Scheibe, wir kratzten über Erde, Stein, Stahl und Draht. Und kamen, als wir den Weinhang durchkreuzt hatten, auf der anderen Seite des Rebfelds zum Stehen.

Für eine Schrecksekunde muss Stille geherrscht haben. Dann fing meine Freundin hysterisch an zu weinen. Und ich, ganz Herr der Lage, checkte den Schaden: zwei Reifen platt, Scheibe kaputt, Kotflügel, Motorhaube und auch das Dach verbeult. Ich stieg wieder ein, ließ den Motor an und stellte überrascht fest, dass sich das Auto noch bewegen ließ. Also rumpelte ich vorsichtig nach Hause, parkte das Wrack so zwischen den Gebäuden, dass es einem nicht sofort ins Auge sprang, brachte meine Freundin zu Fuß nach Hause, ging selbst wieder zurück, schlich mich ins Haus und fiel in einen tiefen Schlaf, der hoffentlich rückwirkend alles ausradieren würde …

… und aus dem ich am Morgen abrupt hochfuhr. Nichts war ausradiert. Ich erwachte vom Poltern der gummistiefelbewehrten Füße meines Vaters auf der Treppe, Sekunden bevor die Tür zu meinem Zimmer aufflog. Mein Vater stand in der Tür, schnaubend vor Zorn. Er hatte das Wrack bereits entdeckt und zwei und zwei zusammengezählt.

»Achim, was ist mit dem Auto deiner Schwester passiert?«

Ich schilderte es kurz, ein heftiges Donnerwetter brach genauso kurz über mich herein – und dann war mein Vater auch schon wieder zur Tür hinaus.

Am Nachmittag gingen wir in den Weinberg, mit dessen Besitzer mein Vater bereits die Schadensregulierung besprochen hatte. Auf dem Anhänger hatten wir Pfähle, Draht, Zangen und Eisenramme, womit wir die Rebanlage wieder halbwegs instand setzten. Mehr oder weniger wortlos.

Mein Vater hat den Vorfall nie wieder angesprochen. Eine Fiesta-Schneise – ein Donnerwetter; das musste in seinen Augen reichen. Ich sollte wohl meine eigenen Schlüsse aus dem Vorfall ziehen.

Und das tat ich. Von Autos ließ ich so lange die Finger, bis ich meinen Führerschein in den Händen hielt. Und bis heute habe ich Respekt vor der Geschwindigkeit. Ich war und bin heilfroh, dass bei dem Unfall damals kein Mensch zu Schaden kam, und jedes Mal, wenn ich an der Stelle vorbeikomme, überkommt mich für einen kurzen Moment dieses »Schutzengel-Gefühl«, ein Mix aus schelmischem Grinsen, Aufatmen und Dankbarkeit.

Mein Vater hatte tatsächlich die Größe und das Vertrauen, mich aus dem Unfall ohne zusätzliche Strafe oder Moralpredigt meine Lehren selbst ziehen zu lassen. Das rechne ich ihm heute noch hoch an. Und ich wünschte, ich hätte im Umgang mit meinen eigenen Kindern dieselbe Geduld und dasselbe Vertrauen.

Vielleicht war dieses elterliche Vertrauen noch ur-
wüchsiger als mein eigenes; vielleicht stehen meine Eltern
als alte Reben fester und unerschütterlicher als ich in der
Landschaft, die ihre Heimat ist. Zwar spüre auch ich, wie
tief meine Wurzeln im Boden verankert sind, aber bisweilen
erwische ich mich dabei, meine Kinder immer noch mit der
Berliner Großstadtnervosität zu betrachten und ihnen am
liebsten jeden Stolperstein aus dem Weg räumen zu wollen.

Den Eltern meines Dorfes wäre das nie in den Sinn gekommen. Sie brachten uns Kindern selbst dann noch jenes
freiheitsgewährende Vertrauen entgegen, als wir auf dem
Sprung zur Adoleszenz waren, wir uns also in einem Alter
befanden, das jeder sofort mit Problemen verbindet.

Für mich war dies die Zeit, als plötzlich Angeln oder Bol-
zen zwar noch Spaß machten, aber gleichzeitig ihren Glanz
verloren. Es musste doch noch mehr geben im Leben, oder?
Zeitgleich war das Leben nicht mehr einfach das, was es früher stets war. Die Selbstverständlichkeit, mit der man jeden
Tag als Kind und Jugendlicher anging, war verloren.

In dieser Zeit der Verwirrung mag eine neue, unheimliche
Attraktion dafür sorgen, dass der Heranwachsende nicht
gänzlich die Orientierung verliert: das andere Geschlecht.
Zumindest gibt diese neue Anziehungskraft eine Richtung
vor, in die man sich wenden kann, und bringt ganz nebenbei
Helden und Hampelmänner hervor – wobei keiner weiß,
welche Rolle ihm der nächste Tag bringen wird. Mal plustert
man sich erfolgreich auf, mal fällt man unschön in sich zusammen.

Sobald ein Mädel auftauchte, waren unter uns Jungs alle
Freundschaften vergessen und es wurde angegeben, was das
Zeug hielt. Als Gelegenheitsraucher, Gelegenheitstrinker
und nun auch als Dauerangeber vor dem anderen Geschlecht
war ich nach meiner damaligen Meinung schon recht weit

in die Welt der Erwachsenen vorgedrungen. Und der 1. Mai, der bei uns Jugendlichen im Dorf als der höchste Feiertag galt, verhieß stets Weiteres. Bei diesem Fest sind alle Regeln gelockert. Wir Halbstarken wagten jedes Jahr ein kleines Stück mehr an Unsinn und Abenteuer hin zu dem, was uns als erwachsen schien und mit dem Reiz des Verbotenen lockte. Eltern, Kinder und Jugendliche zieht es an diesem Tag gemeinsam auf die Höhe: Sie verlassen das Tal und zelten auf Feldern und Wiesen der umliegenden Berge. Jede Clique hat ihren eigenen Platz. Ab dem Alter von 13, 14 Jahren beginnen sich die Kinder am 1. Mai von den Eltern abzusondern. Im Jahr zuvor sitzen sie noch gemeinsam mit Papa und Mama am Lagerfeuer, im nächsten Jahr machen sie ihr eigenes Ding, und es gäbe nichts Uncooleres, als dann von seinen Eltern am Lagerplatz besucht zu werden.

Mir erging es genauso. In dem Jahr, in dem ich 15 wurde, sahen mich meine Eltern am 1. Mai nur noch morgens, ganz kurz und von hinten, dann war ich verschwunden, auf Entdeckungstour. Dabei ging es nicht darum, die Landschaft zu entdecken, denn die kannte ich ja schon. Das zu explorierende Gebiet war der weibliche Körper.

In »meinem« Camp mit all den Gleichaltrigen, außer Sicht- und Hörweite von erwachsenen Feierstellen, wurde viel getrunken. Meine Eltern wussten das natürlich, ließen es aber zu. Sie werden aus eigener Erfahrung gewusst haben, dass diese Situationen an sich schon einem wundersamen Rausch glichen. Als Winzersohn hatte ich sogar eine besondere Attraktion zu bieten: Mit Weinbergspfählen, Plastikplane und Matratzen durfte ich einen Hänger zu einem Planwagen umbauen, den mir mein Vater mit dem Traktor auf den Berg hochgefahren hatte.

So einen Planwagen baut man natürlich nicht umsonst, zumal wir aus dem Cowboy-und-Indianer-Spielen längst

110

heraus waren. Nein, so ein Planwagen stellt das Geschick des Männchens zur Schau und lädt in seiner Heimeligkeit das Weibchen zu Besuch und Verbleib ein. Ein Planwagen dieser Art ist also genau das, was sich sonst eher zwischen den Zeilen mitteilt: eine hochgebockte, mit Plastik gegen Unwetter gefeite Einladung. Und wenn so ein Planwagen dann auch noch mit Matratzen ausstaffiert ist, auf denen man trinken, liegen, einander näher und noch näher rücken kann, wenn man dasjenige, was man an Erfahrungen im Küssen und Streicheln schon auf der einen oder anderen Party gesammelt hat, nun geschickt einbringt, sich klarmacht, dass es nun weitergehen muss, es gilt, sich vor den Freunden endlich seine ersten Sporen zu verdienen, am besten als Erster, seine leicht verwaschenen Worte, die zur Auserwählten gesprochen werden, nicht auf die Goldwaage legt und gleiches bei der Auserwählten stillschweigend voraussetzt, sich durch einen Seitenblick stets selbst versichert, hier insgesamt auf dem richtigen, wenn auch nicht unbedingt dem romantischsten und sensibelsten Kurs zu sein, wenn man merkt, dass alles doch gar nicht so schwierig ist, die Musik im Kopf rauscht, der Wein im Kopf rauscht, die Hormone im Kopf rauschen, irgendwann Musik, Kopf, Wein, Hormone in einem einzigen Rausch gipfeln, dann kann passieren, was mir passiert ist: Im Planwagen auf Omas fünfzig Jahre alter dreiteiliger Matratze verlor ich meine Unschuld.

Apropos Oma. Meine Großmutter väterlicherseits war eine einfache, freundliche Frau, deren Ehemann kurz nach meiner Geburt 1971 starb. Sie lebte allein in einem dieser großen, wunderschönen moselländischen Fachwerkhäuser aus dem 18. Jahrhundert. Es hatte einen Weinkeller und einen Kartoffelkeller. Auf der einen Seite wurde das Haus von einem

Holzschuppen flankiert, auf der anderen Seite gab es einen Garten und einen kleinen Stall, in dem früher einmal eine Kuh, ein Schwein und ein paar Hühner lebten; allerdings kann ich selbst mich nur noch an ein Kaninchen erinnern, das meine Schwester und ich adoptiert hatten.

Meine Großmutter kannte sich im Weinberg und im Haushalt bestens aus. Aus allen Gewächsen, welche die hiesige Natur hervorbrachte, konnte sie köstliche Gerichte zubereiten. Und sie liebte uns. Sobald eines ihrer Enkelkinder sie besuchte, wurde es über alle Maßen verwöhnt. Als kleiner Junge übernachtete ich jeden Samstag bei ihr. Sie kochte mir mein Leibgericht, und beim gemeinsamen Fernsehschauen am Samstagabend durfte ich nach Herzenslust Süßigkeiten naschen.

Ich schlief in ihrem Ehebett auf der Seite meines verstorbenen Großvaters. Vor dem Schlafengehen heizte meine Großmutter den Ofen ein, so dass immer ein dezenter, angenehmer Duft nach Rauch das Schlafzimmer beherrschte. Kurz bevor sie schlafen ging, rieb sie sich jeden Abend die Beine mit einer sonderbaren Flüssigkeit ein, die weder gut noch schlecht roch, sondern fremdartig und interessant. Das ganze Schlafzimmer war sofort davon erfüllt. Als Kind nahm ich dieses Ritual ungerührt und ohne Nachfragen hin, auch wenn es mir immer leicht rätselhaft erschien.

Im Jahr 2009, viele Jahre nach dem Tod meiner Großmutter, führte ich ein interessantes Gespräch mit dem Schnapsbrenner unseres Dorfes. Von Schnaps hatte ich bis dato keine Ahnung – mit gutem Grund: Ich vertrage ihn schlecht! Wenige Gläschen genügen, um mich für den nächsten Tag bettlägerig zu machen.

Der Schnapsbrenner belehrte mich, dass ich Stoffbesitzer sei, sogar in mehrfacher Hinsicht: Erstens gab es die Äpfel aus dem Garten hinterm Haus – bestens geeignet für Obstbrand.

Zweitens waren da natürlich die Trauben, die ich nicht nur einkeltern, sondern auch brennen konnte. Drittens blieb während der Weinbereitung ein Abfallstoff übrig, den ich bislang einfach wegwarf: die Weinhefe. Nach der Vergärung der Weine findet die in Schwebe befindliche Weinhefe keine Möglichkeit mehr zum Stoffwechsel und setzt sich am Boden des Fasses ab. Dieser Hefesatz fällt in ordentlichen Mengen an – immerhin macht er ein bis zwei Prozent des Weinvolumens aus. Daraus aber – so wurde ich nun unterrichtet – lässt sich Hefeschnaps destillieren. Viertens und zu guter Letzt konnte ich aus meinem Trester, also aus den Schalen und dem Fruchtfleisch, das nach dem Pressen übrig bleibt, einen Tresterbrand herstellen. Die Italiener nennen das Grappa.

Gesagt, getan: Ich nahm meine vier Grundstoffe, bereitete sie nach den Anweisungen des Schnapsbrenners vor, und er verarbeitete sie für mich zu hochprozentigen Delikatessen. Als wir uns trafen, um die Ergebnisse unserer Zusammenarbeit zu verkosten, öffnete er zuerst die Flasche mit dem Hefeschnaps. In derselben Sekunde wusste ich, womit sich meine Großmutter jeden Abend die Beine eingerieben hatte …

Noch 25 Jahre später konnte ich den Geruch sofort zuordnen. Lange vergessene Kindheitserinnerungen zogen durch meinen Kopf. Auf diese Weise setzte mein erster eigener Brand gewaltige Emotionen frei, noch bevor ich auch nur einen einzigen Schluck davon probiert hatte.

Im darauffolgenden Jahr stellte sich heraus, dass mich auch die eigenen Schnäpse selbst in geringsten Dosierungen mindestens die Arbeitsfähigkeit am nächsten Vormittag kosteten. Da ich aber nur Flüssigkeiten verkaufen möchte, mit denen ich mich auskenne und mit denen ich umgehen kann, hinter denen ich also vollen Herzens stehe, stellte ich trotz guter Resonanz meiner Kunden die Spirituosenproduktion ein und konzentrierte mich wieder ganz auf die Erzeugnisse, die mir unvergleichlich gut bekommen und gelingen. Ob es wohl anders gekommen wäre, wenn ich als Sohn des Schnapsbrenners aufgewachsen wäre?

Wie dem auch sei, jedenfalls bin ich ein Sohn unseres Dorfes – so wie mein Freund Ralph, der als erfolgreicher Vortragsredner im gesamten deutschsprachigen Raum unterwegs ist. Er lebt in Köln, doch regelmäßig zieht es ihn nach Hause an die Mosel zurück. Dort übernachtet er in seinem Elternhaus, hinter dem noch der alte Traktor seines Vaters steht, der ebenfalls Weinbauer war.

Wenn Ralph an der Mosel ist, ruft er mich an. So wie neulich, als wir uns zum Schlauchbootfahren verabredeten – er mit drei Kindern, ich mit zwei. Im Nachbardorf Pünderich ließen wir unsere Boote an der dortigen Fährstation zu Wasser und trieben dann gemütlich den Fluss bis zum Strandbad von Briedel hinab.

Dieser kurze Moselabschnitt ist voller Erinnerungen. Ralph und mir fielen unzählige Weißt-du-noch-Geschichten ein, die man sich nur erzählen kann, wenn einen eine gemeinsame Zeit verbindet. Am Ufer des Strandbads gingen wir vor Anker. Während die Kinder um uns herumplanschten, legten wir uns in die Uferanlagen und tauchten in unsere Kindheit ab: »Weißt du noch, wie dein Bruder damals mit dem Moped …« »… wie ich damals an den Ranken die Hauswand hoch …« »… wie wir ordentlich einen im Tee hatten und dann zu den Mädels …« »… wie ich die Fiesta-Schneise in den Weinberg gefräst …« »… wie wir damals auf Camp Joe …« Camp Joe, so nannten wir diesen Platz am Strandbad, an dem wir jetzt gerade im Gras lagen und unsere Erinnerungen austauschten. Der Platz, wo wir uns damals oft trafen und an dem wir ab und zu zelteten.

Unser Dorf, das ist der Ort, an dem wir früh gelernt haben, uns zu benehmen, wie wir sind, ohne alles zu hinterfragen, ohne jederzeit den Druck zu spüren, sich anpassen zu müssen. Wir besaßen die Sicherheit, dass alles so richtig sei, wie es war. Dieses tiefe Gefühl von Sicherheit spüre ich heute noch, weil ich genau an diesem Ort lebe, der voll ist mit Erinnerungen, mit Bedeutung, mit Geschichte, und dadurch etwas Stetiges ausstrahlt, das mir in dieser zunehmend komplexen und unsteten Welt Halt gibt. Ich weiß, das klingt irrational, aber wahrscheinlich ist dieses Gefühl der heimatlichen Geborgenheit auch nicht mit Vernunftkriterien zu beschreiben. Heimat, das bedeutet auch immer: Hier hat immer alles irgendwie geklappt. Hier ist immer alles irgendwie weitergegangen. Hier hat alles seine Zeit bekommen. So wie die Weinreben.

Heimat ist für mich ein Refugium, in das ich immer zurückkehren kann. Wenn ich in die Welt hinausgehe und scheitere und aus irgendeinem Grund eine seelische Verletzung hinnehmen muss, dann bleibt mir trotz allem dieser sichere Ort, an dem ich mich auskenne und wo ich zurechtkomme. Wo ich Freunde habe, denen ich nichts vormachen muss und mit denen ich im Gras liege, auf die glitzernde Mosel schaue und den Blick unscharf werden lasse.

Die Zerreißprobe

Ich kenne Nicole schon ewig. Ein Freund von mir stellte sie mir 1986 auf einer Party vor, als ich gerade mal fünfzehn war. Sie stammte aus Reil, zwei Dörfer moselaufwärts, und mit ihrer aufgeschlossenen und fröhlichen Art wurde sie schnell fester Bestandteil unserer Clique. Sie war auch Mitbewohnerin unserer ersten Dreier-WG, die wir 1990 in Burg, drei Dörfer flussaufwärts, gründeten, und nach fast einem Jahr des Zusammenlebens wurden wir endlich ein Paar. Ich weiß noch, wie ich aus einem Urlaub nach Hause kam, und beim Wiedersehen spürten wir urplötzlich, wie sehr wir einander vermisst hatten. Wir blieben zusammen, erlebten Höhen und Tiefen in unserer gemeinsamen Studentenzeit und während unseres Arbeitslebens und heirateten erst zum neuen Millennium. So lange hatte es gedauert, bis Heiraten für uns nicht mehr spießig klang, sondern verheißungsvoll.

2002 ging dann plötzlich alles sehr schnell. Meine biographischen Puzzleteilchen und die meiner Frau Nicole sortierten sich auf unvorhergesehene Weise schlagartig zu einem neuen Lebensentwurf – und zwar so, dass all unsere Wünsche berücksichtigt schienen, keiner das Nachsehen hatte und wir nur zupacken mussten.

Seit jeher war Berlin nach der Mosel der zweite magische Ort in unserem Leben. Die Stadt faszinierte uns. Anfang der

90er Jahre hatten wir einen Moselaner besucht, der in Berlin gelandet war, und waren von der Aufbruchsstimmung, der Dynamik, die dort allerorten herrschte, überwältigt. Uns zog es an den Puls der Zeit, und der tickte nun mal in Berlin, das war klar. Die ganze Stadt vibrierte, an jeder Ecke warteten neue Eindrücke, so zahlreich an nur einem Tag, wie wir sie an der Mosel in einem Jahr nicht erlebten. Es gab so viele junge, coole, extrovertierte, kreative und kommunikative Menschen, mit denen man leicht in Kontakt kam und von denen man sich unmittelbar bereichert fühlte. Seitdem war Berlin unsere Sehnsuchtsstadt, und wir statteten ihr jedes Jahr mindestens einen Besuch ab.

2002 arbeitete ich noch als Lehrer in Alf, einem – wie sollte es anders sein – kleinen Moseldorf. Dann überschlugen sich die Ereignisse. Unser zweiter Sohn Vitus wurde geboren. Zur gleichen Zeit bot sich meiner Frau die Chance, zusammen mit einer engen Freundin und zwei weiteren Frauen eine Kindertagesstätte in Berlin zu gründen. Unsere Entscheidung fiel schnell: Wir würden die Gelegenheit beim Schopf packen, und ich würde mit Nicole und unseren beiden Söhnen nach Berlin ziehen! In die große bunte Hauptstadt, in der wir uns gemeinsam etwas aufbauen würden. Der Plan war, dass Nicole sich ganz der Kindertagesstätte widmen sollte, während ich die Elternzeit übernehmen und mich um die Kinder kümmern würde. Mit dieser Aussicht fiel es uns nicht schwer, den Wandel zu wagen.

Das Glück schien uns gleich bei der Wohnungssuche recht zu geben: Durch die Mitwohnzentrale fanden wir eine komplett möblierte Wohnung, die wir für drei Monate nutzen konnten, und das auch noch im angesagten Stadtteil Prenzlauer Berg. Vitus wurde im Sommer geboren, und noch bevor der Herbst Einzug gehalten hatte, wohnten wir schon fest in Berlin. Wie bei unseren bisherigen Besuchen nahm uns die Stadt sofort wieder gefangen, was uns zusätzliche Sicherheit gab. Allein schon die zu bewältigenden Strecken innerhalb der Stadt zum Einkaufen, zur Arbeit, zu Freunden, zum Spielplatz, zum Kindergarten und zum Feiern bewirkten eine unglaubliche Dynamik im Leben. Und schon damals war Berlin der sprichwörtliche Schmelztiegel, in dem die vielfältigsten kulturellen Zutaten jeden Tag aufs Spannendste miteinander verschmolzen. Langeweile, so viel war sicher, konnte hier nicht aufkommen.

Im darauffolgenden Winter erlitt mein Vater einen schweren Arbeitsunfall, bei dem ihm sämtliche Sehnen und Bänder in der Schulter rissen, so dass er für mindestens ein halbes Jahr nicht arbeiten konnte. Ich entschied mich, in die Bresche zu springen und meinen Eltern endlich einmal ein winziges Stück ihrer Großmut zu vergelten: Ich würde regelmäßig an die Mosel pendeln und meinem Vater bei der Arbeit helfen und auf diese Weise gleichzeitig meinen Teil zu unserem Berliner Einkommen beitragen. Es sollte nur ein Zwischenspiel werden. Die Mosel mit ins Lebensboot zu holen bereicherte unsere Perspektive sogar. Den Kopf in den Berliner Wolken und die Füße fest am Boden des Weinguts – so stellten wir uns das vor.

Bei Nicole lief gleich alles glatt. Die Kindertagesstätte beanspruchte sie auf positive Weise, die Arbeit war spannend, intensiv und herausfordernd. Nicole fand leicht und rasch Freunde und brannte für ihre neue Aufgabe. Außerdem unterrichtete sie zweimal pro Woche in einer Kunstschule und konnte so auch ihre schöpferische Seite ausleben. Perfekt! Keine zehn Pferde hätten sie aus der Stadt herausgebracht.

Die Tatsache, dass sich meine Frau beinahe im Handumdrehen einlebte und in Berlin ganz offensichtlich glücklich war, machte es mir einfach. Zwar zog es mich immer wieder an die Mosel, aber die Aussicht, in Berlin meine Kinder und Nicole wiederzusehen, die in ihrer Arbeit mehr als aufging, erleichterte mir jedes Mal den Aufbruch zurück nach Berlin. Das Pendeln fühlte sich in beide Richtungen gut und richtig an. Unser Leben lief wie am Schnürchen.

Getragen von dieser positiven Grundstimmung, entschied ich recht frei, wie lange ich jeweils an Ort und Stelle blieb. Dennoch setzte sich bald ein Rhythmus durch: ein bis zwei Wochen Berlin, ein bis zwei Wochen Mosel. Der Wechsel war jedes Mal wieder schön. In Berlin freute ich mich auf die Mosel, meine Eltern, meine Freunde und die Arbeit im Weinberg; und an der Mosel stellte sich nach vierzehn Tagen die Sehnsucht nach der großen Stadt ein. Ich erinnere mich daran, wie die Einfahrt nach Berlin immer einem Kick gleichkam. Hätte man mich in meinem alten BMW in diesen Momenten in einem Comic verewigt und mit einer Sprechblase versehen, hätte darin wohl einfach gestanden: »Yeah!«

Während mich die Großstadt auf den Fahrten zu meiner Frau und meinen Kindern euphorisch begrüßte, wurde ich auch an der Mosel stets besonders freudig in Empfang genommen. Die Geschichte vom verlorenen Sohn drängte sich geradezu auf. Der, von dem man nie gedacht hätte, dass er mehr als nur ein kurzfristiges Interesse am Weinbau und am familiären Weingut entwickeln würde, kehrte jedes Mal mit einem Lächeln heim und ging seinen Eltern bereitwillig zur Hand. Sie konnten sehen, wie mir die dortige Arbeit Freude bereitete, und freuten sich ihrerseits darüber.

Irgendwann blitzte in meinem Vater vielleicht sogar die Hoffnung auf, dass sein Sohn, dessen Beziehung zum Weinbau bisher mehr oder weniger nur darin bestanden hatte, widerwillig Etiketten auf Flaschen zu kleben, im Suff durch fremde Rebstöcke zu brettern oder die Früchte der elterlichen Arbeit mit Freunden im Übermaß zu verkosten, ein eigenes, ursprüngliches, ja ernstzunehmendes Interesse an der Arbeit auf dem Weingut entwickeln könnte. Letztlich brachte er seine Ahnung jedoch erst zum Ausdruck, als ich sie selbst aussprach. Er wusste, wie rasch ich noch immer ins Trotzen geraten konnte, auch wenn meine Pubertät mittlerweile etliche Jahre zurücklag. Hätte er mir also von sich aus Weingut, Weinberg und Weinbau auf einem noch so goldenen Tablett serviert, wäre das Risiko groß gewesen, dass ich gesagt hätte: »Ach, nee …!«

So ließ er mich stattdessen allmählich selbst auf den Trichter kommen und verkniff sich jedes Überzeugungsmanöver, während er insgeheim sicherlich hoffte, dass sein Lebenswerk nun doch noch von einem seiner Söhne fortgeführt würde. Im Nachhinein würde er heute natürlich jede Strategie abstreiten und sagen, es sei so gekommen, wie es kommen musste – ich sei einfach ein geborener Winzer, und seine Wurzeln könne man eben nicht verleugnen.

Genauso hat sich die Arbeit damals mit ihm angefühlt, wenn ich mal wieder an der Mosel war. Mein Vater legte mir keinerlei Zwänge auf, hielt sich mit Anweisungen zurück, besprach anstehende Entscheidungen mit mir und ließ niemals den Chef oder Besserwisser raushängen. Er schien es einfach zu genießen, mich an seinen Erfahrungen teilhaben zu lassen und Zeit mit mir zu verbringen.

Das war großartig. Und egal, in welche Richtung ich zwischen meinen beiden magischen Orten hin- und herfuhr: Ich war schon ein wenig stolz auf mich. Hatte ich nicht die perfekte Balance zwischen Tradition und Moderne geschafft? War mir nicht die Quadratur des Kreises gelungen, indem ich die wunderbare ländliche Idylle mit dem Rausch der Weltstadt auf flexible Weise kombinierte? Zuerst sah es tatsächlich so aus. Doch so schön meine Aufenthalte an der Mosel auch waren, allmählich brachten sie die Dinge in Schieflage und störten die Balance an einem empfindlichen Punkt – was ich zunächst nicht einmal bemerkte. Ab und an nämlich dehnte ich die Zeiten in Briedel etwas aus, während die Aufenthalte in Berlin unmerklich kürzer wurden – Schritt für Schritt. Wer würde da gleich den Abgrund wittern?

Doch manchmal im Leben steht man plötzlich an einer Klippe. Eben marschieren wir noch fröhlich drauflos, den Blick fest an den Horizont geheftet – und dann geht es auf einmal nicht weiter. Zuerst laufen wir noch eine Weile an der Kante entlang und suchen den Übergang nach drüben oder zumindest den Pfad hinunter in die Schlucht, um weiter in unsere Richtung gehen zu können. Denn von einer lächerlichen Felskante wollen wir uns den Spaß schließlich nicht verderben lassen. Nein, wir wollen so weitergehen wie bisher und sehen gar nicht ein, dass das Leben uns zu einer Richtungsänderung zwingt. Doch direkt vor dem Abgrund gilt: Nur einen Schritt weiter – und das war's!

Nicole und ich hätten etwas ändern müssen, einen anderen Weg einschlagen oder vielleicht auch umkehren. Aber wir ignorierten das Unbehagen, das sich langsam, aber sicher einstellte. Wir überhörten diese immer lauter werdende Ahnung vom vor uns liegenden Abgrund, so lange wir konnten, weil es doch, bitte schön, einfach so hübsch wie am Anfang weiterlaufen sollte.

Mich quälte zunächst das Unbehagen an der Fernfahrerkultur: Alle ein bis zwei Wochen ins Auto steigen, 700 Kilometer quer durch die Republik rasen, stundenlang im Wahnsinnsverkehr auf der Autobahn, mitsamt der Koffer, aus denen ich mittlerweile lebte, morgens Berlin verlassend, um abends an der Mosel aufzuschlagen oder umgekehrt … der Widerwille dagegen wuchs. Irgendwann graute mir vor der Fahrt.

Dabei hatte ich diese Ortswechsel am Anfang begrüßt. Wenn mich auch am Ende jeder Reise nicht unbedingt etwas Neues erwartete, so war es doch der Reiz der Abwechslung, der mich im wahrsten Sinne des Wortes auf Touren hielt. Zudem – und dies kommt ja in den besten Familien vor – konnte ich stets leicht flüchten, wenn ich das Gefühl hatte, dass mir hier oder dort etwas auf den Senkel ging. Allerdings hätte mir allein der Begriff »Flucht« die Augen öffnen müssen, denn wer nur noch von einem Ort zum anderen flüchtet, weil er es weder an dem einen noch an dem anderen länger aushält, der ist haltlos, der verliert seinen Mittelpunkt, verspielt die Chance, heimisch zu werden, und kappt letztlich seine Wurzeln.

An diesem Punkt war ich nach spätestens einem Jahr angelangt. Ich wusste nicht mehr recht, wo ich hingehörte. Aus dem ehemals ausgewogenen Wechsel zwischen zwei schönen Orten war ein Dazwischen geworden: Wenn ich in Berlin war, stand ich nur mit einem Bein da, während ich mit dem anderen noch an der Mosel war. Und wenn ich dort mit den Händen im Weinberg arbeitete, dachte mein Kopf an Berlin. Irgendwo auf den Tausenden von Autobahnkilometern zwischen Mosel und Berlin hatte ich die Orientierung verloren.

Das untergrub meine Stabilität. Ich wurde zunehmend launisch, changierte zwischen quietschfidel und meingottwassollnurwerden. Längst war mein Pendeln kein Reisen mehr, sondern ein Taumeln, und ich konnte die Unterschiede meiner beiden Lebenswelten nicht mehr verarbeiten. An der Mosel stand ich mit speckiger Hose zwischen den Rebstöcken, schnitt gedankenverloren hier eine Traube, dort ein Blatt weg und hielt meinen vielleicht vom Vorabend noch leicht berauschten Kopf in die klare Luft; plauderte, als gäbe es keine Zeit, mit einem benachbarten Winzer, ließ mich von meiner Mutter bekochen und machte Ausflüge mit dem Traktor. In Berlin schloss ich meist mit Vorfreude die Wohnungstür auf, um im nächsten Moment endlich Aaron und Vitus und meine Frau Nicole in die Arme schließen zu können, die sich ihrerseits allesamt auf mich freuten; das Flair der Stadt am nächsten Tag berauschte die wiedervereinte Familie – Berlin war so gesehen mal wieder eine Reise wert gewesen …

Immer häufiger gab es jedoch Abende, an denen ich durch die Tür trat, es zweistimmig aus dem Kinderzimmer schrie und heulte, Nicole in den Flur trat und müde »Hallo« sagte oder mich gleich mit einem Blick ansah, als hätte ich drei Hochzeitstage und zwei Geburtstage auf einmal vergessen. An solchen Tagen fiel das ersehnte Heimkehr-Candle-Light-Dinner finsterer aus, als ich es je für möglich gehalten hätte. Meine Frau brachte ihre mehr als berechtigten Vorwürfe vor, dass ich sie viel zu lange mit den Kindern alleine ließe und dass das alles für sie so nicht zu schaffen sei. Und im Bett, tja, da rollte sich manchmal jeder mit einem knappen »Nacht« auf seine Seite und schlief den Schlaf der Eingeschnappten. Immer häufiger ging ich tagsüber, wenn Nicole in der Kita war, in unserem 50-Quadratmeter-Glück wie ein Tiger die Wände hoch.

Es war wie in einer schlechten Hollywoodtragikomödie, doch was andere im Kino unterhält, war unsere bitterböse Realität. Natürlich sah ich ein, dass Nicole mit einem Fulltime-Job und der Betreuung von zwei Kindern heillos überfordert war. Das war nicht zu schaffen! Und ich, der diesem Ding der Unmöglichkeit in Berlin hilflos zusah und an der Mosel ohnmächtig nachsann, sah nicht nur meinen eigenen Lebensentwurf scheitern, sondern auch meine Ehe vor die Wand fahren. Unsere Familie war zum Wackelkandidaten geworden. Und natürlich konnte ich Nicole verstehen. Sie war nun eine Wahlberlinerin mit einem Teilzeitmoselwinzer am Hals, der als Familientourist alle zwei Wochen in Gummistiefeln in die Altbauwohnung schlappte.

Es musste etwas geschehen. Nur was? Den Mumm, meinen Mann ganz in Berlin zu stehen, sprich, mir dort eine Anstellung als Lehrer zu suchen, besaß ich leider nicht; es war einfach nichts, das ich mir für mich vorstellen konnte; als Ausrede vor mir selbst nutzte ich die sehr ungünstigen Aussichten auf dem Berliner Lehrerarbeitsmarkt.

Eines der Anzeichen, dass etwas nicht stimmte, war wohl das bizarre Ausmaß an Energie, das ich in meine Hobbys versenkte, und dass ich vor mir selbst das Hobby als Lösung meiner Probleme hochstilisierte. Es war ein auf die Spitze getriebenes Monotasking, das, falls nicht von einer weisen Ehefrau in seine Schranken verwiesen, letztlich in die Irre geführt oder gar in einem Fiasko geendet hätte. Meine neue Leidenschaft hieß High End HiFi.

Dabei geht es um das obere Ende von teuer und leistungsfähig, das Stereoanlagen erreichen können. Allein die Kabelverbindungen zwischen hochwertigen Geräten kosten mehrere hundert Euro, die Lautsprecher sind zum Teil mannshoch. Wie bei vielen anderen Hobbys gibt es in Deutschland eine spezielle Szene an Liebhabern solcher aufwendigen akustischen Halluzinationsmaschinen, zu der ich seit vielen Jahren gehörte und mit der ich reichlich Kontakte pflegte. In Berlin war die Konzentration von Angebot und Nachfrage in diesem Bereich unvergleichlich hoch: vier Millionen Menschen in weniger als 20 Kilometern Reichweite!

Ich begann, meine im Hobby erworbenen Fähigkeiten zu professionalisieren. In Heimarbeit stellte ich mit hochwertigen Zutaten noch hochwertigere Kabelverbindungen her. Parallel dazu konstruierte ich Lautsprecherboxen – aber nicht irgendwelche Lautsprecherboxen, sondern es sollten welche werden, von denen die Welt noch nicht gehört hatte.

Diese extrem guten Boxen, so mein Plan, würden weggehen wie warme Semmeln, via Internet am besten in die ganze Welt. Ich las Fachzeitschriften und Elektrotechnikliteratur, war ab sofort morgens wieder früh und beseelt bei der Arbeit und abends noch nicht fertig, wenn alle schon im Bett lagen. Ich wurde zum totalen Insider, tüftelte mich immer tiefer in die High-End-Nische und verwandelte ganz nebenbei unsere Wohnung in eine Werkstatt, wo ich unter den skeptischen Blicken meiner Frau fräste, sägte, bohrte und lötete.

In der Rückschau wird mir der Irrsinn dieser ganzen Unternehmung klar: Da hockt ein Moselwinzer mitten in Berlin in einer kleinen Wohnung und schraubt Boxen zusammen, von denen er glaubt, die Welt habe nur darauf gewartet. Dabei muss es doch in der Geschichte der Lautsprecherboxen mindestens einen gegeben haben, der diese Idee ebenfalls schon einmal hatte, nebenbei vielleicht auch eine viel bessere Infrastruktur als eine improvisierte Heimwerkstatt in einem Etagenhaus sein Eigen nennen konnte und in dessen Hörstudio das Erlauschen feinster Klangfinessen nicht von Kindergeschrei untermalt wurde.

Erstaunlicherweise hatte ich trotz der Umstände, unter denen ich arbeitete, anfangs sogar einigen Erfolg. Privat und über eBay verkaufte ich tatsächlich einige Exemplare Reisfeine Lautsprecherboxen – allesamt Prototypen – sowie eine beträchtliche Anzahl selbstkonstruierter Geräteverbindungen. Das Zeug ging weg, das Geld kam rein. Parallel zum Selbstbau kaufte und verkaufte ich gebrauchte Sammlergeräte, so dass sich bald überall in der Wohnung Kartons mit HiFi-Geräten türmten. Daran konnte man ihn erkennen, den Genius, der die Phase des belächelten Bastlers überstanden hatte und nun mit klingender Münze seinen Status geltend machte …

Allerdings zahlte sich das Projekt auf lange Sicht nicht aus. Durch die Materialkosten blieb vom beträchtlichen

Umsatz einfach nicht genügend hängen – schon gar nicht, wenn man die Arbeitszeit mitrechnete, die ich hineinsteckte. Außerdem war der anfangs kauffreudige Markt recht schnell gesättigt, da die Größe der Zielgruppe doch überschaubarer war als angenommen. Bereits im ersten Jahr nahmen die Verkaufszahlen deutlich ab. Irgendwann musste der semiprofessionelle Bastler einsehen, dass die Idee mit den Lautsprecherboxen wohl doch nicht die Lösung war.

Letztlich war ich mit meiner Idee also auf der Strecke geblieben, war gefrustet – und fraß wieder mehr Kilometer zwischen Mosel und Berlin. Ich war on the road again … Doch es fühlte sich wahrlich nicht nach romantischem Aufbruch in eine strahlende Zukunft an. Das Problem war einfach nicht gelöst: Das ursprüngliche Konzept, Berlin und Mosel zu einem modernen Lebensentwurf zu vereinen, ging nicht auf. Ich wollte beides, hatte aber nichts richtig und saß zwischen den Stühlen, steckengeblieben in der Unentschlossenheit. Zwar saß ich nicht untätig herum – meinem Vater half ich tatkräftig, und in Berlin erledigte ich fleißig alle anfallenden Tätigkeiten –, doch war mein Selbstwertgefühl so leer wie ein Gärfass im Sommer. Was mir fehlte, war eine echte eigene Aufgabe im Leben, eine stabile Perspektive und ein Fundament. Denn das ist es, was jeder Mensch braucht, um auf Dauer froh sein zu können: eine Aufgabe, sprich einen Beruf – und ein festes Nest.

Ich glaube mittlerweile, dass viele Menschen in ihrem Leben über einen ähnlichen Stein stolpern, wie ich es tat. Eventuell sind es sogar zwei Steine, wenn man sich auf eine so schlichte Analyse einlassen möchte. Die Wirklichkeit ist im Einzelfall natürlich viel komplexer, aber wer schon mal über die beiden gleichen Steine gestolpert ist wie ich, erkennt sie vielleicht wieder.

Der erste Stolperstein ist nur so lange einer, bis man gelernt hat, damit umzugehen. Die Rede ist von der Vielfalt der Wahlmöglichkeiten, die wir heute haben, und zwar in fast allen Bereichen. Diese Vielfalt, aus der wir wählen können, ist natürlich erst einmal ein Bonus, ein Geschenk – das einen allerdings schnell überfordern kann. Denn wenn ich mich für das Eine entscheide, entscheide ich mich unweigerlich gegen vieles Andere. Ein Ja hat seinen Preis, dessen Währung in vielen Neins bemessen wird. Und wer sagt mir, ob der Kurs, zu dem ich meine Wahl im Moment der Entscheidung treffe, günstig ist?

Wer, salopp gesagt, etwa die falsche Frau heiratet und dann noch den falschen Job wählt, hat ziemlich schlechte Karten. Er reißt frustriert seine Arbeitsstunden ab, vertut damit bereits die Hälfte seiner Tageszeit, aus der, auf Jahre gerechnet, leicht ein vertanes Leben werden kann, und sitzt nach Feierabend auch noch einer Ehefrau gegenüber, die er am liebsten in die Wüste schicken würde (und die ihn vielleicht auch …). Zwar lassen sich solche Entscheidungen revidieren: Der eine wird erst in der dritten Ehe glücklich, der andere findet erst mit 50 den Beruf, der ihn wirklich ausfüllt und von dem er gut leben kann. Aber Revisionen und Neustarts an diesen biographischen Eckpfeilern kosten Kraft, verlangen Mut und sind meist nicht leicht zu bewerkstelligen.

So betrachtet ist die Frage »Was willst du mal beruflich machen?« nur eine Verkleidung der Frage, was man aus seinem Leben machen möchte. Jeder sieht sich irgendwann dieser Frage gegenüber – oft viel zu früh und in einem Alter, in dem man sich gerade mal ansatzweise ein wenig selbst kennengelernt hat, vom Leben und der Welt da draußen ganz zu schweigen. Es bleibt also nichts übrig, als aufzubrechen und dann Schritt für Schritt nachzubessern. Wahrscheinlich gibt es nur wenige, denen gleich mit dem ersten Versuch der große Wurf gelingt. Mit etwas Glück wurschtelt man sich durch ein glückliches Leben, mit etwas Pech durch ein unglückliches. Und keiner kann sich aus der Verantwortung stehlen, die wesentlichen Entscheidungen selbst getroffen zu haben. Das ist die Zweischneidigkeit des selbstbestimmten Lebens.

Wir haben heute so viele Möglichkeiten, unser Leben selbstbestimmt zu planen und zu verwirklichen, wie nie zuvor. Konnte man früher vielleicht sein berufliches Unglück auf gesellschaftliche Zwänge oder den Mangel an Möglichkeiten abwälzen, stehen uns in Deutschland heute zumindest theoretisch weder große Zwänge noch große Beschränkungen im Wege (auch wenn in Sachen Chancengleichheit noch vieles im Argen liegt).

Aber was helfen alle Chancen, wenn man keine davon konsequent nutzt? Dies dämmerte mir schließlich, als ich zwischen Winzerdasein im Moseltal und Familienvaterschaft in der Großstadt hin- und hergerissen war, zwischen der guten alten Zeit mit ihrem Handwerk, ihren traditionellen Werten und den praktischen Herausforderungen einerseits sowie den vielfältigen Optionen der modernen Zeit andererseits. Irgendwann wusste ich: Man kann nicht alles gleichzeitig haben.

Illustrierte Zeitschriften und viele Figuren aus Film und Fernsehen suggerieren uns unterschwellig, wir könnten das sehr wohl. Schlimmer noch: Wer nicht alles habe, der sei zu blöd, um die sich bietenden Möglichkeiten zu nutzen. Die heutige Botschaft lautet vielerorts: Du kannst durchaus, ja, du musst alles haben! Gleichzeitig, immer und überall. Selbstverständlich durchschaut der vernunftbegabte Fernsehzuschauer, Kinobesucher und Zeitschriftenleser die heile Welt, die ihm jeden Tag per Werbung, Bildstrecken und Fiktion als Futter für seine Sehnsüchte vorgesetzt wird, und auch der kluge Facebook-User wird sich selbst angesichts unzähliger Urlaubs- und Triumphpostings nicht suggerieren lassen, alle anderen könnten jederzeit alles machen und erreichen. Aber der subtile Druck, den all das erzeugt, bleibt. Irgendwo im Hintergrundrauschen des Unbewussten stellt sich die Lebensabschnittspartnerin dann zermürbende Fragen: »Wieso sehe ich eigentlich morgens immer so zerknittert und so gar nicht zum Wachküssen aus, während die Frau in der Kaffeewerbung sich wie eine Göttin in den Kissen räkelt und von ihrem blendend aussehenden Partner, der den verzauberten Blick der ersten Verliebtheit bis zum Lebensabend zu halten verspricht, mit einem Kaffee verwöhnt wird? Ich bin schon froh, wenn mein Mann morgens überhaupt einen Ton sagt und nicht nur mürrisch in die Tasse stiert. Wieso gehe ich täglich zur Arbeit und versuche, mich schlichtweg ordentlich dafür anzuziehen, während im TV und in Magazinen ständig suggeriert wird, man müsse zur Arbeit quasi lustwandeln, möglichst viel Geld und Status erwerben und sich dabei auch noch stylish verhalten? Und sind nicht die Kinder anderer Leute oft wahre Genies, smarte Erziehungswunder, gesund und munter, während ich nur renitente und zuweilen etwas tumbe Blagen hervorgebracht habe? Kurzum: Wieso läuft es bei uns so verdammt mittelmäßig?«

Damit wären wir beim zweiten Stolperstein, der auf unserem Lebensweg liegt: die ständige Selbstoptimierung, der wir uns unterwerfen, um dem perfekten Traumbild unseres Selbst nachzueifern – angefangen bei körperlicher Fitness, Outfit, Fahrzeug, Freundeskreis, Hobbys, Bildung bis hin zu Partner, Beruf und Kindern. Die Liste ließe sich endlos fortsetzen. Damit wird der Mensch zur Dauerbaustelle: Sind die Kinder gut eingeschult, gilt es, sich mal wieder ein exotisches, auf das Umfeld imposant wirkendes Hobby zuzulegen oder die Diät zu machen, die schon letztes Jahr gescheitert ist. Liegt der Body-Mass-Index durch exzessives Lauftraining dann gerade wieder im grünen Bereich, heißt es wiederum, dem Geist Futter zu geben und vielleicht den wohlverdienten Feierabend am Freitag durch einen Lernabend an der Volkshochschule in Spanisch samt Hausaufgaben zu ersetzen.

Natürlich sollte keiner etwas dagegen haben, aus seinen Anlagen und Fähigkeiten das Beste zu machen und sich stetig weiterzuentwickeln. Es ist unerlässlich, seine Möglichkeiten zu nutzen und an sich zu arbeiten. Wie so oft aber entscheiden hier Maß und Ziel über Wohl oder Wehe. Leider heißt die unausgesprochene Losung für viele nicht: »Sei der, der du bist. Denn du bist gut so, wie du bist«, sondern: »Werde etwas! Werde jemand! Denn du bist noch nichts! Das war noch nicht alles, da geht noch mehr!« Auch das exorbitanteste Ziel, das sich heute erreichen ließ, ist morgen nur noch Schnee von gestern. Die Messlatte wird immer höher gehängt, Wunsch und Wirklichkeit klaffen immer weiter auseinander – und in dieser Schlucht kann ein großer Teil unseres Lebensglücks verschwinden. Ganz ähnlich wie mein Glück im Begriff war, zwischen Moseltal und Berlin zerrissen zu werden.

Gefangen in der Selbstoptimierungsfalle und in der Versuchung, alles gleichzeitig haben zu können, gibt es immer mehr Menschen, die nicht nur in zwei, drei oder mehrere Richtungen gleichzeitig rennen, sondern auch jeden Tag noch einen Zahn zulegen, so dass aus einem Wandel durchs Leben ein Sprint auf Langstrecke wird – mit allen charakterlichen und gesundheitlichen Nebenfolgen. Immer häufiger hört man von Leuten, die ihren zu ambitionierten Lebensentwurf nicht dauerhaft durchhalten und ausbrennen – Burnout. Wieder andere werden von der selbstauferlegten Mühsal der eigenen Existenz in die Depression gedrückt.

Ein alter asiatischer Sinnspruch bezeichnet ein Ding der Unmöglichkeit: »Zwei Vögel mit einem Stein treffen!«

Außerdem, und darauf zielt der Satz, ist es sehr wahrscheinlich, dass bei diesem überambitionierten Versuch gar kein Vogel getroffen wird, man also gar nichts erreicht. Vielleicht wollte ich in Berlin zu viele Ziele auf einmal erreichen: der sportliche, aber trinkfeste Winzer, der am Busen der Natur ebenso zu Hause ist wie am Puls der Hauptstadt und der als Strohwitwer mit alten Freunden genauso souverän zur Hochform aufläuft wie als Familienvater und Ehemann, während er gleichzeitig mit einem Weingut an der Mosel und einem Haushalt in Berlin jongliert. Hätten Nicole und ich noch ein oder zwei Jahre länger in dieser Situation verharrt, wer weiß, wie es uns ergangen wäre.

Es kam aber ein Tag, an dem in Berlin mal wieder der Haussegen schief hing. Einmal mehr flüchtete ich an die Mosel, obwohl ich auf Freunde und Eltern dort genauso wenig Lust hatte wie auf das Berliner Stadt- und Familienleben. Berlin war für mich ohne Perspektive, die Mosel der Name für meinen Eskapismus. Am nächsten Tag hob ich mich nur mühsam aus dem Bett und schlug hadernd mit mir selbst und ohne klare Gedanken die Zeit tot. Da nichts Wichtiges anstand und meine Eltern unterwegs waren, sank ich schon am frühen Abend mit einer Flasche Wein aufs Sofa, planlos, aber auch voller Sorge, wie es denn weitergehen solle. Ich schaltete die Glotze ein, ließ mich berieseln und vom Wein, den ich schneller als gewöhnlich trank, berauschen. Es war ein hilfloser Versuch, die Angst, die mir im Nacken saß, zu vertreiben. Ich wusste: Morgen, wenn ich aus meiner Betäubung erwachte, würde alles genauso sein wie zuvor.

Irgendwann in der Nacht wachte ich auf. Auf dem Couchtisch vor mir standen zwei leere Flaschen Wein und ein halb leeres Glas. Eine dritte Flasche Wein, die ich wohl noch mit dem letzten Rest Bewusstsein geöffnet hatte, war umgestoßen. Der Rotwein hatte sich über den Teppich ergossen, auf dem, genauso wie auf dem Tisch, Chips verstreut lagen. Im Fernsehen lief irgendeine blöde Sendung. Ich suchte nach der Fernbedienung, schaltete ab, und die augenblicklich einsetzende Stille konfrontierte mich erbarmungslos mit mir selbst.

Ich starrte auf den roten Fleck auf dem Teppich wie auf einen Blutfleck. Natürlich war alles noch genauso vertrackt wie Stunden zuvor. Nichts war gelöst, alles war unklar, aber eines stand in diesem dunklen Moment fest: So ging es nicht weiter!

Wenn das Leben Zeichen sendet

Manchmal, wenn das Leben nicht stimmig verläuft, wenn es nicht im Fluss ist und wir den Pfad des Selbstverständlichen verlassen haben, erhalten wir von irgendwoher ein Zeichen – zuerst nur ganz sanft, wie ein Zupfen am Ärmel. Mit etwas Glück sind wir aufmerksam genug, um es zu bemerken, und können innehalten, nachdenken – und eventuell umkehren. Meistens sind wir jedoch viel zu beschäftigt, um so achtsam zu sein. Oft genug sendet uns das Leben ein zweites Zeichen, diesmal etwas deutlicher, vielleicht auch ein Stück unangenehmer, wie eine handfeste Störung. Meistens wird auch dieses Signal übersehen und überhört. Also schaltet das Leben nochmals einen Gang höher, und mit jedem Eskalationsschritt werden die Nachrichten gröber und schmerzhafter, verwandeln sich vom winkenden Zaunpfahl irgendwann zum Brett, das einem vor den Kopf knallt.

Dieses Brett war in meinem Fall nicht aus Holz, sondern aus Zinkblech und wurde von vier Beamten unseren Hausflur hinuntergetragen: ein Sarg mit einem Toten darin. Ich stand mit meiner Familie daneben, schaute zu und wusste mit einem Schlag, dass das Abenteuer Berlin für mich gestorben war.

Bevor mich das Leben jedoch so gründlich einnordete, dass ich endlich wusste, was ich auf jeden Fall nicht mehr wollte, irrte ich noch einige Zeit reichlich orientierungslos durch das Tal meiner handfesten Lebenskrise. Mein persönlicher Tiefpunkt war die klägliche Nacht auf der Couch neben dem Rotweinfleck, jetzt aber stand mir noch der familiäre Tiefpunkt bevor. Mit düsteren Gefühlen und weichen Knien hatte ich mich nach jenem traurigen Moselaufenthalt ins Auto gesetzt, um zurück zu meinen Lieben zu fahren. Die ganze Fahrt hindurch rumorte es in meinem Kopf, und als ich in Berlin ankam, waren meine Gedanken noch genauso düster wie Stunden zuvor an der Mosel. Ich ging die paar Meter zu unserem Wohnblock, stieg die Treppen hoch und schloss die Tür zu unserer Wohnung auf. Ich trat ein, rief ein schwaches »Hallo« in die Räume. Niemand antwortete. Es war niemand da.

Damit hatte ich nicht gerechnet. In der Küche fand ich einen profanen Zettel, der mir mit dürren Worten mitteilte, dass Nicole mitsamt den Kindern nach der Kita zu einer Kollegin gegangen war, um mit ihr »noch was zu besprechen«. Sie bliebe dort über Nacht.

Als ich den Brief noch einmal las, merkte ich, wie ich zwischen den Zeilen nach dem vielleicht versteckten Liebesgruß suchte. Zwei Dinge wurden mir rasch klar. Erstens: Der Brief enthielt keinen Liebesgruß. Zweitens: Nicole hatte hier in Berlin ihre ganz eigene Sache, nämlich die Kita. Sie machte »ihr Ding«, wie man heute gerne sagt. Und dieses »Ding« besaß für sie Priorität. Sie hatte sich eben einfach mal kurzfristig entschlossen, über Nacht wegzubleiben, mit den Kindern, das Wiedersehen mit mir war ihr nicht mehr wichtig. Nein, die Botschaft enthielt keinen Liebesgruß zwischen den Zeilen, sondern eine knallharte Information: Mit dir rechnen wir nicht mehr. Du bist egal. Ob du kommst oder gehst, ändert nichts an unserem Leben. Davon machen wir unseren Tagesablauf nicht abhängig. Du spielst keine große Rolle mehr.

So sprach dieser Zettel zu mir. Was Nicole mit ihrer Kollegin erörtern wollte und warum das so wichtig war – ich war es nicht wert, das zu erfahren. Sprach sie mit ihr sogar über unsere Ehe? Holte sie sich Rat bei einer Freundin, erleichterte ihr Herz und beschwerte sich über mich? Aus heutiger Sicht klingt das alles hypersensibel und fast schon wehleidig, aber damals war mein Selbstwertgefühl dermaßen auf Bonsaiformat geschrumpft, dass ich mir diese knappe harmlose Nachricht schwer zu Herzen nahm.

Da saß ich also. Wieder allein. Wieder auf einer Couch. Diesmal in Berlin. Das Leben schickte mich offenbar in eine weitere Runde mit mir selbst. Was musste ich noch begreifen?

Ich sah mich um. Was hatte ich mit dieser Wohnung überhaupt am Hut? Was erinnerte hier an mich? Die Gestaltung hatte ich voll und ganz Nicole überlassen. Relativ teilnahmslos war ich irgendwie mit in diese Wohnung eingezogen, ein gemeinsames Projekt war sie aber definitiv nicht gewesen. Ich war der Wochenendbesucher, der Heimatlose, der von Sofa zu Sofa reiste.

Dabei war es genau dieses Ungebundene und Wechselhafte, was uns zu Anfang so gereizt hatte. Zunächst war Berlin ja nur als Zwischenspiel gedacht gewesen, die erste Wohnung am Prenzlauer Berg blieb ein Provisorium. Die Tatsache, dass wir sie komplett möbliert übernommen hatten – inklusive Fernseher, Bett und sogar Kochutensilien –, unterstrich den Durchreisecharakter. Wir wollten flexibel bleiben und uns nicht festlegen, ganz dem Zeitgeist verhaftet. Nach drei Monaten zogen wir um, dieses Mal in eine Wohnung, deren Besitzer für ein halbes Jahr ins Ausland gegangen war. Wieder bedurfte es keines eigenen Hausstands. Wir besorgten uns lediglich eine neue Matratze, kauften ein bisschen Kinderkram und blieben eine Kleinfamilie auf Wanderschaft. Aber das ganze Leben lag ja auch noch vor uns. Da legt man sich nicht fest, sondern lebt drauflos. Ungebunden zu sein fühlte sich gut an und keineswegs wie ein Makel.

Aus diesem Blickwinkel sahen wir locker über den rudimentären Charakter der Wohnung hinweg und erkannten gleichzeitig ihren Reiz: Sie war großzügig und lag in einem unrenovierten Altbau, knarrende Dielenbretter inklusive; Kühlschrank, Herd, Spüle – fertig. Erreichen konnten wir sie nur über den Hinterhof – das war Berliner Charme. Wir wohnten im vierten Stock ohne Aufzug. Also schwenkten wir bei der Getränkewahl auf Leitungswasser um, anstatt Wasserkisten zu schleppen. Allein durch das tägliche Treppauf-Treppab blieben wir fit. Wir waren jung und unkompliziert, und wenn wir beim Einkaufen mal die Windeln vergessen hatten, lachten wir, gingen noch mal los und bestiegen den Mount Treppenhaus zum xten Mal an diesem Tag.

Interessanterweise genügte mir das Treppensteigen rein körperlich noch lange nicht. An der Mosel war ich ja zum Steillagenkletterer mutiert, dort erlebte ich abends regelmäßig die angenehme Erschöpfung, die sich nach körperlicher Arbeit einstellt und die diesen wunderbaren Erholungsschlaf vorbereitet. In Berlin fehlte mir hingegen der Auslauf. Also suchte ich mir körperliche Auslastung: Ich ging zum Kickboxen und trainierte so oft und so lange wie möglich. Während also Nicole den Tag über mit Kindern kuschelte und bastelte, focht ich imaginäre Schlachten mit Tritten und Schlägen aus und kam abends als Held nach Hause, so wie man breitbeinig und grinsend nach einem Rocky-Film aus dem Kino kommt.

Der harte Sport konnte meine weichliche Stellung in der Familie ein wenig kompensieren; ich hatte scheinbar das geeignete Ventil für meine ungestüme Männlichkeit gefunden. Irgendwo muss man ja hin mit sich, oder? Blöd war lediglich, dass ich beim Training von einer Menge Hohlköpfe umgeben war, die den Weg des Kriegers viel zu wörtlich nahmen und denen ich zutraute, sich nach dem fairen Training gleich in den regellosen Straßenkampf zu stürzen.

Nicole kommentierte mein sportliches Treiben kaum. Vielleicht war sie einfach froh, dass ich mich irgendwie beschäftigte und nicht auf noch dümmere Gedanken kam. So füllte ich also meine freie Zeit mit der einen oder anderen Zerstreuung, während Nicole ein Mosaiksteinchen nach dem anderen in ihre Biographie integrierte. Während ich mit Berlin spielte, wurde es ihr immer ernster mit dieser Stadt. Sie verdiente Geld, baute etwas auf, erhielt Resonanz und Anerkennung. Ich trat derweil gegen Sandsäcke und machte Liegestütze – und pendelte …

Als die Zeit in unserer zweiten Wohnung ablief, war klar, dass es mit den ewigen Provisorien so nicht weiterging. Eine Frage materialisierte sich zwischen uns: Was nun? In Berlin bleiben oder nicht?

Nicole beantwortete diese Frage ganz alleine für sich und ohne Zögern: Natürlich wollte sie hierbleiben – und eine feste Wohnung!

Was konnte ich dagegen vorbringen? Nicole wollte den Grund unter ihrem Leben befestigen und sesshaft werden. Das fand ich gut, und aus ihrer Sicht war dieser Schritt nur logisch. Wie wäre ich dazu gekommen, ihr das zu nehmen oder auch nur in Frage zu stellen, was sie sich in dieser Stadt aufgebaut hatte? Außerdem hatte Nicole in der Vergangenheit mehrfach mit mir mitgezogen, wenn ich glaubte, einen bestimmten Weg gehen zu müssen. Und noch etwas war klar: In dieser Phase war ich einfach nicht der Wortführer. Ich hatte ja auch keine bessere Alternative zu bieten. Das Einzige, was ich hätte vorzeigen können, war ein Berg aus Zweifeln und Unzufriedenheit. Also hielt ich den Mund und nickte.

Und so ging unsere Berliner Geschichte in die nächste Runde. Nicole fand mühelos eine neue Wohnung. Sie suchte, entschied und unterschrieb. Ich schaute zu. Zwar half ich beim Umzug, doch die Begeisterung, die Nicole mit ihrem Berlin-Entwurf versprühte, quittierte ich mit dem Charme eines Sitzsacks. Die Wohnung war der ersehnte renovierte Altbau am Volkspark Friedrichshain mit Kinderzimmer, Küche, Bad und Wohnschlafzimmer, in dem ich nun mit leerem Blick saß und meine biographische Wurzelbehandlung vornahm. Mir bot diese Wohnung in diesem Moment keine Perspektive.

Diese Wohnung war das Symbol unseres gemeinsamen Lebens. Wenn mir dieses Symbol aber nichts bedeutete, konnten wir dann hier überhaupt eine gemeinsame Zukunft haben? Wie und wo konnten wir überhaupt eine haben?

Sicherlich bin ich nicht der Erste, der sich zum Thema Ehe oder Beziehung seine Gedanken macht. Und vieles, das ich heute sicher weiß, mag mir damals, als ich orientierungslos herumschlitterte, erst gedämmert haben, während ich versuchte, meine Gedanken und damit mein Leben zu ordnen.

Natürlich ist individuelle Freiheit von größter Bedeutung, aber sie hört bekanntlich dort auf, wo die Freiheit des anderen beginnt. Und nicht nur die Herstellung dieser Balance erwies sich für uns als kompliziert, sondern auch das Finden eines gemeinsamen Weges, einer für beide attraktiven Perspektive. Ohne die wird es nämlich irgendwann schwierig. Wer eine Familie gründet, verpflichtet sich, den Kindern mindestens zwei Jahrzehnte lang Stabilität zu geben. Das hält keiner durch, der ohne die Vorstellung einer gemeinsamen Zukunft in den Tag hineinlebt.

So etwas lässt sich auch nicht mal eben am Reißbrett planen. Wenn die grobe Richtung steht, heißt es ausprobieren, stehenbleiben und prüfen, wie es läuft, gegebenenfalls nachbessern und dann zusammen weitergehen. Natürlich steht bei einer solchen Entwicklung mal der eine, mal der andere auf der Sonnenseite. Das ist völlig normal. Allerdings darf nicht der eine ständig in der Sonne wandeln und der andere permanent im Schatten. Derjenige, der eine Zeitlang der Glücklichere ist, muss beizeiten auf ein Stückchen seines Sonnenscheins verzichten – dem anderen zuliebe.

Krisen gehören zum Leben, genauso wie Höhepunkte. Wenn es gelingt, Krisen zu meistern und trotzdem zusammenzubleiben, lernen und wachsen wir daran. Wir erkennen, dass uns nicht jede dunkle Wolke gänzlich den Tag verderben muss; wir können mehr einstecken, als wir denken. Bestenfalls gehen wir gestärkt daraus hervor. Allerdings darf man Warnsignale nicht ewig überhören, denn das macht keine Seele, kein Körper und keine Paarbeziehung auf die Dauer mit.

Ich weiß, dass ich mit diesen Erkenntnissen keine völligen Neuigkeiten verbreite, und will auch keinem Eheberater, Psychologen oder Philosophen Konkurrenz machen; es sind einfach die Schlüsse, die ich aus der damaligen Talfahrt gezogen habe. Und da sie dem Leben abgerungen sind, sind sie zumindest für mich keine graue Theorie – sie haben mir damals geholfen, Grenzen zu ziehen. Spät, aber noch nicht zu spät entwickelte ich ein Gespür dafür, was ich mir nicht verzeihen würde, was ich mir selbst auf Dauer nicht vormachen konnte und welcher Weg für mich undenkbar war. Ich setzte ganz bewusst Prioritäten.

Obwohl meine Ehe zum damaligen Zeitpunkt alles andere als erfreulich verlief, wusste ich, dass ich den Konflikt nicht auf die Spitze treiben würde, denn ich konnte mir nicht vorstellen, ohne meine Familie zu leben. Ich würde meine Ehe und meine Familie auf keinen Fall aufgeben – das stand unverhandelbar fest, und ich war entschlossen, mich dieser Priorität unterzuordnen. Vielleicht hatte mir zuvor genau diese Entschlossenheit gefehlt. Jetzt aber war sie da.

Ich entschied, Grundsätzliches umzukrempeln. Schon auf der Couch an der Mosel hatte ich gespürt, dass ich nicht weiter in einem Gefühl von Sinnlosigkeit und Leere verharren konnte. Ich wollte nicht weiter ohne Perspektive leben, ohne echte Aufgabe, ohne Ernst. Die Zeit des Lavierens war zu Ende. Die Zukunftsangst, die mir die Luft abzudrücken drohte, musste am Schlafittchen gepackt und zu Boden gerungen werden, sonst hätte sie mich zermürbt.

Ja, ich erkannte, dass ich konservativ war. Und zwar in dem Sinne, dass die Rolle des Hausmanns mir absolut nicht passte. Man konnte mich nicht mit Staubsauger, Wischmopp und einem Kind auf dem Rücken in eine Wohnung sperren und erwarten, dass ich dankbar von meiner Frau mein Haushaltsgeld in Empfang nehmen würde. Natürlich half ich mit, löffelte auch Brei ins hungrige Mäulchen meines Sohnes, und natürlich sah ich mich in einer gleichberechtigten Beziehung mit meiner Frau, was beinhaltet, dass ich nichts von ihr erwarte, das ich für mich selbst ablehne. Aber ich brauchte meine Herausforderung draußen in der Welt, nicht drinnen im Haus. Ich brauchte einen Beruf, der die Familie ernährte und mich vom Herd zurück ins Feld trieb. Das musste ich mir erst mal eingestehen, denn selbstverständlich ist das heute nicht mehr. Und: Dieser Beruf musste eine Berufung sein. Er musste Sinn stiften und eine Perspektive eröffnen. Nur dann würde ich in der Lage sein, daraus die Stabilität und die Glücksmomente zu ziehen, die ich und meine Familie so dringend brauchten.

Noch etwas wurde mir klar: Der Reisende in mir erkannte, dass er Wurzeln besaß. Und zwar nicht irgendwo, sondern dort, wo er aufgewachsen war. Die Mosel war meine Heimat.

Und woanders als zu Hause an der Mosel war eben nicht Heimat. Ich musste mir selbst gegenüber zugeben, dass ich nicht umzutopfen war. Fremder Boden bekam mir nicht, ich brauchte dringend Heimaterde, um zu gedeihen.

Das hieß nichts anderes, als dass ich mir das Selbstbild vom gelegenheitswinzernden Großstadtbürger, vom flexiblen Alleskönner, der überall zurecht kam, abschminken konnte. Stattdessen musste ich mich mit dem Landei, das ich offensichtlich war, anfreunden. Dafür gab es auch äußere Gründe. Denn der Großstadtflair war nur die eine Seite der Berliner Medaille. Auf der anderen Seite lauerte die Anonymität, die mir nicht guttat. Ein Leben, bei dem unzählige Menschen nebeneinander her und vor sich hin leben, keiner den anderen kennt und auch nicht kennenlernen will oder sich gar um das Wohl und Weh des anderen kümmert – all das konnte ich immer weniger ertragen. Ein Leben in der Großstadt war spannend, gewiss, aber auch anstrengend, abstumpfend, zuweilen sogar gefährlich. Ich fühlte mich in Berlin weder geborgen noch sicher und spürte eine latente Angst vor allem um meine Kinder. Ich sehnte mich nach dem Gefühl des Zusammenhalts und des gegenseitigen Vertrauens, das ich von daheim kannte.

Müde trat ich ans Fenster, sah hinaus, sah nur Lichter und dachte: »Verdammtes Berlin!«

Klar, Berlin war eine tolle Stadt. Bloß als Lebensort für mich ganz persönlich war Berlin schrecklich. Ich war kein Berliner und würde auch nie einer werden. Die Erkenntnis traf mich mitten ins moselländische Herz. Ich ließ die vergangenen Monate Revue passieren. Die Leute, die ich am Anfang, frisch aus der Provinz kommend, cool gefunden hatte, gingen mir langsam, aber sicher nur noch auf die Nerven. Allen voran die jungen Eltern in meinem Bezirk. Ich saß eines Tages auf dem Spielplatz auf einer Bank, und es dauerte nicht lange, da nahmen zwei Elternpaare neben mir Platz, jedoch bereits so in ihr Gespräch vertieft, dass sie mich gar nicht wahrnahmen. Auf den ersten Blick sahen alle vier sympathisch aus, modisch und gleichzeitig in klassischer, bewusst abgetragener Eleganz gekleidet – hier ein hippes Accessoire, da ein scheinbar zufällig platziertes Statussymbol, garniert mit stilsicher gewollten Stilbrüchen, so auffällig wie aufgesetzt …

Dann begann der Wettkampf:

»Unser Bert-Sören fängt schon an zu lesen!«

»Echt? Wie alt ist er?«

»Vier! Wir haben schon wegen einer Testung angefragt …«

»Ja, Björn-Malte ist vermutlich auch hochbegabt, wir kennen einen Psychologen, der hat bei ihm auffällige Verhaltens-Asynchronitäten erkannt.«

»Ach, echt? Fernsehen findet Bert-Sören übrigens total irritierend, er hat sich davon distanziert.«

»Fernsehen? Haben wir gar nicht, haben wir abgeschafft, vor zwei Jahren schon! Björn-Malte hat da gar kein Interesse dran, auch nicht, wenn er wo zu Besuch ist, wo Kinder glotzen.«

»Mhm. Ja, haben wir auch bald vor. Aber man sollte den Kindern nicht alles vorenthalten. Wir regeln das über kindgerechte Angebote. Und Bert-Sören ist von alleine darauf gekommen, dass ihm Fernsehen nichts bringt, weißt du.«

Plötzlich ruft Bert-Sörens Mutter mit wachem Blick in die Spielecke: »Bert-Sören, merkst du nicht, dass du dem Kind wehtust, wenn du ihn mit dem Bauklotz haust?«

Nein, Bert-Sören schien das nicht zu merken. Er haute weiter, wie bei Tom und Jerry im Fernsehen, von dem er sich ja allerdings distanzierte. Darum erhob sich nun doch lässig das väterliche Cord-Jackett mit den Leder-Ellenbogen, ging auf Bert-Sören zu und erklärte ihm seufzend, dass Gewalt keine Lösung sei.

Ich fühlte, dass in diesem Moment das Elternpaar von Björn-Malte weit vorne lag. Am liebsten hätte ich Bert-Sören den Bauklotz aus der Hand genommen, um ihn dem Cord-Jackett an den Kopf zu werfen. Aber ich blieb stumm sitzen und fand diesen ganzen Affenzirkus unerträglich.

Natürlich, auch auf dem Land ist Selbstdarstellung kein Fremdwort. Aber mehr als an vereinzelte Posen erinnerte ich mich vor allem an viele einfache Menschen, die geradeaus waren, wenn auch manche vielleicht etwas schräg. Diese Schräge jedoch kam von Herzen, war echt und nicht aufgesetzt wie dieses Theater auf dem Spielplatz, wo nicht mal die Kinder noch Kinder sein durften, während ich in unserem Dorf selbst als erwachsener Mann noch Schabernack trieb.

Ich erinnere mich zum Beispiel an den Sommer 2003 – ein Jahrhundertsommer. Die Arbeit im Weinberg rief mich. Ich rief meinen Kumpel Bastl an, ob er nicht Lust habe, mir zu helfen. Der ließ sich von der Idee gleich begeistern, und so werkelten wir unter der Sonne im Steilhang und arbeiteten uns von oben nach unten. Blöderweise hatten wir die Getränke oberhalb des Weinbergs im Auto gelassen, und das ausgerechnet an unserem längsten und steilsten Weinberg. Irgendwann wurde der Durst so groß, dass uns nichts übrig blieb, als wieder hochzukraxeln. Plötzlich rief Bastl: »Ich bin Erster!« – und rannte los! Steil bergauf! Ich hastete hinterher, in der Reihe daneben. Schon nach ein paar Metern wurden die Oberschenkel heiß. Aber keiner ließ locker. Hielt der andere noch mit? Wir rutschten weg. Sprinteten. Japsten. Bissen auf die Zähne. Jeder wollte unbedingt gewinnen!

Ich weiß nicht mehr, wer als Erster oben angekommen ist. Wir waren ohnehin beide so am Ende, dass keiner mehr die Stufe aufs Siegertreppchen geschafft hätte. Unsere Lungen brannten wie Feuer, wir schnauften wie Dampfloks, und der Schweiß rann uns übers Gesicht. Als wir wieder einigermaßen Luft bekamen, schauten wir uns an und lachten – lachten, dass es weh tat. Es war totaler Irrsinn gewesen, aber er gehörte uns. Wir brauchten kein Publikum dafür.

In der Stadt hingegen, so schien es mir, achteten allzu viele genau darauf, wie sie aussahen bei dem, was sie taten – und dass es möglichst viele mitbekamen und toll fanden. Außerdem ging es in Berlin darum, etwas Besonderes darzustellen. Bei uns im Dorf gab es einfach einen Bäcker, einen Blumenhändler und einen Tischler. Der Bäcker backte Brötchen, der Blumenhändler verkaufte Blumen, der Tischler tischlerte.

In Berlin jedoch war ein Bäcker nicht zwangsläufig einfach ein Bäcker, sondern mitunter ein Ofenvirtuose, der aus ganz besonderem Getreide ganz besonderes Brot buk – und wer dort einkaufte, tat dies natürlich auch allerorten kund, gefragt oder ungefragt … Mancher Florist in Berlin verkaufte keine Blumensträuße, sondern hatte es in der japanischen Kunst des Blumensteckens zur zertifizierten Meisterschaft gebracht; deshalb kostete eine Tulpe, an die horizontal ein Bambusblatt gesteckt war, bei ihm zwölf Euro. An der Mosel hätte man diesen Meister wohl nur gefragt, ob er noch alle Tassen im Schrank habe.

Diese und ähnliche Gedanken gingen mir durch den Kopf, während ich an jenem traurigen Abend mit finsterer Miene am Fenster unserer Wohnung stand. Und mir war klar: Diese Prioritäten, die ich nun gesetzt hatte, musste ich umsetzen – unbedingt. Ich wusste nun zumindest, was ich auf gar keinen Fall wollte: Ich wollte nicht ohne Nicole und die Kinder, nicht ohne Beruf, nicht ohne die Mosel und nicht in der Großstadt leben. Viermal nein. Das war doch schon was.

Aber es waren nur meine eigenen Grenzen. Wo innerhalb dieser Grenzen konnte sich meine Frau bewegen? Gab es eine Schnittmenge zwischen ihrem umgrenzten Gebiet und meinem?

Auf dem Sofa – die Nacht war mittlerweile hereingebrochen – konnte ich diese Fragen ad hoc nicht beantworten. Ich musste mir eingestehen, dass ich anscheinend mittlerweile gar nicht mehr genug von meiner Frau wusste – ich hatte keine Ahnung, was sie umtrieb, wohin sie wollte. Infolgedessen erschienen mir zwei Szenarien plausibel:

Alternative A: Ich gehe allein an die Mosel, und Nicole bleibt in Berlin – ergo Fernbeziehung. Nein, darüber brauchte ich gar nicht lange nachzudenken, denn damit wäre die Katastrophe vorprogrammiert gewesen. Wir hätten uns immer weiter auseinandergelebt, bis es keinen Grund mehr gegeben hätte, einander noch zu besuchen. Das hätte das Ende bedeutet und kam daher nicht in Frage.

Alternative B: Wir bleiben beide in Berlin. Das war auch nichts. Dazu hätte ich mich so lange verbiegen müssen, bis ich kein attraktiver Lebenspartner mehr gewesen wäre. Und hätte mich dereinst jemand am Sterbebett gefragt, was der Höhepunkt meines Lebens gewesen sei, hätte ich sagen müssen: »Ein Kompromiss ...«

Blieb noch eine dritte Alternative: Nicole und ich kehren gemeinsam an die Mosel zurück. Aber so, wie Nicole Berlin zu ihrem Mittelpunkt gemacht hatte, schien mir diese Vorstellung völlig aussichtslos, und ich rechnete sie gar nicht erst durch.

»A oder B? Entscheide dich!«, dröhnte es in meinem Kopf. Und ich dröhnte zurück: »Nein! Es muss noch eine andere Möglichkeit geben!«

Mit diesem Gedanken fiel ich an meinem einsamen Abend auf dem Sofa in einen tiefen Schlaf.

Als ich am nächsten Morgen erwachte, fühlte ich mich merkwürdigerweise überhaupt nicht mehr so deprimiert wie am Vorabend. Die Erkenntnis »Berlin ist super, aber nichts für mich« hatte mich wieder mit beiden Füßen auf den Boden gestellt. Innerlich fühlte ich mich wie erneuert und plötzlich voller Energie.

Doch so einfach konnte ich nicht von heute auf morgen alles ändern. Also stritt ich erst einmal weiter mit Nicole, kämpfte mich weiter durch den Berliner Alltag und pendelte weiter an die Mosel. Aber ich tat das alles mit einer neuen Bestimmtheit. Endlich wusste ich, was ich wollte. Oder zumindest, was ich nicht mehr wollte. Wenn ich auch noch nicht genau wusste, wie ich das umsetzen sollte. Und – vor allem – wie Nicole darüber dachte. Sie war von der Stadt im wahrsten Sinne des Wortes stark bewegt und leitete neben ihrer Kita-Tätigkeit auch noch Kurse an der Kunstschule und verkaufte auf Märkten und in Ladengeschäften ihre eigenen Werke. Von allen Seiten erhielt sie Anerkennung und Zuspruch. Gleichzeitig war ihr Leben enorm anstrengend. Der Vater der Familie war die Hälfte der Zeit ein Phantom, und es gab keinen Opa und keine Oma, die einen zwischendurch einmal entlasteten, und sei es nur für ein paar Stunden. Lange Zeit wog unsere Berlin-Euphorie diese dauernde Anstrengung auf, doch bei allen Beteiligten wuchs die innere Erschöpfung, auch bei den immer öfter streitenden Kindern. War Nicole bereit, unsere Perspektive gemeinsam zu überdenken?

Wie es der Zufall wollte, spielte mir in den nächsten Wochen das Berliner Leben in die Hände.

Eines Abends kam Nicole völlig konsterniert vom Einkaufen zurück. Sie erzählte, sie sei mit dem Kinderwagen auf dem Alexanderplatz gewesen. Plötzlich sei mitten in der lo-

sen Menschenmenge ein Mann mit Sonnenbrille auf sie zu-
gekommen. Er trat viel zu nahe an sie und den Kinderwagen
heran und grinste sie dabei frech an. Nicole erschrak und
dachte in dem Moment nur an unseren Sohn. Der Mann
langte in die Tasche, die am Griff des Wagens hing, fischte in
aller Seelenruhe und mit aller Dreistigkeit das Portemonnaie
heraus, drehte sich um und schlenderte davon. Nicole stand
starr vor Schreck, konnte kaum atmen und nur tatenlos zu-
sehen. Was hätte sie auch tun sollen? Schreien? Ihm hin-
terherrennen? Ihre eigene Gesundheit und die unseres Sohnes riskieren? Unter Tränen erzählte sie mir, wie hilflos, wie
ohnmächtig sie sich gefühlt habe.

Das war der erste Dämpfer. Der zweite ereilte mich beim
Einkaufen. Ich hatte meinen geliebten alten BMW in der
Nähe der Bergmannstraße in Kreuzberg geparkt und war
durch die Läden gebummelt. Insgesamt war ich wohl drei
Stunden unterwegs, um Bücher und Musik zu shoppen. Als
ich zurückkam an die Stelle, an der ich den Wagen geparkt
hatte, fand ich lediglich eine Parklücke. Zunächst dachte
ich, ich hätte mich vertan, lief die Straße auf und ab und
schaute, ob mein Auto nicht einfach woanders stand und
ich den Platz nur falsch abgespeichert hatte. Aber nein,
mein Auto war gestohlen!

Mit dem Taxi fuhr ich zur Polizei, um den Diebstahl zu
melden, erntete jedoch nur ein müdes Lächeln. Man nahm
meine Daten auf, machte mir aber nicht viel Hoffnung, dass
sich der Wagen wiederfinden würde. Möglicherweise war er
schon über die polnische Grenze verschwunden, die ja keine
100 Kilometer entfernt ist, oder ein paar Crashkids hatten
ihn einfach für eine Spritztour »genommen«, so der Polizist,
um ihn später in einem See zu versenken. In diesem Moment
hätte ich gerne den gleichgültigen Polizisten mitsamt den
Crashkids in eben diesem See versenkt, aber ich unterschrieb

wortlos die Anzeige und fuhr mit der Bahn nach Hause. Von jetzt auf gleich hatten wir kein Auto mehr. Hinzu kam, dass der BMW, den ich acht Jahre gefahren hatte, für mich mehr gewesen war als nur ein Auto. Er war fast 20 Jahre alt und hätte beim Verkauf keine 1000 Euro mehr erbracht, aber der Sechszylindermotor lief mit der gleichen geschmeidigen Laufruhe wie am ersten Tag. Im Zusammenspiel mit der perfekt abgestimmten Stereoanlage bot eine Fahrt mit dem alten Schätzchen für mich eine ähnliche Erlebnisqualität wie für manch anderen eine Mittagspause im Floating-Tank. Ich war richtig sauer auf die gesichtslosen Täter.

Doch damit nicht genug. Die Stadt hielt noch eine weitere makabere Überraschung für uns bereit. Eines Wintertages kamen wir mit den Kindern nach Hause, gingen die Treppe hoch und mussten uns im Treppenhaus plötzlich nebeneinander an die Wand drängen, weil mehrere Polizisten einen Zinksarg an uns vorbeimanövrierten.

»Das ist ja wie bei Derrick!«, sagte ich noch scherzhaft. Als aber eine halbe Stunde später die Polizisten bei uns klingelten und uns darüber unterrichteten, dass in der Nachbarwohnung, also gleich nebenan, ein Mensch gewaltsam zu Tode gekommen, sprich umgebracht worden war, blieb mir das Scherzen im Halse stecken. Ob wir etwas gesehen oder gehört hätten oder sonstige Hinweise geben könnten. »Nein, leider. Wir wohnen erst seit kurzem hier und haben die Nachbarn kaum gekannt ...« Wie das in der Stadt halt oft so ist.

Tja, das war Berlin, wie es leibt, lebt und stirbt. Ich hatte nun endgültig zu viel. Das waren drei Tropfen, die das Fass zum Überlaufen brachten. Die das hässliche Gesicht der Großstadt zeigten. Das war nicht das Umfeld, in dem ich leben und in dem ich meine Kinder aufwachsen sehen wollte.

Ein paar Tage nach dem Mord brachte ich genau diese

meine Ansicht am Abend, als die Kinder im Bett waren, ohne Schnörkel zum Ausdruck. Nicole hörte still zu. Dann nickte sie. Nach vielen Wochen waren wir uns zum ersten Mal in einer wichtigen Sache wieder einig.

Heimkehr

Die Traubenlese im Herbst ist für mich wie für jeden Winzer die anstrengendste Zeit im Jahr. Bis zu sechs Wochen lang arbeite ich dann am Stück, vom Aufstehen bis zum Schlafengehen, ohne Sonn- und Feiertag – so lange, bis alle Trauben gelesen, nach Hause gefahren, gepresst und eingekellert sind.

Eingangs der Traubenlese bin ich wie aufgedreht, habe jede Menge Energie, ja, bin regelrecht euphorisiert vom Beginn der wichtigsten Zeit des Jahres und dem Einbringen der Früchte unserer Arbeit. Nach den ersten Wochen blättert der Lack dann langsam ab. Man merkt mir die körperliche Anstrengung an, und mit mir ist plötzlich nicht mehr gut Kirschen essen. Ich werde reizbar, fahrig, ungerecht und mitunter sogar laut. Ich merke selbst, dass ich immer öfter unkonzentriert bin und Gefahr laufe, Fehler zu machen. Mit zunehmendem Alter sind es genau diese Wochen, die an die Substanz gehen. Ich spüre förmlich, wie meine Muskeln, Gelenke und vor allem meine Nerven verschleißen, während ich maloche. Mein Körper ruft Stopp, doch ich mache weiter – weil ganz einfach noch viele Trauben warten, die in einem ganz bestimmten Zeitfenster vom Weinberg in den Keller geschafft werden müssen und die schnell und präzise exakt nach meinen Vorstellungen verarbeitet werden wollen.

Bei einer One-Family-Betriebsstruktur ist diese Aufgabe für mich einfach nicht delegierbar. Genauso wenig wie sie es für meinen Vater war. Wenn der gute Papa während der Lese mal wieder über die Maßen angespannt war und ich als Kind fragte, warum der denn so komisch sei, bekam ich als Antwort zu hören: »Der Papa hat Herbst!« Heute geht es mir genauso: Jedes Jahr spätestens Ende Oktober bin ich ein Winzer im Ausnahmezustand, und das heißt allgemeingültig und selbsterklärend: Ich habe Herbst.

Eine Pause danach gibt es nicht, denn direkt im Anschluss geht es Anfang November ins Weihnachtsgeschäft. Das bedeutet viele, viele Gespräche mit Kunden, viel Büroarbeit, Etikettieren, Verpacken, Versenden, viel Autofahren. Das ist eine andere Art von Anstrengung; sie erfordert andere Sinne und Eigenschaften von mir. Insofern ist die Vorweihnachtszeit zwar eine schöne Abwechslung von der Knochenarbeit der Traubenlese, dennoch ist sie nicht weniger stressig. Am Ende des Weihnachtsgeschäfts ist mein Körper schließlich so erschöpft wie die Reben nach der Lese und mein Kopf so leer wie ein Weinberg im Winter.

Aber schon während der Adventszeit sehen alle in der Familie das Licht am Ende des Tunnels, das noch einmal Kraft für den Endspurt gibt: Bald, bald ist endlich Weihnachten. Mit Beginn der Feiertage kehrt dann im Weingut schlagartig Ruhe ein. Ich ziehe mich in den Kreis meiner Familie zurück und atme durch. Wir legen die Füße hoch, wir essen und trinken gemeinsam, wir pflegen Freundschaften und Familientraditionen. Ja, wir zelebrieren diese Zeit während und nach Weihnachten sehr feierlich, entspannt und heimelig im kleinen Kreis. Der Weinberg ruht, der Wein im Keller ruht, die Kunden sind versorgt. Man ist stolz auf das gemeinsam Geleistete und freut sich über die eingekellerten Rohdiamanten, die nun still in den Fässern vor sich hin reifen.

Ich fühle ganz bewusst, wie sich mein tiefenentleerter Akku Tag für Tag wieder etwas auflädt.

Nach viel Essen und Trinken und Feiern und Ausruhen kommt im Januar irgendwann der Moment, an dem ich der Entspannung allmählich überdrüssig werde und spüre, dass die Erschöpfung verflogen ist und die Lust auf Bewegung wieder erwacht. Und dann? Ja, dann bin ich bereit für eine meiner liebsten Tätigkeiten überhaupt: dem Rebschnitt. Er markiert für mich den Übergang vom einen Jahreszyklus zum nächsten. Er bedeutet Ende und Anfang zugleich. Er beendet im Wortsinne mit einem harten Schnitt unwiederbringlich alles, was zuvor war, und ermöglicht gleichzeitig alles, was künftig kommen mag.

Bei diesem Arbeitsgang, nach dem Fallen des Laubs, aber noch vor dem Erwachen der Pflanzensäfte im Frühjahr, habe ich keinerlei Zeitdruck. Er dauert mehrere Wochen, aber ich kann mir die Tage aussuchen, in denen ich damit zugange bin. Wenn also das Wetter schlecht ist oder ich nicht so gut in Form bin, gehe ich nicht raus. Für meine Lieblingstätigkeit suche ich mir die besten Wetterlagen aus. Am Morgen irgendeines kalten, klaren Tages merke ich: Jetzt geht es los! Ich gehe in die Gerätehalle und hole den kleinen Koffer. Ich öffne ihn und packe meine Rebschnittschere aus. Fast ein Jahr lang lag sie gut geölt eingewickelt in einem Tuch und wartete auf mich.

Ich ziehe meine Winterjacke an, schnüre die Bergstiefel, setze mir die Mütze auf und streife die Handschuhe über. Dann setze ich mich ins Auto, fahre raus, nehme mir den ersten meiner Weinberge vor und beginne mit dieser herrlichen Tätigkeit.

An jedem Rebstock wähle ich eine oder zwei gut positionierte, gesund gewachsene Ruten als Fruchtruten für das kommende Jahr aus. Die anderen schneide ich weg. Die

Auswahl treffe ich nicht berechnend oder abschätzend. Es ist mehr ein Automatismus, eine fließende, intuitive Entscheidung – allerdings eine mit großer Tragweite. Denn die von mir gewählten Fruchtruten werden in diesem Jahr sämtliche Trauben des Rebstocks tragen.

Woher weiß ich, welche Entscheidung die richtige ist? Was, wenn ich mit nur einem Schnitt die besten Trauben eliminiere, die dieser Weinstock hervorbringen kann? Vielleicht würde ja die Rute, die ich gerade kappe, mehr oder bessere Trauben tragen als die andere, die ich stehenlasse. Und was erst, wenn ich grundsätzlich zu solchen falschen Entscheidungen neige und auf diese Weise pro Tag tausendfach Potential verschenke? Im schlimmsten Fall können viele Liter Wein und viel Qualität an einem einzigen Tag der Rebschnittarbeit vernichtet werden.

Aber all das Grübeln darüber hilft nichts: Ich muss mich entscheiden. Und der Schnitt der Rebschere ist unumkehrbar. Wenn die Rute ab ist, ist sie ab. Jeder Schnitt, jede Entscheidung verändert die Zukunft.

Die Zukunft meiner Familie entschied sich durch ein Nicken meiner Frau Nicole. Denn mit diesem Nicken folgte sie meinem Entschluss, zurück an die Mosel zu ziehen, den ich mir selbst unter großen Wehen abgerungen hatte. Damit hatten wir eine gemeinsame Wahl getroffen – schneller und einfacher, als ich gedacht hatte. Nicoles Nicken war ein magischer Moment für mich, denn in dieser Sekunde setzten wir in unserem Leben den entscheidenden Schnitt. Innerhalb einer Sekunde entschlossen wir uns heimzukehren. Wir sagten Ja zur Mosel und Bye-bye zu Berlin.

Als Nicole mir so spontan zustimmte, war es, als würde ich innerlich von neuer Energie durchflutet. Wir hatten ab diesem Moment so viel zu tun, dass wir kaum noch über Vergangenes nachdachten. Unser Blick war in die Zukunft gerichtet.

Erst später sprachen wir oft und intensiv über diese Zeit der Entscheidung. Unser Glück im Leben, unsere Zufriedenheit und unsere Lebensqualität hängen, wie man sieht, von den wenigen großen Entscheidungen ab, die wir treffen. Der Entschluss, Berlin zu verlassen, veränderte augenblicklich alles. Er ließ meine Frau und mich von einem Tag auf den anderen wieder an einem Strang ziehen und beflügelte uns geradezu. Es war bemerkenswert, wie rasch sich die Probleme beinahe in Luft auflösten. Vor allem war es für mich ein Phänomen, wie leicht Nicole vieles von dem, was sie sich aufgebaut hatte und was ihr lieb geworden war, an den Nagel hängte und sich ohne Hadern und Zaudern auf einen neuen Lebensentwurf einließ. Sie schaffte es tatsächlich, nicht den abgeschnittenen Reben hinterherzutrauern, sondern der fürs kommende Jahr ausgewählten Fruchtrute das Erbringen reicher Ernte zuzutrauen. Sofort überall zurechtzukommen und auf die Füße zu fallen, egal wo man abgeworfen wird, ist ihre große Stärke. Man könnte Nicole auf dem Mars aussetzen – es würde nicht lange dauern, dann hätte sie eine Volleyball-Mannschaft zusammen.

Ich rief meine Eltern an, mein Vater nahm ab. Ich sagte: »Wir kommen.«

»Wie, fürs Wochenende?«, erwiderte er.

»Nein, für immer!« Nicole und ich sahen uns an und lachten.

Mein Vater war zunächst verblüfft, aber dann hörte ich, wie auch er lachte und mit seiner gewohnt unendlichen Geduld die Launen seiner Kinder hinnahm.

Wir brachen unsere Zelte ab. Nicole kündigte ihre Arbeit und die Wohnung. Wir fanden schnell einen Nachmieter und Abnehmer für die Küche, den Fernseher und einen Teil

154

der Möbel – den Rest verschenkten wir in Windeseile. Das hatte den Vorteil, dass wir für den Umzug keine Spedition brauchten. Sowieso besitzt jeder Moselwinzer einen (meist alten) VW-Bus samt Anhänger, also auch mein Vater. Den lieh ich mir, wir packten unsere paar Habseligkeiten und die Kinder hinein, drehten den Zündschlüssel – und kehrten Berlin den Rücken.

Es war die schönste Fahrt von Berlin an die Mosel, die ich je gemacht hatte. Die ganze Zeit über schmiedeten wir Zukunftspläne. Wir waren voller Pioniergeist, wir hatten ein gemeinsames Projekt. Und die Kinder waren fröhlich, angesteckt von unserer positiven Energie.

Die noch schwache Frühjahrssonne schien uns in die Gesichter, während wir nach Westen fuhren. Ich beobachtete meine Frau auf dem Beifahrersitz, wie sie vor Ideen nur so sprühte. Sie war Feuer und Flamme für unser Leben auf dem Dorf. Und ich war stolz und froh, mit diesem Feuerwerk an Ideen neben mir den nun täglich längeren – und hoffentlich besseren –Tagen an der Mosel entgegenzufahren.

Unser konkretes Ziel an diesem Tag hieß zunächst Traben-Trarbach, das ganz in der Nähe des elterlichen Weinguts liegt. Dort wohnt meine Schwester in einem eigenen Haus. Sie hatte uns angeboten, übergangsweise bei ihr zu wohnen. Bei unserer Ankunft gab es ein großes Hallo, viel Lachen, hektische Betriebsamkeit. Wir luden aus und zogen in unsere kleinen Räume ein. Wir konnten es kaum erwarten, unsere Pläne in die Tat umzusetzen.

In den folgenden Wochen waren wir Tag und Nacht auf den Beinen und legten ein höllisches Tempo vor. Zum einen werkelte ich am Ausbau unserer kleinen Interimswohnung im Haus meiner Schwester, die uns kein Zeitlimit setzte, bis wann wir wieder ausgezogen sein müssten. Es sollte diesmal nichts provisorisch wirken. Zuerst schliefen die Kinder noch zusammen im ausgebauten Dachzimmer in Kinderbettchen, meine Frau und ich daneben auf einer einen Meter vierzig breiten Matratze auf dem Boden. Aber das Dachgeschoss bot noch weiteren Raum, der ausgebaut werden konnte, also richteten wir ein Schlaf- und ein Kinderzimmer ein – was unseren Schlafgewohnheiten sehr entgegenkam. Denn wir brauchten unsere Kräfte, damals, im Frühjahr 2004.

Wir trafen im Familienkreis eine Entscheidung. Ich würde den Betrieb zum 1. Juli 2004 offiziell als Inhaber übernehmen und leiten. Die Gespräche zu dieser grundlegenden und für alle Beteiligten heiklen und tiefgreifenden Entscheidung liefen überraschend schnell und reibungslos ab und waren von einem Vertrauen geprägt, das uns allen Mut für die Zukunft machte.

Meine Mutter hatte mich besorgt gefragt: »Willst du jetzt wirklich Winzer werden?«

Sie hinterfragte damit nicht meine Fähigkeit, den Betrieb fortzuführen – daran hatte sie keinen Zweifel –, sondern sie hinterfragte meine Motivation. War ich mit meinen 33 Jahren wirklich bereit, mich dem Betrieb zu verpflichten? Und zwar für immer? Es war wie bei einem Heiratsantrag, wenn die Frau dem um ihre Hand anhaltenden Mann tief in die Augen schaut, um zu spüren, ob er wirklich bereit ist, sich voll und ganz zu binden.

Ich antwortete: »Ja« – und rief als Nächstes meine Schwester an, erläuterte ihr meine Pläne und bat um ihre Zustimmung.

Sie war verwundert. »Willst du denn nicht mehr in deinen alten Beruf zurückkehren? Willst du wirklich komplett umsatteln?«

»Ja, das will ich.« Ich klang wirklich wie vor dem Traualtar. »Na, dann: toitoitoi!«

Mein Bruder klang da optimistischer: »Du wirst ja wohl die fünf Hektar Wingert bewältigt kriegen, oder? Ich will da nix mehr von. Meinen Segen hast du.«

Blieb noch mein Vater. Ich hatte mir im Vorhinein viele Gedanken darüber gemacht, was die Übergabe des Betriebs für ihn wohl bedeutete. Immerhin war das Weingut sein Lebenswerk. An der Wand des Kellers hingen die Urkunden und Auszeichnungen, die er für seine Weine erhalten hatte. Im Dorf ist »der Wilfried« eine Institution. Wenn ein Winzer aus dem Dorf auf der anderen Moselseite durch den Weinberg geht, weiß er genau, welches Stück davon dem alten Wilfried gehört.

Jahrzehntelang war mein Vater es gewohnt, jede noch so kleine betriebsrelevante Entscheidung selbst zu treffen. Ihm war bewusst, dass er ab dem Moment der Übergabe nichts mehr zu entscheiden hatte. Er kannte mich gut genug, um zu wissen, dass ich mein Ding machen würde, und das bedeutete, dass ich vieles anders angehen würde als er. Trotzdem war es keineswegs so, dass er mit meiner Mutter vom Hof reiten und in die Abendsonne entschwinden wollte; die beiden würden auch in Zukunft dazugehören und die weitere Entwicklung des Weinguts miterleben. Sie wollten noch, so gut es ging, mit anpacken. Jahrzehntelang war mein Vater der alleinige Chef gewesen, nun sollte er plötzlich nur noch zuarbeiten – ich konnte mir nicht vorstellen, wie sich das für einen Mann von seinem Schrot und Korn anfühlen würde.

Im Nachhinein ist mir klar, dass ich die Lebensart meines Vaters damals noch nicht verstanden hatte. Denn aus seiner Sicht lief die Übergabe ganz einfach ab. Er sagte bloß: »Wenn der Jung' das will ... dann lassen wir ihn.«

Ich wollte, er ließ mich. Das war's. Der Rest war eine Formalität beim Notar, nach dessen Erledigung mein Vater fragte: »So, und was trinken wir jetzt?«

Die Übergabe seines Betriebs an seinen Sohn war für ihn eine völlig selbstverständliche Sache. An diese Zäsur in seinem Leben ging er genauso heran wie an jede Arbeit an jedem Morgen: voller Optimismus, Zuversicht und Vertrauen. Die Übergabe des Betriebs ist dran. Also übergeben wir ihn. So sah mein Vater das.

Unser Plan war folgender: Wenn nach dem ersten Jahr alles zur Zufriedenheit aller Familienmitglieder lief, würde ich ein Jahr später nicht nur Inhaber, sondern auch Eigentümer des Weinguts werden. Meine Eltern würden dann tatsächlich Haus, Hof und Weinberge in meine Hände legen.

In diesem ersten Jahr mussten die Weichen im Weingut gestellt werden. Als Erstes machten wir einen Kassensturz. Meine Eltern hatten das Gut in den letzten Jahren auf eine Größe reduziert, die zwei sehr fleißige Rentner so eben noch bewältigen konnten. Wir schrieben schwarze Zahlen, doch auch mit denen würden wir vier weitere Mäuler langfristig nur schwer ernähren können, zumal wir ahnten, dass es vielleicht nicht bei vier Mäulern bleiben würde. Also mussten wir mehr Wein anbauen, und dafür brauchten wir zusätzliche Rebflächen. Und irgendjemand würde später den Wein aus diesen neuen Wingerten kaufen müssen. Wir würden mehr Kunden brauchen, zumal viele der bestehenden Stammkunden aus Altersgründen nicht mehr ganz so weinselig wie früher waren.

Wie sollten wir diese neuen Käufer finden? Konnten wir unsere Berliner Kontakte nutzen, um auch dort Wein an den Mann zu bringen? Konnte man neue Kunden auf Weinmessen gewinnen? Sollten wir vielleicht unsere alten Kinderzimmer zu Gästezimmern umbauen und versuchen, etwaige Urlauber zu Weinfreunden zu machen?

Fragen über Fragen waren zu klären. Welche unserer betrieblichen Strukturen und Abläufe waren gut und bewährt, welche waren überdenkenswert und konnten ohne größeren finanziellen Aufwand optimiert werden? Wie einigen sich Eltern und Sohn sowie die Geschwister untereinander finanziell? Wie hoch wäre eine angemessene Pacht für das komplette Weingut, die ich meinen Eltern zahlen müsste? Und wenn meine Eltern tatsächlich ein Jahr später ihren Besitz an mich übergäben, wie würde ich meine Geschwister abfinden?

Letzteres erwies sich freilich als geringstes Problem. Meinen Geschwistern war sehr wohl klar, dass der eigentliche Wert des elterlichen Betriebs nicht in dessen Sachwert begründet lag. Die kümmerlichen Immobilien- und Landpreise in unserer Gegend spiegeln seit jeher wider, dass der Bär in unserer Gesellschaft woanders steppt. Die Gebäude auf so einem Weingut sind sehr auf die Kellerwirtschaft zugeschnitten und darum kaum anderweitig nutzbar und somit schlecht verkäuflich. Und der Maschinenpark war durchschnittlich 25 Jahre alt. Nur für denjenigen, der so einen Betrieb als Winzer bewirtschaftet, entfaltet die materielle Substanz von Grund, Gebäuden und Sachen einen echten Wert. Meine Geschwister wussten außerdem, dass die materiell nicht messbare Last der Verpflichtungen, insbesondere die, unsere Eltern im hohen Alter bei uns auf dem Hof zu haben, vermutlich mindestens so groß war wie der Wert des Weinguts selbst. Sie diskutierten darum überhaupt nicht mit mir. Achselzuckend betrachteten sie die Betriebsübernahme als vollendete Tatsache.

Der alles bestimmende Gedanke in jenem Jahr war also: Was tun wir, um das Weingut so auszubauen, dass es unsere Zukunft tragen kann? Diese wilden, wahnsinnigen Tage waren anstrengend – und haben sehr viel Spaß gemacht. Es wurde dabei eine Menge an Energie frei, die ich nie in mir vermutet hätte. Welch Kontrast zu der bleiernen Zeit in Berlin, die wir hinter uns gelassen hatten.

Gestern hat es geschneit. Die Temperatur im Weinberg liegt knapp unter null. Es ist windstill, trocken und klar. Über der Mosel steht unbeweglich ein kalter blauer Himmel.

Auf gefrorenem Boden gehe ich zwischen den Reihen ruhig von Rebstock zu Rebstock und verrichte meine Entscheidungsarbeit. Schnitt für Schnitt fallen die gekappten Ruten zu Boden. Später werden sie in den Häcksler wandern und dann dem Weinbergsboden als Humus dienen. Die anderen Ruten bleiben stehen. Ich habe mich für sie entschieden, und mein ganzes Vertrauen ruht nun auf ihnen. Sie werden meinen Wein tragen. Und es wird der beste Wein, den ich schaffen kann.

Mit jedem Schnitt treffe ich eine Entscheidung. Niemals kann ich sicher sein, dass es eine gute Entscheidung war – vielleicht irre ich mich auch ab und an. Wichtig ist jedoch, dass ich ruhig und selbstbewusst die Entscheidung treffe und dass ich die beste Wahl treffe, die ich erkennen kann, mit all meinen Sinnen, mit Kopf, Herz und Hand. Die Alternativen, die ich verworfen habe, wandern in den Häcksler, ich darf sie getrost vergessen. Statt ihnen nachzutrauern, schenke ich der Alternative, die ich ausgewählt habe, all meine Energie, all meinen Glauben, all mein Vertrauen. Ich gehe weiter, lasse meine behandschuhten Hände über die Ruten gleiten, wähle aus und schneide. Ab und zu richte ich mich auf und schaue mich um. Die Sonne taucht die Luft über den Moselschlingen in weißgoldenes Licht. Der Schnee glitzert. Die klare Luft und die Helligkeit dringen tief in mich ein und erfrischen mich.

Mund abputzen – weitermachen!

»Was soll das?«

Mein Vater stand vor mir und starrte mich grimmig an. Er ist kein Mann vieler Worte. Aber die wenigen, die er in den Mund nimmt, sitzen – so auch diesmal. Noch mehr Ärger als seine Stimme drückte sein Gesicht aus: eine Miene wie ein kalter Felsen. Sein Blick war zornig. Du lieber Himmel, war der sauer. Aber was war eigentlich los?

»Wenn du noch einmal eine Traube auf den Boden schneidest, setz ich keinen Fuß mehr in den Weinberg!«, donnerte er wie eine Gewitterwolke, drehte sich um und stapfte an der Weinpresse vorbei nach draußen.

Ich musste erst mal durchatmen. Es war frustrierend – wo war ich jetzt schon wieder angeeckt? In diesem ersten Jahr, nachdem ich das Weingut von meinem Vater übernommen hatte, schlug mir öfter als gedacht der väterliche Missmut entgegen. Klar, ich war inzwischen der Chef hier. Auf die Mithilfe meines Vaters war ich jedoch immer noch angewiesen. Wir sind ein Familienbetrieb, und da ist so eine Drohung wie diese stets ganz schön heftig.

Hatte uns jetzt doch der Generationenkonflikt eingeholt? Mein Vater hatte unseren Weinbaubetrieb geführt, wie das ein Moselwinzer aus dem vergangenen Jahrhundert eben so machte. Vieles davon war gut, vieles davon hatte jahrhundertealte Tradition. Aber manches war eben auch von gestern. Als ich als hoffnungsvoller Jungwinzer antrat, hatte ich ein Konzept vor Augen: Gutes bewahren und alles andere innovieren. Nicole und ich hatten so lange darüber nachgedacht, wie wir uns einen Moselwinzer im 21. Jahrhundert vorstellten, bis wir genau wussten, was zu tun war. Eines war uns dabei völlig klar: Quantität, also möglichst viele Liter aus dem Weinberg rauspressen, mochte vor Jahrzehnten ein gutes Konzept gewesen sein – heute ist es aussichtslos.

Der Weinmarkt ist inzwischen global; die Welt ist flach geworden, und jeder Weinliebhaber, jedes Restaurant, jeder Händler hat die Wahl unter Hunderten von Weinbaugebieten und Tausenden von Winzern. Weil Schiffsdiesel so obszön billig ist, spielen Entfernungen keine Rolle mehr, und der Markt ist riesig. Als Moselwinzer musst du dich also nicht mehr nur gegen die Italiener und die Franzosen durchsetzen, sondern eben auch gegen die Chilenen, die Südafrikaner, die Australier und die Kalifornier, ja sogar gegen die Chinesen. Und so war unser Weg klar: Auf Dauer hatten wir nur eine Chance, wenn wir uns einen Namen machten: durch herausragende Qualität und durch einen ganz eigenständigen Wein. Klasse statt Masse. Dies allein schon aus Marketinggründen – aber freilich längst nicht deswegen. Denn wir wollten auch Spaß an unserem Projekt haben, und das verbanden wir einhellig mit hohem Qualitätsanspruch.

Für mich beinhaltet dieses Konzept, dass ich im Sommer durch den Weinberg gehe und Trauben auf den Boden schneide. Das habe ich gerade gestern getan – nicht wahllos, sondern ganz gezielt. Für Außenstehende aber auch erschreckend viel. Ich entferne dabei einen Teil der Früchte, um die Kraft des Weinstocks in die übriggebliebenen, von mir auserwählten Trauben zu leiten, so dass maximale Fruchtaromen in den Wein gelangen. Ich reduziere also ganz bewusst die Menge und hebe damit die Qualität. Für mich ist das eine schlüssige Methode. Wenn ich Qualität predige, muss ich entsprechend handeln. Und Qualität gewinnen heißt nun mal oft Quantität verlieren.

In den Augen eines Winzers sieht der Weinberg nach dem Reduzieren der Traubenmenge aus wie ein Schlachtfeld: Zwischen den Reihen liegen die geopferten Trauben auf dem Boden wie Gefallene. Dieser Anblick muss es wohl gewesen sein, der meinen Vater so aus der Fassung gebracht hat. Vielleicht hätte ich ihn früher in meine Idee einweihen sollen, aber ich fürchtete – wahrscheinlich zu Recht –, er hätte es als eine weitere neumodische Spinnerei abgetan, die ich mir von sogenannten Fachleuten hatte aufschwätzen lassen. Ich war seinerzeit meines Wissens der Einzige im Dorf, der seine Trauben ausdünnte. Für unsere Winzergemeinde an der Mosel war dieses Vorgehen schwer zu akzeptieren. Wertvolles Traubenmaterial nur sechs Wochen vor der Zeit der Reife auf den Boden zu schneiden, anstatt wie alle anderen zum Zwecke des maximalen Ertrags jede einzelne Traube zu hegen und zu beschützen – so etwas war bei uns nicht vorgesehen. Das Wertvollste, was wir an der Mosel haben, wirft man nicht auf den Misthaufen.

Oft sprachen mich die Kollegen an: »Was machst du denn da? Was fehlt deinen Trauben denn? Die waren doch gesund?« Ich versuchte, ihnen zu erklären, dass durch den Abschnitt die verbleibenden Trauben besser würden. Doch das glaubte mir keiner. Die anderen schauten mich skeptisch an. Der Neuling eben. Der Stadtmensch. Der Studierte. Große Pläne hat er, aber keine Ahnung … Vermutlich hatten einige der älteren Kollegen meinem Vater flugs davon erzählt und ihn vielleicht sogar damit aufgezogen.

Eine ganze Woche lang sprach mein Vater kein Wort mit mir, damals im August 2005. Das war hart. Für mich steht diese Woche heute symbolisch für den schwierigen Start, den ich hatte. Allerdings verstehe ich meinen Vater heute viel besser als damals.

Inzwischen haben einige Winzerkollegen im Dorf begonnen, Schritte in eine ähnliche Richtung zu unternehmen und weniger, aber dafür besseren Wein zu produzieren. Zwar beäugen sie auch heute noch die eine oder andere meiner Reberziehungsmaßnahmen kritisch, die Akzeptanzprobleme sind jedoch vorbei. Es war eine Frage der Zeit – und der Gegenwind zu Beginn gehörte dazu. Wenn man Neues in die Welt bringt, kann man nicht erwarten, von allen Seiten mit offenen Armen empfangen zu werden. Das Bewährte will widerstehen und muss erst vom Besseren übertrumpft werden. Denn würde es nicht widerstehen wollen, wäre es längst hinweggefegt worden und hätte nicht das Bewährte werden können. Widerstand ist ein Teil der Stärke des Bewährten. Immer dann, wenn etwas Neues entstehen soll, muss etwas Altes unfreiwillig weichen, was prinzipiell auf einen Kampf hinausläuft. Nichts und niemand will einfach so verdrängt und ersetzt werden. Akzeptiert wird letztlich nur, was sich als besser erwiesen hat. Um sich jedoch zu beweisen, braucht das Neue Zeit. Und diese Zeit ist, mit Verlaub, eine beschissene Zeit.

Einigen meiner Winzerkollegen war mein Hang zu innovativen Weinbaumethoden ein Dorn im Auge. Wundern durfte mich das nicht. Denn mit meinen Taten drückte ich ja aus, dass ich ihre althergebrachten Verfahren für ungenügend hielt, dass ich glaubte, es besser zu wissen als sie. Die Tatsache, dass ich hier in unserem Dorf an der Mosel aufgewachsen war, machte mich noch lange nicht zu einem der ihren.

Umso erstaunlicher finde ich heute, dass es mein Vater damals mit einer Woche Schweigen gut sein und mich einfach weitermachen ließ. Innerlich muss es ihn schier zerrissen haben, aber er hielt den Spott der Kollegen aus.

Auch als ich mit meinen Retro-Etiketten ankam. Als Winzer bin ich nicht nur Produzent eines landwirtschaftlichen Erzeugnisses, sondern gleichzeitig sein Verkäufer. Ich verstehe ein bisschen was von Marketing, also nahm ich mir die Etiketten vor. Hier wollte ich das Rad neu erfinden. Meine Etiketten sollten weg vom Barock des typischen Moselwein-Images. Ich wollte Emotionen reinbringen, Spaß, tiefe Gefühle, gute Laune – und trotzdem unsere Wurzeln nicht verraten. Kein leichtes Unterfangen.

Nicole und ich verbrachten drei Sonntage bei Eltern und Tanten, um alte Schwarz-Weiß-Fotos zu sichten und die Bilder herauszufischen, die gut gelaunte Moselstimmungen zeigten. Es gab Kaffee und Kuchen, und beim Anschauen der Fotos hörten wir jede Menge neue alte Geschichten. Wir fanden großartige Motive von Familienmitgliedern in genau der Stimmung, die für mich die Mosel und den Wein und das Leben hier ausmachte. Mit diesen Fotos produzierten wir Weinetiketten. Fotos auf der Flasche – das war etwas völlig Neues. Heute findet man das öfter, aber damals, 2004, galt es als undenkbar. Ich war weit und breit der Einzige, der solche Etiketten druckte.

Die Menschen im Dorf sahen die Etiketten erstmals auf dem Weinfest. Da war was los. »Was ist das denn? Da ist ja ein Foto drauf? Und was für eins! Das gibt's doch nicht!« Wir ernteten alle Sorten von Blicken und Bemerkungen: einige fröhliche, neugierige; viele erstaunte und verblüffte; und nicht zu wenig spöttische, auch herablassende.

Das schmerzte mich mehr, als ich gedacht hatte. Zwar bin ich ein gehöriger Individualist, koche gern mein eigenes Süppchen und komme ganz gut mit mir selbst klar. Aber natürlich ist es mir wichtig, von den Kollegen ernstgenommen zu werden und ein lebendiger Teil der Dorfgemeinschaft zu sein. Das Bedürfnis nach Zugehörigkeit ist tief im Menschen verankert – das galt für mich und erst recht für meine Eltern. Heute ist mir klar, wie schwierig es für sie gewesen sein muss, zu ertragen, was ihr besserwisserischer Sohn mit ihrem Weingut anstellte und was ihnen an Kommentaren dazu im Dorf um die Ohren flog. Und noch heute dürfte es für sie mitunter nicht leicht sein.

Doch wer hatte mir versprochen, dass es leicht werden würde? Niemand! Und die Entscheidung, die meine Frau und ich getroffen hatten, war schon ziemlich gewagt – das galt sowohl fürs Etikettendesign wie auch für die Übernahme des Weinguts an sich. Immerhin lebten wir längst im Zeitalter des Internets und der Globalisierung. Produkte werden heutzutage für den Weltmarkt produziert, und die Kinder wachsen mit Tablets und im Chatroom auf. Immer mehr Menschen ziehen in die Städte, die Regionen bluten aus. Bücher lädt man sich auf den E-Reader herunter. Und am Wochenende kümmert man sich zu oft um die Work-Life-Balance, während man werktags notgedrungen den Job macht, den man sich ausgesucht hat, um die Work-Life-Balance zu finanzieren.

In so einer Welt ein Weingut zu übernehmen ist reichlich anachronistisch und auch etwas irrational. Schließlich ist ein Weingut ein landwirtschaftlicher Betrieb und hat viel mit harter körperlicher Arbeit zu tun. Nach einem Tariflohn, Rente oder einer gesetzlichen Arbeitszeit fragt hier keiner. Zu vielen Zeiten im Jahr beginnt die Arbeit mit dem Aufstehen und endet mit dem Zubettgehen. Urlaub? Fehlanzeige. Entweder die Pflanzen brauchen mich oder der Keller oder die Kunden. Und wenn doch mal Geld oder Zeit übrig ist, investiere ich beides in die Verbesserung des Betriebs.

In Berlin bekamen wir monatlich eine Überweisung aufs Konto. Unsere Ausgaben standen fest, unsere Einnahmen auch. Finanziell waren wir auf der sicheren Seite. Und hier an der Mosel? Das Risiko ist enorm.

Damit meine ich zum einen das ganz normale Risiko, das jede Selbständigkeit in jeder Branche mit sich bringt: Ein paar Fehlinvestitionen gepaart mit einem schwachen Umsatz, und schon bist du insolvent und aus dem Spiel. Von der Bank und vom Finanzamt ist keine Hilfe zu erwarten.

Zum anderen aber kommt für einen Winzer noch das klassische Risiko der Landwirtschaft hinzu: Er ist vom Wetter abhängig, quasi also von Petrus und dem lieben Gott. An einer schlechten Ernte lässt sich einfach nichts ändern. Wenn du wenig erntest, kannst du nicht viel verkaufen. Und wenn die Qualität der Ernte nicht stimmt, kann die des Weins nicht besser sein.

Noch ein Risiko besteht: Wie entwickelt sich der Markt? Ist Moselwein, der aufwendig und kostenintensiv in Steillagen angebaut wird, überhaupt ein Produkt, das man kaufen will? Schrumpft der Kundenkreis für handgemachte Topweine vielleicht allmählich zusammen? Als selbständig Produzierender bin ich davon abhängig, auf Dauer genügend Kunden zu haben. Aber kann ich davon ausgehen?

Auch die Betriebsgröße hat ihre Tücken. Bei unserer Entscheidung für die Mosel ging es ja nicht darum, in einen mächtigen Konzern einzusteigen, sondern einen Familienbetrieb ohne Angestellte zu übernehmen. Der Betrieb ist so klein – wie kann er sich gegen die Marktmächte behaupten, ohne zu ihrem Spielball zu werden? In der Landwirtschaft im Allgemeinen und im Weinbau im Besonderen gibt es ja die großen Unternehmen, die Agrarprodukte unter enormem Einsatz von Kapital und Technologie industriell produzieren. Dementsprechend groß ist ihr Effizienzvorteil gegenüber Kleinbetrieben. Sie diktieren die Preise an der unteren Grenze. Wo diese Grenze verläuft, kann man bei Aldi und Lidl an den Preisschildern ablesen.

Was bedeutet das für einen Moselwinzer wie mich? Halten meine Weine dem enormen Preisdruck der industriellen Massenweine im Supermarktregal stand?

Der finanzielle Spielraum ist nach oben und unten stark begrenzt: Fulminant investieren und vergrößern ist unmöglich und ergibt auch keinen Sinn. Genauso wenig reicht die betriebliche Substanz, um ein Jahr mit deutlich geringerem Umsatz zu überstehen oder gar einige umsatzschwache Jahre hintereinander. Wie verheerend wirkt sich da ein schwieriges Marktumfeld aus? Ein großes Unternehmen reagiert bei schlechten Bedingungen viel träger und kentert nicht gleich bei der ersten großen Welle.

Ich kann zwar rechnen, aber nicht hellsehen. Vor der Entscheidung, den Betrieb zu übernehmen, konnte ich schlicht nicht wissen, ob es mir gelingen würde, dauerhaft erfolgreich genug zu sein, um meine Familie zu ernähren.

Überhaupt die Familie: Ob die das alles aushält, ist noch mal eine ganz andere Frage. In einem Familienbetrieb herrscht erzwungene Gemeinsamkeit. Die Eheleute müssen viel enger zusammenarbeiten als im Stadtleben, wo jeder der beiden seinen eigenen Job hat. Wenn sich die Lebens- und Tätigkeitsbereiche plötzlich stark überschneiden und der eine vom Können und Fleiß des anderen unmittelbar abhängig ist, wenn man sich ständig sieht und nicht nur viel Zeit miteinander verbringen darf, sondern muss – hält das die Beziehung auf Dauer aus? Vor dem Traualtar verspricht man sich viel; aber wie sicher waren wir jetzt, unter diesen Bedingungen, dass wir unser Wort auch halten würden?

Außerdem leben wir hier auf dem Land relativ gesehen in einer kulturellen Wüste. Die üblichen urbanen Zerstreuungsformen wie 3-D-Kinos, Comedian-Auftritte, Jazzkonzerte, Theater, Bundesligafußfall im Olympiastadion, Stöbern im Plattenladen, Shoppen in der Schuh-Boutique, Restaurants mit Molekularküche und so vieles mehr gibt es hier

einfach nicht. Außerdem kann man nicht mal eben weggehen und sich alleine oder zu zweit eine Auszeit gönnen
und die Anonymität genießen. Sobald man im Dorf einen
Fuß vor die Türe setzt, trifft man auf bekannte Gesichter,
wird gesehen und in ein Gespräch verwickelt. Nichts bleibt
im Verborgenen. Auch die eigentlich positive dörfliche Vertrautheit hat so gesehen ihre Kehrseite.

Hinzu kommt, dass wir es an der Mosel nicht mit einer
Multikulti-Gesellschaft mit modernen Lebenseinstellungen
und trendigen Typen zu tun haben; hier leben eher wertkon-
servative Menschen, die alle in ähnlichen Lebenssituationen stecken, die für die Provinz charakteristisch sind – mit
all ihren guten und weniger guten Seiten. Selten drehen sich
die Gespräche um Weltpolitik, Philosophie oder Bio-Ethik,
sondern man plaudert öfter mal übers Wetter, den Boden,
die Nachbarn oder den neuen Traktor, weil diesen Aspekten
hier beruflich wie privat eine viel höhere Bedeutung zu-
kommt als in der Stadt.

Als wir in Berlin aufbrachen, wussten wir nicht: Passen
wir zu diesen Menschen? Werden die uns überhaupt mögen?
Sind wir nicht von vornherein »moderne« Außenseiter – im
Dorf genauso wie bei den Kunden?

Natürlich können sich auch die Erziehungs- und Bildungs-
angebote nicht mit den Möglichkeiten der Stadt messen.
Die pädagogische Qualität der Schulen ist, sagen wir mal,
nicht über jeden Zweifel erhaben, und diesbezüglich weiß
ich durchaus, wovon ich spreche, schließlich bin ich selbst
gelernter Pädagoge. Dazu die weiten Wege: jeden Morgen
15 Kilometer zur Schule. Das Sportangebot? Klar gibt's hier
Sport – Fußball und Tischtennis. Das war's. In der Großstadt
haben die Kinder Auswahl unter Hunderten von Sportarten.
Wie also sehen die Entwicklungsmöglichkeiten unserer Kinder hier eigentlich aus?

Schlussendlich sind da noch meine Eltern: Ja, ich kann an die Mosel kommen und den Betrieb übernehmen. Aber das ist kein Weingut, sondern ein Familienweingut – die Eltern gehören dazu! Sie leben und arbeiten weiter mit, bis zum Ende. Das ist keine Option und auch nicht nur eine Chance, sondern zugleich eine Verpflichtung. Welcher Belastung setzen wir uns alle damit aus? Wir können das vorher einfach nicht wissen.

Unsere Entscheidung war also nicht nur anachronistisch und nach vielen Kriterien unvernünftig, sie war auch enorm risikobeladen. Zumal in einer Zeit, in der Flexibilität Trumpf ist und sich keiner mehr gerne festlegt, in der Wohnorte, Arbeitsstellen und Lebensabschnittspartner öfter mal gewechselt werden – wer mag sich da noch auf Jahrzehnte binden? Wenn ich die Lebensform des Familienbetriebs wähle, wenn ich mein ganzes Geld und meine ganze Zeit darin investiere, kann ich unmöglich nach ein paar Jahren die Reißleine ziehen. Ich bin unkündbar, kann aber auch selbst nicht kündigen. Ich kann nicht kurzerhand sagen, dass mir der Job nicht mehr behagt und ich mir daher einen anderen suche. Ich kann auch nicht einfach sagen: »Die Nachbarschaft gefällt mir nicht, ich ziehe um.« Solcherart Entscheidungen sind in der einen großen Entscheidung unumkehrbar inbegriffen. Selbst wenn meine Ehe unter der Belastung der Arbeit kaputtgehen würde, stünde ich hier und wäre nicht in der Lage, etwas anderes zu machen. Mein Betrieb ist quasi unverkäuflich. Er ist ganz auf unsere individuellen Gegebenheiten und Kapazitäten ausgerichtet und von der Struktur her ausschließlich als weinbaulicher Kleinbetrieb nutzbar. Außerdem wird die Spezies »Familienweingut« zur aussterbenden Art. In fast jedem Moseldorf werden daher kleine Weingüter weit unter Preis zum Verkauf angeboten – was für den Wert unserer Immobilie nicht eben förderlich ist.

Und es gibt noch ein weiteres Risiko, mit dem ich mich dem Schicksal ausliefere: meine Gesundheit. Meine Arbeit ist an die körperliche Leistungsfähigkeit gekoppelt. Natürlich haben wir eine Berufsunfähigkeitsversicherung (die übrigens unanständig teuer ist), aber die Sorge über die Abhängigkeit von meinem gesunden Körper nimmt mir das nicht.

War es angesichts all dieser Unwägbarkeiten und Zwänge nicht eine Schnapsidee, einen landwirtschaftlichen Familienbetrieb von den Eltern zu übernehmen? Warum habe ich das getan?

Die Antwort lautet: Weil ich Sehnsucht danach hatte. Weil mir sowohl in meinem Beruf als Lehrer als auch in unserem Stadtleben etwas gefehlt hat, auf das ich dauerhaft nicht verzichten konnte: eine bestimmte Qualität, eine greifbare Substanz und eine sichtbare Nachhaltigkeit in der Arbeit.

Was ich damit genau meine, zeigt sich in vielen Geschichten. Eine ist für mich dabei die prägendste. Sie begann mit einem Starkregen.

Der Boden beim Weinbau muss luftig sein, das tut den Reben gut. Darum lockern wir die Erde regelmäßig und mit großem Aufwand. In unseren Steillagen zieht das einen gravierenden Effekt nach sich, der uns alle paar Jahre vor die Füße rutscht: Ab 30 Litern Regenwasser pro Stunde und Quadratmeter kann der Boden erodieren. Ganz praktisch bedeutet das, dass die obere, lockere Bodenschicht bis zum Weg unten am Fuß des Wingerts abrutscht. Die Reben bleiben gottlob stehen, weil sie so tief wurzeln, aber unten auf dem Weg liegt anschließend ein langgestreckter Hügel nasser, schwerer Erde.

So was passiert nicht ständig, aber immer mal wieder in manchen Jahren, an manchen Tagen, an manchen Bergen. Es hat etwas zu tun mit einem seltenen, mächtigen Tiefdruckgebiet über der Adria, das nordostwärts rechts um die Alpen herum Richtung Polen wandert und in seinem Rücken direkt über uns hinweg große Mengen feuchte Luft ansaugt, der das meiste Wasser unterwegs über unserem Weinberg abhanden kommt.

Wenn so ein Erdrutsch passiert, hat das zwei gravierende Folgen: Erstens muss die Erde möglichst zeitnah wieder in den Hang zurück, was eine Menge unangenehmer Arbeit kostet, die keiner eingeplant hatte. Zweitens versperrt die Erde den Wirtschaftsweg, auf den sie abgerutscht ist, für alle Fahrzeuge und Räumgeräte.

Jener Tag im Juni 2005 war so einer dieser »manchen Tage«. Das Tiefdruckgebiet hatte sich schadenfroh Richtung Sibirien verzogen, während ich mit meinem Vater vor einem Berg nasser Erde stand, der unserer war und der da, wo er lag, nicht hingehörte. Weder wir noch unsere Nachbarn konnten arbeiten, solange er den Weg versperrte. Auf die Schnelle war jedoch kein Bagger aufzutreiben, denn bei einem Starkregenereignis wie diesem gerät nicht nur meine Wingerte außer Form, sondern auch die einiger Kollegen. Alle Bagger des Dorfes (zwei!) und die meisten Traktoren und Anhänger waren bereits im Einsatz.

Was tun?

Mein Vater und ich standen da und überschlugen die Größenordnungen im Kopf: Mindestens drei große Hängerladungen voll Erde lagen vor uns. Sie mussten aufgeladen werden, mit dem Traktor im Bogen um den Hang nach oben gefahren und von oben wieder eingefüllt werden. Aber wie sollten wir die Hänger beladen?

Ich wusste keinen Rat. Ohne Bagger war das nicht zu machen, also überlegte ich, wo und wie und wann wir einen solchen auftreiben konnten. Ich überschlug die Kosten, wenn uns jemand einen Bagger von weit entfernt mit dem

Tieflader brachte, und suchte nach Alternativen. Auf eine Idee, die nicht wehtat, kam ich nicht.

So stand ich grübelnd und mies gelaunt da – so lange, bis mich mein Vater dabei unterbrach. »Watt is' denn los?«, fragte er.

Ich war irritiert. Was los sei, fragte er. Als ob das reichlich unlösbare Problem nicht deutlich genug vor uns auf dem Boden lag.

»Wir tun se einfach aufschippen«, sagte er lakonisch.

»Vadder, du willst doch nicht im Ernst mit der Hand und der Schaufel alles auf den Hänger schippen?«

»Von Hand off dä Hänger«, sagte er, nahm die Schaufel und fing einfach an zu schippen.

Ich war fassungslos. So etwas hatte ich noch nie zuvor in meinem Leben gemacht – so viel Material per Hand von A nach B bewegt. Ich wusste nicht, ob das überhaupt möglich war. Wir waren nur zu zweit und konnten schlecht mehrere Tage nasse, schwere Erde mit der Schaufel auf einen Hänger werfen. Vermutlich würden wir das nicht mal ein paar Stunden durchhalten.

Während ich mit offenem Mund dastand, schaufelte mein Vater bereits. Ruhig, eine Schaufel voll nach der anderen, ohne Hektik, in langsamen, aber kraftvollen Bewegungen. Ich schaute ihm zu. Er meinte es wirklich ernst. War das die richtige Entscheidung? Aber okay, er war schließlich seit Jahrzehnten Winzer, und das war sicher nicht sein erster abgerutschter Hang. Er hatte die Erfahrung, und er schaufelte einfach, ohne mich weiter zu beachten. Entweder man schippt oder man schwatzt – beides zusammen geht nicht.

Also machte ich mit. Wir schippten.

Und schippten.

Wir hatten noch nicht einmal eine Karre voll, da konnte ich schon nicht mehr. Vielleicht hatte ich zu schnell angefangen. Mir fehlte die stoische Ruhe meines Vaters. Möglicherweise wollte ich ihn unsinnigerweise auch übertrumpfen, vielleicht wollte ich es zu schnell hinter mich bringen, weil die Arbeit so unangenehm war. Was auch immer, die Blase, die sich bereits nach einer Stunde an meinem Daumen bildete, tat höllisch weh. Ich war kurz vorm Verzweifeln. Was wir taten, war einfach nur dumm. Eine sinnlose Sisyphusarbeit – oder? Aus irgendeinem Grund fühlte ich mich allerdings selbst wie der Dumme.

Ich lamentierte: »Mensch, Vadder, du willst doch nicht ernsthaft das alles … da sind wir doch morgen früh noch nicht fertig!«

Mein Vater schaute nicht einmal auf. Er blieb ruhig in seinem Rhythmus. Zwischen den Schaufelladungen sagte er nur wenig:

»Hopp!«

»Mund abputzen!«

»Weider!«

Währenddessen strahlte er eine unfassliche Autorität aus. Als Sohn brauchst du da nichts mehr zu sagen. Ich machte weiter.

Ich wollte es kaum glauben, aber am frühen Nachmittag war der Weg freigeschaufelt. Wortlos gingen wir heim. Ich konnte kaum noch sprechen, aber es gab ja auch nichts zu sagen. Mein Vater hatte recht gehabt. Man schafft viel, viel mehr, als man denkt, wenn man langsam und stetig arbeitet; wenn man diszipliniert und zielgerichtet an einer Sache dranbleibt, das Ergebnis seines Tuns klar vor Augen. Er hatte die Erfahrung, er kannte den Umgang mit Schaufeln und Hacken, er hatte die Lage einschätzen können. Im Gegensatz zu mir. Ich mit meinem Stadthirn glaubte, in dieser Situation noch lange überlegen und die optimale Entscheidung treffen zu müssen, und hatte nicht kapiert, dass es in diesem Moment nichts zu entscheiden gab, sondern Anpacken gefragt war.

Hinterher war ich hundskaputt, aber auch unglaublich stolz. Es war eine extreme Erfahrung, das scheinbar Unmögliche möglich gemacht und die körperliche Grenze so ausgereizt zu haben. Diese Grenze liegt weiter weg, als man glaubt. Was uns beschränkt, sind die fehlende Erfahrung und der fehlende Mut, das unbekannte Terrain einfach zu durchschreiten. Die Angst ist zu groß. Zum Beispiel die Angst davor, dumm dazustehen und sich wie ein Depp zu fühlen. Der Idiot, der etwas Unmögliches versucht hat. Oder etwas völlig Ineffizientes.

Strenggenommen war unsere Schaufelei ja auch ineffizient. Zwei Tage später hätten wir für hundert Euro einen Bagger bekommen und die Sache in kürzester Zeit erledigt gehabt, aber das wäre zwei Tage zu spät gewesen – so lange konnten wir den Weg mit unserem Erdhaufen nicht versperren.

Während der Plackerei hatte ich gedacht: »Was für ein blinder Aktionismus, da setzt sich mal wieder die Sturheit des Bauern durch.« In den schier endlosen Stunden der Schufterei ärgerte ich mich über meinen Vater. Und ich ärgerte mich über mich, dass ich mitmachte – und wollte weder mir selbst noch ihm eingestehen, dass der Vater mit seinen Sechsundsechzig beim Schaufeln ausdauernder war als ich und recht hatte.

Doch egal wie vorgestrig und auf den ersten Blick hanebüchen unsere Aktion auch gewesen sein mag, für meinen Vater hatte einfach keine andere Option bestanden. In diesem Moment war das Wegschaufeln der Erde eben genau die Arbeit, die gerade anstand. Also haben wir sie erledigt. Alles andere war nicht relevant. Ob es betriebswirtschaftlich klug war, ob man auf eine einfachere Lösung spekulieren konnte oder nicht, spielte keine Rolle. Für meinen Vater schrumpfte die Welt auf einen ganz engen Ausschnitt zusammen, in dem nur noch ein Berg Erde, ein Sohn und zwei Schaufeln vorhanden waren. Es ist zu tun, und wir tun es.

Das ist jetzt zehn Jahre her, aber die Szene steht mir vor Augen wie gestern. Ich kann die Schwielen an den Händen und den Holzstiel der Schippe im Geiste noch fühlen. Das schmatzende Geräusch, wenn das scharfe Schaufelblatt in die nasse Erde fährt. Die Schmerzen in Hand und Schulter. Die fliegende Erde, die oben auf dem Hänger landet. Der Blick auf den Weinberg von oben durch die Reihen, als alle Arbeit getan war. Es ist keine schlechte Erinnerung. Die Schufterei ist im Nachhinein nicht mehr wichtig. Übrig bleibt das Erstaunen, dass wir beide das Unmögliche geschafft haben – dass wir dazu fähig waren, dass wir so stark sind. Für diese Erfahrung bin ich heute dankbar. Auch dafür, dass ich sie bereits hinter mir habe ...

Neben vielem anderen ist es diese Haltung, diese Lebensart, nach der ich mich als Stadtmensch gesehnt habe und die mich an die Mosel zurücktrieb. Das gemeinsame »Hopp – weiter!« Der unerschütterliche Glaube, dass es besser wird und dass wir die Verbesserung selbst bewirken können. Die Stabilität und Stärke, die darin liegen. Der Optimismus, mit dem man zugange ist. Und vor allem die Selbstverständlichkeit – die Abwesenheit irgendwelcher desorientierender Optionen. Das »So ist es jetzt halt« und die daraus resultierende Leistungsbereitschaft, das gesetzte Ziel zu erreichen ... Natürlich gibt es auch immer wieder Zeiten zum Ausruhen; da die meisten Menschen hier mit den Auswirkungen körperlicher Arbeit vertraut sind, gehören Rasten und Kraft tanken selbstverständlich zur nachhaltigen Pflege der eigenen Arbeitsleistung dazu. Und Zeit zum Feiern gibt es hier auch ausreichend, zu vielen im Jahresturnus wiederkehrenden

Anlässen. Der Moselaner an sich wird mit einem gewissen Durst geboren, der sich vor allem an lauen Sommerabenden gerne Bahn bricht. So weit, so gut – aber dann heißt es wieder »Hopp – weiter!«. Niemand beschwert sich, alle packen an bei dem, was gerade zu tun ist.

Was ich an diesem Tag der Plackerei im Weinberg nach dem Starkregen erfahren habe, ist eine ganz eigene, ursprüngliche Form von Sicherheit, die mir in der Stadt fehlte. Eine Sicherheit, die tief aus dem Inneren kommt und die sich darin ausdrückte, dass mein Vater nicht nach der besten Option fragte, sondern so selbstverständlich zur Schaufel griff, wie er selbstverständlich aufsteht, wenn die Sonne aufgegangen ist.

Diese Sicherheit ist es, die den modernen Stadtmenschen oft fehlt. Seit ich diese scheinbar so unmoderne Lebensform des selbständigen Winzers gewählt habe, frage ich mich nie mehr, was ich als Nächstes tun soll. Ich mache einfach das, was dran ist, und bin damit zutiefst einverstanden. Dadurch bin ich im positivsten Sinne voll beschäftigt.

Ich glaube, genau hier liegt eine Wurzel verborgen, aus der das Unglück des modernen Lebens erwächst. Die Frage »Was soll ich machen?« ist nämlich eine schreckliche Frage. Und im urbanen Leben begegnet einem diese Frage ständig. In den meisten Arbeitsszenarien, vor allem im Büro, gehört die Frage, was man als Nächstes erledigen soll, quasi zum Alltag. Da gibt es To-do-Listen, Zeitmanagement-Seminare und Softwarelösungen zum effizienten Ressourceneinsatz. Effektivität und eine dafür notwendige Anpassungsfähigkeit werden großgeschrieben – daher auch das ständige Erkunden beim Vorgesetzten, das mit einem schüchternem »Soll ich ...« beginnt und eine tiefe Selbstsicherheit von vornherein ausschließt.

Diese Form der Selbstbefragung, die einhergeht mit einem Sich-selbst-unter-Druck-Setzen, endet nicht einmal mit dem

Feierabend, denn nun setzt sich das Machen-Sollen in der Freizeitgestaltung fort: »Sollen wir heute Abend …?« »Oder willst du lieber …?« »Sollten wir nicht vielleicht …?« So geht es immer weiter, und durch dieses Schwanken zwischen den Optionen nistet sich die Unsicherheit selbst in unseren wichtigen Lebensentscheidungen ein, bei denen wir uns unter Druck gesetzt fühlen: Welchen Beruf soll ich ergreifen …? Ob wir das mit dem Kinderkriegen nicht noch besser ein wenig aufschieben sollten …? Ist mein Partner der Richtige, oder finde ich einen besseren – am besten, bevor ich 40 bin …?

Die vielen Optionen, die wir haben, verführen uns zu immer schnelleren und immer häufigeren Wechseln in allen Lebensbereichen: in Beziehungen, in Orten, in Tätigkeiten. Es fehlt die Konstanz, die Substanz, alles interagiert nur an der Oberfläche. Nichts wird mehr bis zum Grund durchlebt.

Wer sich unablässig fragt: »Soll ich …?«, der fühlt sich zu nichts bestimmt

Die Multioptionalität, die unser Leben prägt, ist Segen und Fluch zugleich. Sie gibt uns Freiheit zu individueller Entfaltung, aber sie führt auch zu großer Verunsicherung und einem dauernden Druck: Nutze ich meine Zeit richtig? Verpasse ich nichts? Habe ich vielleicht schon Wichtiges versäumt und viele falsche Entscheidungen getroffen? Wann erfahre ich, ob ich richtig gewählt habe? Und wer sagt es mir? Und so ist unser mobiles, flexibles Leben in der Stadt, im Job und in der On-off-Beziehung unter der Oberfläche von Unsicherheit durchtränkt. Die vielen nichtgegangenen Wege, die einem tatsächlich oder vermeintlich offenstanden, die zahlreichen nichtgelebten Ideen und Möglichkeiten, die man kennenlernte, führen zu einer Angst, sich falsch entschieden zu haben und sich schnell weiter entscheiden zu müssen.

Mit Nicole streite ich genauso wie andere Eheleute auch. Und der eine könnte den anderen von Zeit zu Zeit auf den Mond schießen. Aber unter der Oberfläche verbindet uns ein starkes Band. Wir sind durch dick und dünn gegangen, und es ist nie zerrissen. Durch unsere Arbeit sind wir in der Familie immer wieder auf die Fähigkeiten des anderen angewiesen. Der äußere Zwang, den Natur und Betrieb ausüben, kann durchaus auch stärkend und festigend wirken, kann einem in Zeiten der Unsicherheit Ruhe und Halt verleihen.

Manchmal bin ich unsicher: Schaffen wir es, alles Anstehende einigermaßen rechtzeitig zu erledigen, ohne etwas Wichtiges liegenzulassen? Wird das Ergebnis so ausfallen, wir ich es mir vorstelle? Aber der Stress, den diese Art der Unsicherheit erzeugt, wirkt bei mir positiv, er spornt mich an. Zu oft schon waren wir gemeinsam erfolgreich, als dass er mich ängstigen würde.

Bei der Arbeit, die ich hier an der Mosel für mich gefunden habe, treffe ich täglich Entscheidungen. Auch ich habe Optionen, wie ich meine Tage gestalte. Aber viele grundlegende Entscheidungen nimmt mir die Arbeit selbst ab. Meine Optionen sind weniger zahlreich. Wenn sich zum Beispiel im Sommer die Zeit des größten Triebwachstums einstellt, sind wir mit der Lauberziehung beschäftigt. Alle anderen Arbeitsalternativen rücken dann ganz natürlich ins zweite Glied. Wir arbeiten so viel und so gut wie möglich, und zwar in unserem eigenen Rhythmus.

Sind zwischendurch andere Tätigkeiten zu erledigen, werden diese halt so gut wie möglich in den Tagesablauf eingewoben. Wenn überraschend Kundschaft auf den Hof kommt, während ich im Weinberg stehe, und mich auf dem Handy anruft, dann verschiebe ich spontan meine Prioritäten, fahre zum Weinkeller und setze mich mit den Leuten für ein Stündchen in unsere Weinprobierstube. Oft freue ich mich sogar über diese willkommene Abwechslung und die Pause von der körperlichen Tätigkeit. Ich mache das, was gerade ansteht. Was zu tun ist, wird getan.

Ja, auch ich habe To-do-Listen. Aber die zwängen mir selten ein festes Zeitkorsett auf. Die Dinge werden dann erledigt, wenn Zeit und Kraft dafür vorhanden sind. Ich plane in längerfristigen Zeiträumen, und die meisten unverschiebbaren Termine, die ich habe, diktiert die Natur.

Hier in meiner Heimat habe ich eine Haltung gefunden, mit der die Menschen auf dem Land dieser absoluten Macht des Faktischen ruhig gegenüberstehen, um damit klarzukommen, und die in der Stadt nicht im selben Maß notwendig und deshalb verkümmert ist. Ich nenne es »bodenständig«. Bodenständigkeit bedeutet schlicht, dass man mit beiden Beinen auf dem Boden steht. Dass man fest in der Heimaterde verwurzelt ist, erdgebunden, verankert. Dass man sich auskennt und mit den Gegebenheiten umgehen kann. Dass man unmittelbar weiß, was zu tun ist. Bodenständigkeit beinhaltet etwas Archaisches, etwas Ursprüngliches, Natürliches, durchaus Rustikales, Handfestes und Einfaches, das sich zuweilen zur Sturheit auswächst. Gleichzeitig geht Bodenständigkeit einher mit Attributen wie treu, ehrlich, verlässlich, stabil, solide. Sie bedeutet, auf dem Boden der Tatsachen zu stehen und sich gleichzeitig mit den Gegebenheiten abzufinden und aktiv mit ihnen umzugehen.

Dieses Lebensgefühl stellte sich natürlich nicht direkt nach meiner Heimkehr von Berlin an die Mosel ein, sondern erst nach und nach. Ich spürte, was mit mir passierte, und je mehr mich die Bodenständigkeit durchdrang, desto klarer wurde mir der wichtigste Effekt, den sie mit sich bringt: Ich hatte keine Angst mehr, ich fühlte mich lebenssicher.

Das bodenständige Leben drückt sich für mich unter anderem dadurch aus, dass ich gerne bereit bin, für andere eine verlässliche Größe zu sein – für meine Familie, für meine Kollegen und Nachbarn und auch im Geschäftsleben. Ich habe viele Stammkunden, und ich bin selbst gerne Stammkunde. Ich kaufe meine Sachen stets bei denselben Leuten ein, die ich persönlich kenne. Ich bin auf keinen Fall wankelmütig und wechselwillig. Auf mich kann man sich verlassen. Was dadurch über die Jahre entsteht, ist Vertrauen. Ich meine damit kein temporäres Vertrauen zwischen zwei beliebigen Menschen, die sich im geschäftlichen Treiben der Stadt zufällig begegnen, sondern ein grundsätzliches Vertrauen unter Menschen, die einander kennen.

Wir alle wollen Sicherheit – das ist ein Urinstinkt, der tief in uns sitzt. Wenn wir aber im urbanen Stil stets zwischen Optionen hin- und herhechten und zugleich den anderen vermitteln, dass das Leben nicht im stetigen Fluss ist und sich in festen Bahnen bewegt, sondern einem Wildwasser gleicht, werden wir diese Sicherheit niemals spüren.

Ein konkretes Beispiel, was Bodenständigkeit für mich ausmacht, steckt in der Geschichte vom Schäfer Wern, der mal einen schlechten Tag hatte. Wern war vor Jahren der Schäfer unseres Dorfes. Viele Dörfer hatten früher einen Schäfer, und ich vermute, jeder Schäfer war ein Original. Wenn man den ganzen Tag im Freien steht und darauf wartet, dass die Schafe einen Tag älter geworden sind, bleibt eine eigentümliche Charakterentwicklung wohl nicht aus. Ich habe mich als Kind oft gefragt, was der Wern den ganzen Tag wohl mache.

Mit dem Verschwinden der Schafwirtschaft wurde Wern arbeitslos. Er war nun mal Schäfer, und das ist kein Job, sondern eine Berufung. Und so fing Wern an zu saufen.

Er lebte in einem dieser großen, alten, typisch deutschen Fachwerkhäuser, die von den Moselurlaubern so gerne fotografiert werden. Wir Jungs im Dorf statteten Wern gerne einen Besuch ab. Er war zwar ein schrecklicher Alkoholiker, den der Suff kaputtgemacht hatte, selten nüchtern und kaum je bei Sinnen. Weil er aber eben ganz normal dazugehörte, gab es keinen Vater und keine Mutter im Dorf, die es ihren Kindern verbot, Umgang mit ihm zu pflegen.

Wern hatte in seinem Haus jede Menge ungenutzten Platz. Einen seiner ehemaligen Ställe durften wir als Proberaum benutzen, als wir um die 14, 15 Jahre alt waren – damals formierten sich diejenigen von uns Dorfbuben, die ein Instrument spielen konnten, zu einer Rockband. Um den Mädels zu imponieren, probten wir uns die Finger an den Saiten wund und träumten davon, irgendwo aufzutreten. Eine Zeit lang kreuzten wir daher fast jeden Tag beim Wern auf. Oft drückte er uns ein paar Münzen in die Hand und bat uns, Wein für ihn zu kaufen, den er sich dann im Eiltempo hinter die Binde goss. Er war ein durch und durch netter Kerl, und wir Jugendlichen erlebten über die Jahre, wie er als Säufer langsam verwahrloste und sich selbst zerstörte.

Wenn wir Werns Küche betraten, in der er fast ausschließlich lebte und sogar schlief, schlug uns ein Gestank nach Urin und verdorbenem Essen entgegen. Der Boden knirschte vor klebrigem Dreck. Die Kleidung, in der Wern sich auf dem Sofa delirierend räkelte, war fleckig. Trotzdem war der Wern für uns Teens ein hochattraktives Kuriosum. Zusammen mit dem Boschender und dem Gibbischkurt, die beide in unmittelbarer Nachbarschaft wohnten, bildete er seit Urzeiten ein stark Alkoholdämpfe ausdünstendes Triumvirat.

Unter uns Kindern kursierte seit längerem das Gerücht, dass einer der Dreien eine Gaspistole besäße. Man munkelte, besagte Pistole lagere in einem Kühlschrank. Gesehen hatte sie aber noch niemand.

Eines Tages, als der Weltschmerz den Wern mal wieder

heftig beutelte, gelangte er zu der Einsicht, dass er dringend Geld benötigte. Nur 200 Meter von seinem Haus entfernt gab es welches – in der Filiale der örtlichen Raiffeisenbank. Wern nahm also die Pistole aus dem Kühlschrank, ging auf die Straße, rüber zur Bank und betrat den Schalterraum mit vorgehaltener Waffe und den Worten: »Das ist ein Überfall. Gib mir das Geld!«

Es gab ihm aber niemand Geld. Jedoch kam auch keiner der Bankangestellten auf die Idee, die Polizei zu rufen. Stattdessen holte einer den Filialleiter aus seinem Büro. Der betrachtete den zitternden Wern hinter seiner Pistole und seufzte. Dann ging er zum Schrank und holte eine Flasche Wein, die an der Mosel in jeder Bankfiliale zu finden ist. In der einen Hand die Flasche und zwei Gläser, die andere Hand um die Schultern des Bankräubers gelegt, führte der Filialleiter den Wern nach draußen und setzte sich mit ihm auf die Treppenstufen vor der Eingangstür. Er nahm ihm die ungeladene Pistole aus der Hand, trank mit ihm die Flasche Wein und tröstete ihn.

So war das, als der Schäfer Wern einen schlechten Tag hatte. Unterm Strich war alles nicht so schlimm. Doch warum war alles nicht so schlimm? Warum hatte keiner Angst vor der Pistole? Warum brauchte niemand die Polizei? Warum wollte niemand den Wern ins Gefängnis stecken?

Wegen des Vertrauens. Vertrauen hat man, wenn man dazugehört. Vertrauen schenkt man nur dem, den man kennt. Und jeder, der Vertrauen bei den Leuten genießt, hat damit den Spielraum, sich auch mal danebenzubenehmen – und trotzdem weiter respektiert zu werden.

Um einander so tief zu vertrauen, muss man sich aber seiner selber sicher sein und außerdem wissen, dass man die gleichen Wurzeln wie der andere hat: in der Heimat, die einen verbindet. Als ich ein Kind war, lebten in unserem Dorf knapp 2000 Einwohner. Ich kannte jedes einzelne Gesicht. Von den meisten Leuten wusste ich, wo sie wohnten, von vielen, wie sie hießen. Diese Selbstverständlichkeit, dass jeder jeden kennt, schafft einen Verhaltenskodex, der grobes Fehlverhalten ausschließt. Was wiederum ein tiefes und grundsätzliches Vertrauen ermöglicht, mit dem man, ohne es bewusst wahrzunehmen, aufwächst.

In einer Stadt mit tausend Mal mehr Einwohnern tauscht man Vertrauen gegen Anonymität. Beides gleichzeitig zu haben scheint unmöglich zu sein. Man bezahlt einen hohen Preis dafür, die meisten Menschen um sich herum nicht zu kennen. Niemand hegt ein so tiefes Vertrauen zu mir, dass er mir trotz einer Verfehlung zulächeln würde, weil er mich kennt, weil er weiß, dass ich kein böser Mensch bin und dass wir im selben Boot sitzen.

Im Dorf lassen sich Schwächen und Unzulänglichkeiten nur schwer voreinander verbergen. Die Wahrheit ist nie weit entfernt. Das kann eine harte Schule mit wenig Gnade sein und ist vielleicht einer der Gründe dafür, dass viele junge Leute in die Städte ziehen. Anonymität ist bequemer. Miteinander bekannt zu sein übt einen jedoch darin, zu sich selbst zu stehen und sich nicht zu verstellen, authentisch zu bleiben und mit beiden Beinen auf dem Boden zu stehen. Genau das erzeugt bei anderen Vertrauen.

In der Stadt und am Arbeitsplatz im Büro sorgen wir schon von vornherein für Intransparenz, damit niemand merkt, wenn es uns nicht gut geht. Das Selbstmarketing bestimmt unser Verhalten von morgens bis abends, sogar völlig fremden Leuten gegenüber. Der Schein bestimmt das Sein. Wir ziehen uns schick an und gehen weg und machen einen guten Eindruck. Wir stolzieren wie die Models auf dem Laufsteg – und bekommen doch keinerlei Rückmeldung dafür. Alles bleibt hohl und ohne Konsequenzen. Keiner der

Adressaten unserer Selbstinszenierung bleibt auf dem Gehweg vor uns stehen und sagt: »Du siehst aber gut aus.«

Wenn ich in Berlin abends ausging, habe ich jedes Mal jemanden kennengelernt. Das ist erst mal ganz nett. Aber im Ernst: Was heißt schon kennenlernen? Die Gespräche im Plauderton hatten weder etwas mit Kennen noch etwas mit Lernen zu tun! Von kaum einem der vielen Leute weiß ich heute noch den Namen. Ich habe mir fast kein Gesicht gemerkt, und die wenigsten habe ich jemals wiedergetroffen. Ganz wertlos war der Zeitvertreib mit den Party-People nicht – mir bleiben heute vor allem die Erinnerungen an einige großartige Erlebnisse. Aber es blieben meist flüchtige Bekanntschaften.

Ganz ähnlich verhält es sich mit Arbeit und deren Ergebnissen. Viele Menschen haben heute keinerlei Beziehung zu den Endprodukten ihres täglichen Tuns. Ich hingegen schätze es jedes Mal, am Sonntagnachmittag mit selbstgebackenem Kuchen auf der Terrasse einen feinherben Riesling zu entkorken, einzuschenken und gemeinsam mit meiner Frau das zu genießen, was wir selbst geplant, gehegt, gelesen, gepresst und gefiltert, ausgebaut und abgefüllt haben. Das, was wir genießen, haben wir in allen Phasen des Entstehens begleitet, ein ganzes Jahr lang. Wir kennen das Produkt in- und auswendig und können das Ergebnis unseres Tuns nun sehen, riechen, schmecken.

Auf diese Weise durchdringe ich meine Arbeit bis zum Grund – und die Arbeit durchdringt mich. Diese Arbeit ist nicht nur ein Ort der oberflächlichen oder kurzfristigen Interaktion mit Dingen und Menschen. Niemals frage ich mich: »Was tue ich hier eigentlich?« Denn ich weiß nicht nur, was ich tu – ich bin, was ich tu. Und zwar auf Dauer.

Im Gegensatz zu den meisten Menschen weiß ich schon heute, was ich in fünf, zehn, zwanzig Jahren machen werde.

Diese langfristige Perspektive erzeugt einen tiefen Lebenssinn. Das heißt zwar nicht, dass ich täglich freudestrahlend und jubilierend umherhüpfe, aber es bedeutet, dass das bisschen Befindlichkeitsstörung, das mich wie jeden Menschen ab und an befällt, nicht so schlimm ist: Wir haben zu essen und zu trinken, die Familie ist gesund, und wir haben Arbeit. Gute Arbeit!

Was auch immer geschieht: Es ist alles halb so schlimm. Denn ich vertraue nicht nur den Menschen um mich herum, sondern auch mir selbst. Das Wort »Selbstvertrauen« hat durch unsere Entscheidung, an die Mosel zu ziehen, für mich eine neue Dimension erhalten. Ich weiß jetzt, dass es ein Vertrauen in sich selbst gibt, welches in Bodenständigkeit wurzelt.

Mit Kopf, Herz und Hand

Mein Werdegang hat mich gelehrt, dass Glück und Pech viele Gleise im Leben legen. Ich kann nicht wählen, in welches Land ich geboren werde, in welcher Familie ich aufwachse oder an welchem Ort ich meine Kindheit verbringe. Ebenso wenig kann ich vorhersehen oder beeinflussen, was mir an Unglücksfällen, Widrigkeiten oder Glückstreffern begegnen wird. Andererseits kann man selber einige Weichen im Lebensweg verstellen und immer wieder mit darüber entscheiden, was aus einem wird: welchen Partner ich wähle, welchen Ort ich mir zum Leben aussuche, ob ich eine Familie gründe – und nicht zuletzt, welche Arbeit ich mir suche.

Kann es sein, dass die meisten von uns auf diese großen Entscheidungen ziemlich schlecht vorbereitet sind? Dass viele nicht wissen, welche Kategorien bei diesen Weichenstellungen wirklich wichtig sind? Dass die meisten ihren Lebensentwurf gar nicht bewusst gestalten, sondern irgendwohin geschwemmt werden wie ein Stück Treibholz?

Mir jedenfalls ging es eine Zeit lang so. Aufgrund eines glücklichen Zufalls bin ich in einer der schönsten Gegenden Deutschlands aufgewachsen, in einer intakten und bodenständigen Familie. Das Terroir, auf dem ich gedeihen durfte, strotzte nur so vor Kraft und Charakter. Ohne es zu merken, hatte ich tiefe Wurzeln in den Boden gestreckt.

Doch das war mir lange Zeit überhaupt nicht klar. Und so

zog ich weg, um mein Glück woanders zu suchen. Dass ich wieder auf mein Stück Heimaterde zurückgekehrt bin wie der Handwerkersohn, der als Junge auf die Walz geschickt wird, um nach einigen Gesellenjahren in der Fremde als Mann zum Vater in die Werkstatt zurückzukehren und den Betrieb zu übernehmen, hat viele Ursachen. Eine davon – und zugleich mein großes Glück – war, dass ich von Haus aus einen Beruf hatte, denn ich war ja als Winzersohn geboren und hatte die Möglichkeit, diesen Beruf zu ergreifen, wenn ich das wollte. Ich musste ja nicht – und ich brauchte eine ganze Zeit lang, um zu erkennen, welch gute Arbeit das ist.

Warum ist diese Arbeit gut? Die Antwort auf diese Frage fällt nicht leicht und lässt sich vor allem nicht verallgemeinern. Denn nicht jede gute Arbeit ist für jeden Menschen gut – dazu sind wir viel zu unterschiedlich gestrickt. Weder kann jeder Winzer werden, noch würde jedem der Winzerberuf taugen. Aber ein paar allgemeine Merkmale guter Arbeit gibt es schon.

Das Wichtigste ist für mich, dass bei guter Arbeit Hand, Herz und Kopf gefragt sind. Hand: Mein Können zählt etwas, meine Arbeit lässt mich ein Werk schaffen und gute Ergebnisse produzieren, auf die ich stolz sein kann. Herz: Die Arbeit beansprucht mich auf eine Art, die zu mir passt, die mir gut tut, die meinem Naturell entspricht, ich werde meinen Anlagen entsprechend gefordert – und: Ich habe Freude daran! Kopf: Ich bin mit den Konzepten, die hinter meiner Arbeit stehen, einverstanden, sie ergeben für mich Sinn, und ich kann davon leben und meine Familie ernähren.

Als Beispiele dafür, auf welche Art gute Arbeit Sinn ergeben kann, erwähne ich hier drei geschätzte Winzerkollegen; als Ersten meinen Kollegen Ulrich, den Puristen.

Ulrich ist ein gut aussehender, charismatischer Zeitgenosse, der in seinem Leben schon viele Frauen begleitet, viele

Kinder großgezogen und zu vielem eine Meinung hat. Alles macht er auf seine ganz eigene Art – so auch den Wein. Er benutzt uralte Geräte und so wenig Technik wie möglich. Auf diese Weise produziert er kleinste Mengen Wein von, sagen wir mal, höchst ungewöhnlichem Geschmack. Die markante Säure seiner Kreationen ist unter Freunden und Kollegen legendär. Wer zu viel davon genossen hat, dem empfehlen wir, sich nachts im halbstündigen Rhythmus umzudrehen, um zu verhindern, dass die Magenwand auf einer Seite durchbrennt.

Ulrichs Weine sind mindestens diskussionswürdig, auf den ersten Blick unharmonisch und mit Hausverstand probiert schlichtweg sauer. Diese Tatsache wirkt sich nicht unbedingt gut auf sein Geschäft aus. Trotzdem ist Ulrich bekannt dafür, dass seine Weine nicht alt werden. Er selbst sorgt dafür, dass die Fässer für den jeweils neuen Jahrgang wieder leer sind, denn ihm persönlich schmeckt sein Wein. Er hat ihn genau so am liebsten.

Damit könnte die Charakterisierung dieses speziellen Moselweins auch schon abgeschlossen sein. Allerdings würde dabei das Wesentliche unter den Tisch fallen. Seine magischen Kräfte entfaltet dieser Wein nämlich in Sicht- und Hörweite seines Schöpfers. Und das ist wahrlich ein Erlebnis!

Wer sich darauf einlässt, sich diesen speziellen Tropfen von Ulrich persönlich einschenken zu lassen, kann sich dem Wesen dieses Originals nicht verschließen. Man lauscht ihm, wie er mit sonorer Stimme Anekdoten zum Besten gibt. Man kann die Augen nicht von diesem braungebrannten Gesicht mit dem spitzbübischen Lächeln lassen. Man wird eingefangen von seinem vollen Lachen, das alle im Raum ansteckt. Und nebenher trinken Sie den Wein – in dem sich all diese Eindrücke spiegeln: die warme Liebe dieses Mannes zu seiner

Arbeit, seine Hochachtung für den Wein als Kulturgut, seine ernste und ehrliche Absicht hinter der fröhlichen Geste … Wer diesen Mann erlebt, der begreift, dass seine Weine gar nicht anders schmecken können und dass alles, was er als Winzer ausdrücken möchte, darin enthalten ist. Wein muss nicht immer nur ein angenehmer Geschmack im Mund sein. Was er aber haben sollte, sind Charakter und Persönlichkeit.

Als Zweites wäre Andreas zu nennen. Wir lernten uns in der Grundschule kennen, verloren uns nach dem ersten Schulwechsel jedoch aus den Augen. Später studierte er Informatik und arbeitete anschließend in dieser Branche, bis plötzlich sein Vater verstarb. Die Mutter war alleine nicht in der Lage, das Weingut weiterzuführen, und Andreas traf eine Entscheidung: Er brach seine Laufbahn im IT-Bereich ab und kehrte in unser Heimatdorf zurück. Bei einem befreundeten Betrieb begann er eine Lehre als Winzer und führte gleichzeitig zusammen mit seiner Mutter den elterlichen Betrieb.

Witzigerweise drückten wir nach 25 Jahren noch mal gemeinsam die Schulbank, nämlich auf der Winzer-Meisterschule. »Wer hätte das gedacht!, meinte er.

Mit seinen knapp zwei Metern Länge und geschätzten 100 Kilo Gewicht ist Andreas nicht zu übersehen. Wenn er uns auf unserem Gut besucht, weise ich meine Frau immer darauf hin: »Nicole, pass auf, Andreas ist unter den Gästen!« Das ist wichtig für die Mengenkalkulation, denn dieser Moselaner kann verblüffende Mengen Speisen und Getränke zu sich nehmen.

Diese leibliche Qualität ist mir wichtig, denn ich mag Menschen, die sich an der Nahrungsaufnahme erfreuen. Solche Leute werten jedes Fest auf. Aber Andreas hat noch weitere Qualitäten. Eine seiner hervorstechendsten Eigenschaften ist seine Dickköpfigkeit, die manchmal als ausgewachsene Beratungsresistenz daherkommt, sich bei genauerem Hinsehen bisweilen aber als Klugheit entpuppt. Diese zeigt sich insbesondere darin, dass es ihn nicht interessiert, welche Weine seine Kunden mögen. Stattdessen strebt er seit Jahren stur seinem eigenen Idealbild vom Wein entgegen. Konsequenterweise beschwert er sich nicht, wenn sich seine Weine mal nicht gut verkaufen. Dabei befindet er sich nicht gerade in einer komfortablen Lage. Eigentlich müsste man ihm raten, seinen Idealismus zugunsten eines kompromissbereiten Kurses der Wirtschaftlichkeit hintenanzustellen, wenigstens eine Zeit lang. Statt nach Spitzenumsätzen strebt er jedoch eisern nach Spitzenqualität.

Diese Wesensfestigkeit führte zu einem nicht unerheblichen Generationenkonflikt mit seiner Mutter, die betrieblich andere Schwerpunkte gesetzt sehen wollte. Aber auch wenn das die Übergabe des Weinguts von der Mutter auf den Sohn nicht einfacher machte – Andreas blieb seiner Linie treu. Er glaubte an sich. Und das heißt bei einem Winzer: Er glaubte an seinen Wein. Und wenn Sturheit ein Fundament hat, wenn Dickköpfigkeit mit Können gepaart ist, wenn Selbstsicherheit mit Qualitätsbewusstsein verbunden ist, dann können großartige Dinge entstehen. Im dritten Jahr nach seiner Betriebsübernahme meldete Andreas seine Weine zur Prämierung an. Und erhielt acht Goldmedaillen!

Neulich erzählte er mir bei einem Schwatz im Weinberg, dass er seit dieser Goldmedaillen-Schwemme seinen Absatz um 50 Prozent gegenüber dem Vorjahr gesteigert habe. 50 Prozent? Ich war baff. Von solch einer betrieblichen Entwicklung kann die deutsche Wirtschaft nur träumen. Ich gratulierte ihm herzlich. Doch er winkte bescheiden ab. Das läge nur daran, dass sein Betrieb so klein sei und er es erstmalig geschafft habe, seine gesamte Weinproduktion an Privatkunden zu vermarkten.

Ich freute mich sehr für ihn. Und ich freute mich darüberhinaus, dass die herausragende Qualität seiner Weine sich in diesem gnadenlosen globalen, industrialisierten Weinmarkt letztendlich durchgesetzt hatte.

Drittens ist da mein Winzerkollege Uwe. Er ist Ökowinzer der ersten Stunde. Das Wort Marketing ist ihm so fremd wie die Quantenphysik. Er ist ein schlanker, großer Bursche mit Schlag bei den Frauen. Auch dieser Mann hat echten Charakter, und zwar so reichlich, dass er manchmal wenig geschmeidig wirkt.

So wie damals, als eine Gruppe Winzer, zu der auch ich zählte, mal wieder gemeinsam eine Lkw-Ladung organischen Biodünger bestellt hatte. Dieser Stoff besteht aus kleinen Pellets, die im Boden über Jahre hinweg langsam kleine Mengen Stickstoff abgeben und so den Pflanzenwuchs fördern.

Die Lieferung per Lastzug hat gegenüber dem Kauf in Säcken den Vorteil, drei Viertel der Kosten zu sparen. Der Nachteil ist die Heidenarbeit, den Düngerhaufen im Weinberg zu verteilen. Ein Bagger schaufelt die wartenden Traktoren-Hänger voll, die vor und nach dem Beladen über eine Kieswaage fahren, so dass die Menge abgerechnet werden kann. Anschließend kurven die Winzer die kostbare Ladung mit ihren Hängern über schmale Wege und enge Kehren und entladen sie oberhalb ihres Weinbergs. Und dann braucht es Schaufeln, Eimer und Hornhaut an den Händen ...

Mein Freund Uwe kam also mit seinem Traktor, der etwa so alt war wie er selbst, hinter ihm zwei einachsige Anhänger, die noch etwa ein bis zwei Jahrzehnte mehr auf dem Buckel haben mussten. Die Beschläge waren völlig verrostet, das Holz der Bracken löchrig, die Achse des hinteren Anhängers zierten gar zwei original VW-Käfer-Reifen mit den zugehörigen Radkappen.

Wir Umstehenden tauschten skeptische Blicke, und mir

kamen Bedenken, als ich Uwe mit diesem Gefährt zum Düngerfassen anreisen sah. Als er an der Reihe war und der Bagger sich seinem Gespann näherte, rückten alle einen Schritt näher, um das Schauspiel nicht zu verpassen – manche belustigt, alle gespannt und einer angewidert: Ob Uwe keinen Verstand habe, monierte er. Das könne doch nicht gutgehen! Das sehe doch jeder, dass diese Hänger das nicht aushielten!

Deutlich sah ich, wie sich der Blick von Uwe verhärtete. Das hätte der alte Besserwisser nicht über seine Hänger sagen sollen.

Er winkte dem Bagger zu: Abladen! Die erste Schaufel Dünger fiel in den Wagen, der sich in der Mitte sichtbar durchbog. Abermals moserte der skeptische Kollege, diesmal noch lauter: »Lass das! Der geht kaputt! Bist du nicht bei Verstand?«

Uwe antwortete tatsächlich: »Glaubst du, wenn ich Verstand hätte, wäre ich Winzer geworden?« Er gestikulierte und verlangte nach mehr Dünger. Der Baggerfahrer schaute fragend, zuckte mit den Schultern und lud langsam eine weitere Schaufel ab. Der Wagen war nun das, was man gemeinhin »gestrichen voll« nennt, und bog sich deutlich über der Achse durch.

Ich konnte mir nicht mehr vorstellen, wie das Gefährt jetzt noch bewegt werden sollte, zumal über die Wirtschaftswege hoch in den Weinberg. Ich kannte Uwe aber genug, um meinen Mund zu halten und nur zu schauen, was passierte.

Weniger zurückhaltend war der ältere Kollege, der mittlerweile ein zornesrotes Gesicht hat: »Das gibt's doch nicht! Du hast sie nicht mehr alle!« Mit dem Ergebnis, dass Uwe dem Baggerfahrer das Signal für eine weitere Schaufel gab. Der Baggerfahrer schaute ungläubig, Uwe nickte ihm zu und winkte ihn heran. Der Baggerfahrer ließ sehr vorsichtig und langsam mehr Dünger auf die Mitte des Hängers rieseln.

Es knackte. Der Hänger brach in der Mitte durch. Der Dünger rauschte zu Boden. Ende der Vorstellung. Betretene Mienen und Schweigen bei allen Umstehenden.

Uwe verschwand kurzerhand, um von einem Kollegen Traktor und Hänger zu leihen und von Hand den Dünger umzuladen.

Wäre das nötig gewesen? Aber ja doch!

So viel Charakter ist einem im Leben sicher mindestens genauso oft im Weg, wie er einem hilft, den Weg zu ebnen. Aber die Tatsache, dass dieser Mann in diesem Beruf bei uns auf dem Dorf einen Weg gefunden hat, seinen Charakter auszuleben, ohne auf das Ergebnis schauen zu müssen, freut mich sehr. Wenn ich mit Uwe einen seiner Weine trinke, dann trinke ich auch ein Stück seiner Dickköpfigkeit, seiner Unvernunft, seiner Grundehrlichkeit, seiner Unverbiegbarkeit.

Und die Frage nach dem Sinn? Die beantworte ich so: Eine Branche, in der die Originale nicht aussterben, eine Gegend, in der man überleben kann, ohne sich stromlinienförmig anzupassen, ein Beruf, in dem es möglich ist, sich, ohne sich zu verbiegen, mit so viel Charakter durchzusetzen wie meine drei Freunde – eine solche Branche, eine solche Gegend, ein solcher Beruf bieten für mich Bedingungen, in denen ich frei entfalten kann, was in mir steckt. Was könnte mehr Sinn ergeben?

Übrigens ist es auch Uwe, der mir schon vor Jahren sagte, wir Moselwinzer seien doch bescheuert, weil wir alle viel zu billig verkauften. »Wenn alle ordentliches Geld für ihre Leistungen verlangen würden, könnten wir hier wie im Paradies leben!«, polterte er.

Damals dachte ich für mich: Mein lieber Uwe, kann es

sein, dass du einfach nur mehr Geld für weniger Arbeit willst? Wer möchte das nicht? Und wo war außerdem die Logik? Wieso sollte es den Menschen besser gehen, wenn alles teurer wurde?

Heute jedoch, mit einem Jahrzehnt mehr Lebenserfahrung, sehe ich Uwes Aussagen von damals in anderem Licht und beginne langsam, ihn zu verstehen. Im Kern plädierte er für mehr Nachhaltigkeit in der Weinwirtschaft, so dass die ökologischen, sozialen und wirtschaftlichen Bedingungen für alle Beteiligten, von den Produzenten bis zu den Kunden, auf Dauer stabil bleiben können. Ich weiß heute: Damit lag und liegt er richtig!

Das Konzept der Nachhaltigkeit ist mir über die Jahre immer verständlicher und auch immer wichtiger geworden. Es bedeutet in meinem Fall beispielsweise, die Weinberge so zu pflegen, dass sie über Generationen hinweg gute Erträge bringen. Ich muss außerdem pfleglich mit meinen Gebäuden und Geräten umgehen. Ich darf keinen Investitionsstau erzeugen, der meinen Nachfolger vor Probleme stellt. Alles muss stets repariert und instand gehalten werden. Ich brauche eine betriebliche Substanz, die mir ein paar Jahre Luft verschafft, damit ich nicht von einem schlechten Jahr nass gemacht werde.

Ich muss kein fundamentalistischer Öko sein, um draufzukommen, dass der stetige Einsatz von Herbiziden langfristig nicht gut sein kann für die Bodenfruchtbarkeit. Aus dem Konzept der Nachhaltigkeit folgt des Weiteren, die Erträge so zu reduzieren, dass die Weinstöcke nicht gestresst werden und keinen Schaden nehmen. Denn sonst sind sie mit zunehmendem Alter nicht mehr leistungsfähig genug, also gerade dann, wenn sie immer bessere Qualität erzeugen könnten. Ich würde meinem Sohn unwirtschaftliche Reben übergeben – wie blöd wäre das denn?

Aus dem gleichen Grund muss ich meine Böden schonen und die Bodenstruktur immer wieder gezielt pflegen. Die Nitrate dürfen nicht ausgewaschen werden, wenn ich vermeiden will, die ausgelaugten Böden nur noch mit Kunstdünger weinbautauglich halten zu können. Und natürlich belasten ausgewaschene Nitrate unser Grundwasser. Darum ist es wichtig, verschiedene Bodenbearbeitungsmaßnahmen zu ganz bestimmten Zeitpunkten durchzuführen. Zum Beispiel verbessert die Einarbeitung von großen Mengen natürlichen organischen Materials dauerhaft die Nährstoff- und Wasserspeicherfähigkeit des Bodens. Auf diese Weise erhält die Pflanze genügend Stickstoff, während die Nitratauswaschung gleichzeitig begrenzt wird. Solche Maßnahmen bedeuten einen gewissen Aufwand, sind aber sehr effektiv.

Darüber hinaus brauche ich Rebsorten und Erziehungssysteme, die lange funktionieren. Für mein Erziehungssystem wähle ich Pfähle, die nicht alle 20 Jahre ausgetauscht werden müssen – sie sollen so lange stehen bleiben wie die Reben. Ich muss also lange, lange vorausschauen, über meine eigene Lebensspanne hinaus.

Das betrifft übrigens auch den sozialen Aspekt: Mit meinen Kunden muss ich nämlich genauso nachhaltig umgehen. Ich kann es mir nicht leisten, mir ständig neue Kunden zu suchen. Wenn mich jemand mit seinem Interesse beehrt, muss ich mich so um ihn kümmern, dass er mein Kunde bleibt. Da versteht es sich von selbst, dass ich ihm nie etwas versprechen darf, was ich nicht halten kann. Ich muss aufrecht bleiben, nach bestem Wissen und Gewissen. Das betrifft nicht nur meine Kunden, sondern auch meine Kollegen und meine Familie, denn eines Tages will ich meinen Enkeln in die Augen schauen können.

Im Sinne der Nachhaltigkeit bin ich zudem für den Erhalt meines Umfelds verantwortlich. Dazu gehört, dass ich

Fleisch zu einem angemessenen Preis bei einem Metzger im Dorf kaufe und nicht unanständig billig im Discounter. Dass ich Geräte beim örtlichen Genossenschaftsbetrieb erwerbe und dabei ein Schwätzchen einlege. Dass ich meine Laufschuhe im Sportschuhgeschäft der Region kaufe, die mir eine saubere Vermessung und eine Laufbandanalyse erstellen, und nicht im Internet bestelle, um ein paar Kröten zu sparen. Warum? Weil ich will, dass der Metzger, die Genossenschaft oder das Sportschuhgeschäft auch morgen noch da sind. Nachhaltigkeit beinhaltet immer auch Regionalität.

Es gibt sogar eine emotionale Nachhaltigkeit, für die ich jeden Tag sorgen muss. Für mein gutes Gewissen und mein gutes Gefühl bei der Arbeit bin ich schließlich selbst verantwortlich. Das klappt nur, wenn ich an Sachen arbeite, hinter denen ich mit breiter Brust stehen kann.

Vor gar nicht allzu langer Zeit erfuhr ich durch meinen Vater, wie praktisch nachhaltiges Denken tatsächlich ist. Wegen Platzmangels im Weinkeller baute er Anfang der 70er Jahre direkt neben das Stammhaus ein Wirtschaftsgebäude. Er brauchte ein Kellereigebäude mit nur einer Etage, und er baute es so, wie er es damals für richtig hielt. Als ich 30 Jahre später das Weingut übernahm, diskutierten wir die Idee, dieses Wirtschaftsgebäude um eine Wohnung für Nicole, die Kinder und mich aufzustocken.

Der Architekt runzelte die Stirn: Immerhin musste das Vorhaben von der Statik her funktionieren. Wer von vornherein für mehrere Etagen baut, plant die Basis des Gebäudes ganz anders als bei einem einstöckigen Gebäude. Vermutlich würde es sehr aufwendig, vielleicht sogar unwirtschaftlich werden, die Fundamente und das untere Stockwerk so zu verstärken, dass sie die gewünschte Aufstockung tragen konnten.

Wir kramten die alten Pläne hervor – und erlebten eine faustdicke Überraschung. Mein Architekt stutzte, blickte noch mal genauer hin, tippte etwas in seinen Taschenrechner ein, beugte sich über den Plan und schaute uns dann verblüfft an: Wenn diese Pläne stimmten, dann könnten wir da draufbauen, was wir wollten, so stabil sei der Bau. Die Fundamente und die 38 Zentimeter starke Stahlbetondecke seien für einen zweistöckigen Aufbau ausgelegt.

Ich sprach meinen Vater darauf an. Lakonisch meinte er: »Wir haben damals gedacht, falls mal einer da draufbauen möchte, machen wir's direkt richtig ...« »Damals« war ich gerade zwei Jahre alt. Das ist wahrhaft Nachhaltigkeit im Denken und im Handeln!

Ich freute mich so sehr über die Weitsicht meines Vater, dass ich beschloss, mir diese Lektion hinter die Ohren zu schreiben. Als ich vor einigen Jahren eine Halle für unsere Wirtschaftsgeräte unterhalb unseres Hofs errichten ließ, baute ich sie auf die gleiche vorausschauende Weise wie mein Vater – falls einer meiner Jungs mal draufbauen möchte, ist schon alles angelegt. Das mag im Moment zwar etwas teurer gewesen sein, hält mir und meinen Nachfolgern langfristig jedoch alle Optionen offen. Und das fühlt sich gut an.

Natürlich steckt darin auch der Hang des Bauern zum Stein: Unsereins legt sein Kapital nicht in steuersparenden Derivaten in ausländischen Banken an, sondern verwandelt es in betriebliche Substanz, die bleibt. Und sei es als Reserve. Hauptsache, man kann es lange und dauerhaft benutzen.

Sinn, Charakter, Nachhaltigkeit – gute Arbeit ist dann gute Arbeit, wenn mein Kopf und mein Bauch Ja dazu sagen. Ein Aspekt fehlt aber noch, der heutzutage besonders wichtig geworden ist: Unser Umgang mit der Zeit und in der Folge unsere Selbstorganisation, unser Zeitmanagement, unser

Stress. Gute Arbeit erzeugt guten Stress und vermeidet zerstörerischen. Worin der Unterschied besteht, hat mich meine Frau gelehrt.

Als Winzer muss ich genauso zielführend mit meiner Zeit umgehen wie jeder andere in jedem anderen Beruf, denn wie überall gilt auch im Weingut: Es gibt immer Arbeit, und man wird nie fertig. Wie die meisten löse ich das Problem dadurch, dass ich die unwichtigen Arbeiten aufschiebe, was die Frage aufwirft, was wirklich wichtig ist.

Das dreitägige Ferienlager der Messdiener unseres Dorfes ist es jedenfalls nicht. Dachte ich. Meine Frau allerdings überraschte mich mit ihrem Entschluss, als eine von drei Betreuerinnen genau dieses Lager ehrenamtlich zu begleiten. Ob sie es für vernünftig halte, ausgerechnet jetzt im Sommer kurz vor Beendigung der Laubarbeit drei Tage unserer wertvollen Zeit vom Betrieb abzuknapsen, zumal keines unserer Kinder zu den Messdienern gehöre, fragte ich spitz. Meine Frau blieb seelenruhig und argumentierte, sie nehme unsere Kinder mit, und das Ganze würde sicher für alle Beteiligten vergnüglich werden. Außerdem habe sie bereits zugesagt.

Ach ja? Augenblicklich fühlte ich mich gestresst.

Als der Termin für das Messdiener-Lager gekommen war, zeigte sich die betriebliche Arbeitssituation allerdings relativ entspannt und das Wetter von seiner besten Seite. Tatsächlich gab es gar keinen Stress. Meine Frau brach morgens mit den Messdienern auf. Ich kündigte für den Nachmittag meinen Besuch an und bot Hilfe beim Einrichten des Lagers an. Der Weg dorthin führte mich zu einer abgelegenen Stelle im Wald etwa 15 km von unserem Dorf entfernt, wo sich ein geräumiges, wunderschönes Waldhaus versteckte, das ich trotz der geringen Entfernung zum Weingut noch gar nicht kannte. Ungefähr zwanzig Kinder zwischen vier und sechzehn Jahren waren dabei. Die kleinste der Orgelpfeifen war unser Jüngster mit seinen strammen vier Jahren. Das Haus bot allen genügend Platz, doch manche der Kids nächtigten lieber draußen im Zelt. Auf der Wiese vor der Hütte hatten die Erwachsenen eine Schnur gespannt und ein Volleyball-Feld abgesteckt. Hinter dem Haus wuchs ein lichter Laubwald, der als perfekter Spielplatz diente. Außerdem gab es eine schöne Feuerstelle und einen großzügigen Vorplatz. Es war wunderbar! Dazu schien reichlich die Sonne.

Ich blieb bis zum Einbruch der Dunkelheit und war äußerst verblüfft, wie kreativ und harmonisch zwanzig Kinder unterschiedlichen Alters den ganzen Tag lang miteinander umgehen können. Sie spielten Volleyball, wanderten, kochten und aßen gemeinsam, malten, schnitzten, tobten, sangen und scherzten.

Am nächsten Tag kam ich wieder. Die älteren Teilnehmer beschäftigten sich nahezu allürenfrei und völlig unpubertär mit den jüngeren, die jüngeren und jüngsten hatten einen Riesenspaß. Auch dem einen unvermeidbaren schwer erziehbaren Kind gelang es nicht annähernd, die Stimmung zu untergraben, sondern es verließ das Camp am Ende des dritten Tages in bester Laune.

An jedem der drei Tage besuchte ich nachmittags das Lager und genoss die Astrid-Lindgren-Atmosphäre jedes Mal bis in den Abend. An den Vormittagen ging mir die Arbeit zu Hause spielend von der Hand, nichts Wesentliches blieb liegen. Die schönen Tage vergingen wie im Flug, und am Ende kamen Frau und Kinder ebenso müde wie erholt zurück nach Hause. Ich selbst war in Hochstimmung und hatte etwas gelernt: Das Ineffiziente kann bisweilen hocheffektiv sein! Obwohl das Zeitmanagement meiner Frau in diesem Fall absolut nicht auf ökonomisches Wirtschaften oder optimalen betrieblichen Ablauf ausgerichtet war, führte es trotzdem – oder gerade deswegen – zu vollem Erfolg.

Menschengerecht

Es genügt nicht, wenn der Kopf mit der Arbeit einverstanden ist. Sie rational als sinnvoll und nachhaltig zu empfinden und genügend Freiraum übrig zu haben, um nicht in Negativstress zu geraten, ist wunderbar. Alleine diese Voraussetzungen erfüllen einige Schreibtischjobs schon nicht mehr. Aber sie wird erst dann wirklich gute Arbeit, wenn sie nicht nur dem Kopf, sondern auch dem Herzen entspricht. Und das kann auf Dauer nur menschengerechte Arbeit leisten.

Versuchen wir einmal, die Eignung einer Tätigkeit an der Fülle der sensorischen Erlebnisse zu messen, die ein Mensch bei ihrer Ausübung erfährt. Jeder Mensch verfügt per Grundausstattung über fünf Sinne. Was er sieht, hört, schmeckt, riecht und fühlt, ergibt ein komplexes Bild von der Welt, in der er sich befindet. Alle Erlebnisse im Leben werden über die Sinne wahrgenommen, und was ich nicht erlebe, bleibt abstrakt oder gibt es für mich gar nicht. Wenn ich täglich möglichst viele Eindrücke über alle fünf Sinne sammle, sie alle fünf nutze, hilft das, mein Leben zu bereichern.

Gehe ich einer Arbeit nach, die sich auf das rechte Ohr beschränkt und die mich über den Telefonhörer mit einem verzerrten Repertoire an menschlichen Stimmen konfrontiert, während meine Augen auf das Sichtfeld des Computermonitors in 30 bis 50 cm Entfernung beschränkt sind und außerdem die Fingerspitzen nichts als die Computertastatur erspüren und die rechte Handfläche die Maus, dann erlebe ich tagein, tagaus lediglich einen minimalen Ausschnitt der Welt. Wenn also bei der Arbeit manche Sinne kaum oder gar nicht gebraucht werden oder umgekehrt manche Sinne geradezu vergewaltigt werden, zum Beispiel durch Lärm, so dass das Gehirn lernen muss, den Input bestimmter Sinne auszublenden, bis sie taub und stumpf werden, dann kann die Arbeit nicht dem Menschen gemäß sein.

Bis zu einem gewissen Grad lässt sich eine solch einseitige Nutzung unserer körpereigenen Ausstattung ausgleichen, etwa indem man Sport treibt, in Urlaub fährt, stilvoll essen geht oder einfach mal »etwas anderes sieht«. Das ist gut, es funktioniert. Die Frage ist, ob es ausreicht. Was wir während der rund 1800 Stunden am Arbeitsplatz pro Jahr erleben, kann auf Dauer einfach nicht ohne Wirkung bleiben. Und wenn die Sinne nichts erleben, erlebt auch der Mensch auf Dauer keinen Sinn.

»Puh, der stinkt ja nach Schweißfüßen!«, sagt mein Winzerkollege, nachdem er an dem Glas Wein gerochen hat, das ich ihm hinhalte. Er hat seine Nase nicht mal tief ins Glas gesteckt, sondern ist vor dem so intensiven wie unangenehmen Aroma zurückgeschreckt wie ein Rind, das an den elektrischen Weidezaun geraten ist.

Wer jetzt annimmt, ich hätte meinem Kollegen irgendein minderwertiges, vielleicht gar schlecht gewordenes Erzeugnis scherzhaft unter die Nase gehalten, täuscht sich. Tatort dieser Verkostung ist nämlich die ProWein, und der Schweißfußwein gehört definitiv nicht zu den günstigeren Ausstellungsobjekten. Im Gegenteil, er zählt eher zu den Lamborghinis unter lauter Familienkombis. Sein Schöpfer ist ein Kollege von der Saar: eigen, traditionell, kompromisslos. Und so schmecken auch seine Weine – mit allen Vor-

und Nachteilen. Dazu gehört, dass seine Weine zuweilen so ungewöhnlich riechen, dass selbst Fachleute von einem »Stinkerl« sprechen.

»Das ist ein Wein von einem anderen Stern«, sage ich, immer noch voller Erwartung ob des Urteils meines Kollegen.

»Eher vom Planeten Käsefuß!«, erwidert er.

»Ach komm, lass dich nicht abschrecken, probier ihn mal, der ist dicht. Intensiv. Eigenständig. Hab ich selten geschmeckt, so was.«

Widerwillig greift mein Kollege erneut zum Glas, probiert, schlürft – und guckt weiterhin skeptisch: »Wem will man denn den verkaufen?« Er schüttelt den Kopf. »Nein, so was brauch' ich nich'!«

Ich merke, mein Kollege ist einfach nicht offen für diesen herausragenden Tropfen. Und Wein ist und bleibt Geschmackssache, auch unter Fachleuten. Ich kann absolut nachvollziehen, was ihm an diesem Gewächs nicht gefällt. Und verurteile es auch nicht.

Einen angemessenen Vergleich liefert vielleicht ein sehr reifer, würziger Käse. Kennen Sie Handkäs mit Musik? Es handelt sich dabei um eine Spezialität, die vor allem in Rheinhessen und der Pfalz zu Hause ist: einen sehr deftigen Sauermilchkäse. Lagern Sie den einmal im Kühlschrank und öffnen nach einer Weile die Tür. Innerhalb einer Zehntelsekunde riechen Sie den alten reifen Käse und müssen befürchten, dass dessen Aroma alle anderen Lebensmittel im Kühlschrank beeinträchtigt, so intensiv ist der Geruch. Handkäs spaltet die Gemüter: Die einen flüchten vom Esstisch, wenn ihn jemand isst, die andere, kleinere Fraktion vergöttert ihn, weil es für sie kaum einen intensiveren Käse auf der Welt gibt.

Genauso existieren nur wenig intensivere, spannendere

Weine als dieser Wein vom anderen Stern, dem ich jetzt ein wenig Zeit im Glas lasse. Der Wein reagiert mit dem Sauerstoff der umgebenden Luft, der strenge Geruch wird allmählich fruchtiger und weniger unangenehm. Im gleichen Maße, wie sich der Duft entwickelt, gewöhnt man sich auch als Verkoster immer mehr an das ungewohnte Bukett des Weines. Wein und Mensch nähern sich einander an. Dann nehme ich einen mutigen Schluck und erkenne, dass hinter dem Käse- und Siffonschleier ein verhaltener, zarter Duft von leicht überreifer Mango verborgen war, der jetzt, mit dem ersten Kontakt auf der Zunge, erst richtig deutlich wird.

Kurz darauf bemerke ich, dass der Wein im Geschmack überhaupt nicht stinkt, sondern sehr frisch und mineralisch daherkommt. Er nimmt die Zunge augenblicklich gefangen und lässt sie sich zusammenziehen. Ich erkenne den Schieferboden: ein Gefühl, als ob ich Steine lutschen würde. Dieser harte Eindruck ist so intensiv, dass meine Zunge sofort hellwach ist. Darum bemerkt sie auch den dahinter schwimmenden dunklen, weichen, samtigen, schweren, dunkelgelben tropischen Fruchtgeschmack – was für ein Kontrast! Dieser überraschende Zweiklang bleibt lange im Mund, bis sich im Abgang schließlich eine dritte, intensive Note darüberlegt: ein weiches Hefearoma, das an frisch gebackenes Brot erinnert, just wenn man den Backofen öffnet.

Dieses sinnliche Kaleidoskop finde ich faszinierend. Es ist ein Kunstwerk, dessen Genuss ich sogleich noch einmal erleben möchte. Allerdings verzögert die olfaktorische Hürde den rasch heruntergestürzten nächsten Schluck, womit sich das Geschmackserlebnis noch einmal selbst krönt. So bleibt es bei diesem ganz und gar unsüffigen Tropfen bei kleinen, aufmerksamen Schlucken. Ein echter Erlebniswein!

Ich schmecke intensiv, was für eine Arbeit dahintersteckt, und mir geht das Herz auf. Obendrein ist es geradezu atem-

204

beraubend, mit wie wenig Alkohol dieser Wein auskommt. Nur 11 Prozent – und so viel Geschmack! Das erlebe ich selten. Jedoch kann ich es nur erleben, wenn ich großherzig meine Sinne öffne und sie schule und gebrauche, selbst wenn es im ersten Moment nach Schweißfüßen riecht.

Dieses Stinkerl wollte mir nicht mehr aus dem Kopf. Wieder zu Hause angekommen, dachte ich: »Aha, solche Weine gibt es also auch.« Ich fühlte mich inspiriert und wollte sofort versuchen, auf meinem eigenen Boden ein ähnlich packendes Geschmackserlebnis zu kreieren – aber bitte schön ohne ungewaschene Füße. War das zu bewerkstelligen? Wenn ja, wie?

Mit einem Mal hatte ich wieder ein Projekt – und definitiv keines, das binnen zwei Wochen abgeschlossen sein würde. Herrlich! Mit Herzblut und hochmotiviert packte ich die Sache an, dachte wochenlang darüber nach, informierte mich bei Kollegen, die vergleichbare Weine und Arbeitsmethoden pflegten, und begann zu tüfteln.

Einer der entscheidenden Aspekte bei dieser Aufgabe war die Hefe. Normalerweise (das heißt bei 99 Prozent der in Deutschland getrunkenen Weine) werden selektierte Zuchthefen zugekauft und untergemischt. Diese Hefen haben bekannte, bewährte Gäreigenschaften und wandeln die Süße des Traubenmostes zuverlässig in Alkohol um. Mein Kollege von der Saar jedoch mischt keine fremde Hefe in seinen Wein. Er liest die Trauben, presst den Saft, kellert ihn ein und – macht erst mal gar nichts. Der Most liegt also herum, und manchmal tut sich in der ersten Woche wenig, bis auf die Tatsache, dass verschiedene, aus dem Weinberg mit den Trauben eingebrachte Bakterien- oder Hefestämme möglicherweise an der Süße herumnagen und dabei eben ein paar zweifelhafte Gerüche hinterlassen. Die Natur bringt eine Vielfalt von Hefestämmen in den Most ein, von denen jeder versucht, das Beste aus seiner Situation zu machen und die eigene Population zu vergrößern. Manche von ihnen wissen nicht so recht, was sie tun sollen, futtern zwar die Süße, produzieren aber keinen Alkohol, sondern irgendwelche anderen abstrusen Stoffwechselprodukte. Auf der Abenteuerroute zum Wein begegnen einem also viele Geisterfahrer im Gärtank. Doch das nimmt mein Kollege von der Saar in Kauf.

Andere Hefestämme sind in der Lage, aus Zucker Alkohol zu bilden, und kommen mit den Bedingungen im Most so gut zurecht, dass sie beginnen, sich durchzusetzen und sich am erfolgreichsten zu vermehren. Bei diesem chaotischen darwinistischen Prozess wird ganz nebenbei aus Most Wein. Völlig unkontrolliert, wie schon bei unseren Vorvätern vor 100 und vor 1000 Jahren.

Das Gottvertrauen dieses Saarländers wollte ich auch haben und tat es ihm nach. Schlussendlich war mein Vertrauen dann allerdings doch nicht so groß, dass ich gleich meine ganze Weinproduktion auf diese waghalsige Fahrt geschickt hätte. Nein, ein kleines Fass sollte zunächst reichen.

Als der nächste Herbst kam, wählte ich hochwertiges, vollreifes, gesundes Lesegut für mein aktuellstes Steckenpferd. Und schau her: Bereits kurz nach Einlagerung des Mostes, als nach einer Woche das erste verhaltene Knistern im Tank zu vernehmen war, das Zeichen der einsetzenden Gärung, roch und schmeckte der Wein anders. Jeden einzelnen Tag über Monate hinweg schnupperte und probierte ich ihn. Es funktionierte. Dieser Wein unterschied sich definitiv von den übrigen: Er war wilder, komplexer, intensiver. Mein Weinbau hatte eine zusätzliche geschmackliche Facette erhalten. Und das ganz ohne Schweißfüße.

Noch heute vergäre ich den kleineren Teil meiner Weine mit dieser natürlichen Methode des kontrollierten Nichtstuns für diejenigen meiner Weinfreunde, die das mögen. Ich werde es aber nicht zum Dogma erheben und alle anderen Weine ebenso vergären, bloß weil es mir persönlich solchen Spaß macht. Nein, Wein ist und bleibt Geschmackssache, und nicht jedem müssen Geisterfahrer im Tank munden.

Meine gute Arbeit beinhaltet nicht nur das Geruchs- und Geschmacksabenteuer. Als Winzer habe ich auch das Glück, einem der sinnlichsten Berufe nachzugehen, den ich mir vorstellen kann. Wenn ich im Weinberg stehe, mir die Sonne die Schweißperlen auf die Stirn treibt oder Minusgrade einen flotteren Einstieg abfordern, um die Kälte abzuschütteln, dann schwitze und friere ich, weil gerade Sommer oder Winter ist, Sonnenschein oder Frost. Mich immer wieder den echten Temperaturen im Freien auszusetzen lässt mich die natürliche Bandbreite von Wärmeempfindungen erfahren, die ich im vollklimatisierten Büro unter dem immer selben Neonlicht nie spüren könnte. Im Weinberg beobachte ich den Gang der Sonne während des Tagesverlaufs nicht nur, sondern erlebe ihn am eigenen Leib. Die Sonne taktet meinen Tag und erdet mich; wenn es hell wird, kann ich mit der Weinbergsarbeit beginnen, spätestens wenn es dämmert, kehre ich nach Hause zurück.

Zu allen Jahreszeiten habe ich spezielle sensorische Erlebnisse, die die Grenzbereiche meines Lebens erweitern. Dazu zählt das Gefühl, Doppeltriebe wegzuknipsen. Es lässt sich folgendermaßen beschreiben: Anfang Mai treiben die Weinreben aus, und man sieht die Knospen schwellen. Die ersten kleinen Blattspitzen schieben sich hervor. Jedes Jahr ist das ein schöner Moment. Ich spüre, wie die Natur aus dem Winterschlaf erwacht, es überall sprießt und gedeiht. Das überträgt sich jedes Mal auch auf mich; ich weiß, jetzt geht es wieder los, und fühle mich belebt. So oft man dieser Welt den Untergang auch schon prophezeit hat, die Natur bäumt sich doch jedes Jahr wieder auf und füllt sie mit Leben.

Im feinen Nieselregen stehe ich zwischen den Rebstöcken. Das Gras und die Kräuter wachsen stark, zum Teil stehen sie bereits einen halben Meter hoch. Es riecht nach Erde. Ich nehme die erste Fruchtrute in die Hand, sie ist knapp einen Meter lang. Etwa alle zehn Zentimeter befindet sich ein Auge an der Rute, aus dem ein ungefähr zehn Zentimeter langer Trieb so dick wie ein Strohhalm gewachsen ist. Mit den Fingern fahre ich sachte an der Rute entlang und spüre diese jungen Triebe. Ab und zu finde ich Doppeltriebe: Das sind Augen, aus denen gleich zwei Triebe sprießen. Ich wähle den stärkeren aus und entferne den schwächeren. Es gibt auch sogenannte Kümmertriebe, die schon jetzt im frühen Stadium klein, dünn und schwachwüchsig sind und später nicht in der Lage wären, ihre Trauben angemessen mit Nährstoffen zu versorgen und zur Reife zu bringen, weshalb ich sie ebenfalls entferne. Hin und wieder finden sich an einer Rute alle fünf bis sieben Zentimeter Augen. Das sind zu viele, etwas stimmt nicht, also kürze ich die Rute oder dünne die Zahl der Triebe aus.

Nach diesen Kriterien gibt es an jeder Rebe Handlungsbedarf. Langsam gehe ich durch die Reihen und entferne hier einen Doppeltrieb, dort einen Kümmertrieb. Es ist ein beschauliches Tempo, und ich konzentriere mich voll und ganz auf meine Hände, denn ich muss genau arbeiten.

Jede Pflanze hat ein ganz bestimmtes Anfassgefühl. Die frischen Triebe sind hellgrün und sehr zerbrechlich, weich und saftig. Ein ganz leichtes Anschieben mit dem Daumen genügt, damit sie mit einem Knackgeräusch abplatzen, weil die Säfte der Pflanze so in Wallung sind. Das ist ein schönes taktiles Gefühl. Ich spüre, dass die Pflanze sehr verletzlich ist, und muss vorsichtig sein, um die anderen Triebe und die

Rute, die viele Beeren tragen wird, auf keinen Fall zu beschädigen. Darum begleitet mich stets eine leichte Anspannung. Gleichzeitig spüre ich, wie willig das zarte Grün wegspringt. Die Triebe zu entfernen fühlt sich richtig an, es ist ein sensorisches Signal: »Okay, in Ordnung, gut so.«

Ich gehe fokussiert meiner Tätigkeit nach, meditiere gewissermaßen über meinen Rebstöcken, den Blick auf meine Hände gerichtet, die Hände an der Pflanze. Manchmal habe ich das Gefühl, den Weinberg auf diese Weise zu massieren. Schon vor ihrer Entstehung wird jede Traube gehegt und gepflegt. Allerdings erfordert diese Arbeit eine so starke Konzentration, dass ich sie nur einige Stunden mit Freude erledigen kann. Ab mittags kümmere ich mich um etwas anderes, um am nächsten Tag konzentriert fortfahren zu können.

Wenn ich so alleine in meinen Sinnen versunken durch die frische Erde stapfe, die Sonne im Nacken oder den Nieselregen im Gesicht, während die Triebe prüfend durch meine Finger gleiten, verliere ich mich oft selbst, und zwar in einem ganz und gar positiven Sinne. Plötzlich ist die Zeit vergangen, ohne dass ich es bemerkt habe. Bin ich erst mal in der Zeitlosigkeit angekommen, bin ich voll da, gleichzeitig ist alles von mir abgefallen, und ich habe das intensive Erlebnis, Teil des Weinbergs zu sein. Alle Gedanken an gestern oder morgen sind wie weggeblasen. Ich arbeite frei von Zwecken, bin völlig im Moment und bei mir angekommen.

Dieses Feintuning im Weinberg erledige ich nicht nur für die Weinqualität, sondern ich tue es auch für mich. Die meisten meiner Kollegen lassen die Triebe so, wie sie sind, die wenigsten sind so pedantisch wie ich. Ist das also einfach bloß eine Marotte von mir? Vielleicht. Allerdings glaube ich, dass die Sorgfalt und Aufmerksamkeit, mit der ich mich mit meinen Pflanzen befasse, die ganzheitliche Grundhaltung ausdrückt, mit der ich auch viele andere Aspekte meiner Arbeit wahrnehme.

Wenn ich mir überlege, dass wir Menschen uns in unserer Geschichte über Hunderttausende von Jahren als Top-Athleten jeden Tag durch die Wildnis geschlagen haben, stets auf der Hut, nicht gefressen zu werden, also hellwach und wachsam durch Gras und Sumpf geschlichen sind, um Beute zu machen und Früchte zu sammeln, dann kann ein Job, bei dem man einen Stapel Papier oder Dateien von Ordner A zu Ordner C verschiebt, unserer physischen Ausstattung nicht gerecht werden. Genau genommen haben wir erst nach der Industrialisierung, nachdem das Management und die Bürojobs erfunden worden waren, also erst seit etwa 100 Jahren den evolutionären Weg zum Sitzsack eingeschlagen.

Natürlich hat uns die Natur mit dem leistungsfähigsten Gehirn aller Tierarten ausgestattet. Aber wir verfügen auch immer noch über einen sehr leistungsfähigen Bewegungs- und Sinnesapparat. Dies vor Augen leuchtet es ein, dass wir für die alleinige Benutzung von Bürostühlen, Rolltreppen, Autositzen, Fahrstühlen oder U-Bahnen körperlich schlicht ungeeignet sind. Zugespitzt gesagt ist die heutige Menschenhaltung nicht artgerecht. Die letzten Jahrzehnte waren viel zu kurz, um uns körperlich auf die neue Lebensweise umzustellen, die uns häufig zur Bewegungslosigkeit verurteilt, auch, weil sie uns ungesund oft vor den Bildschirm bannt. Die Quittung bekommen wir als Rezept. Schaffen wir keinen Ausgleich, erkranken wir der Reihe nach an diversen Zivilisationskrankheiten: Übergewicht, Diabetes, Herz-Kreislauf-Erkrankungen, Allergien. Im heutigen Ausmaß war das früher entweder nicht bekannt oder gar nicht vorhanden.

In Berlin war ich als moselländische Weinbergschnecke, bildlich gesprochen, stets mit eingezogenen Fühlern unterwegs. Irgendwie muss man ja den dauerhaften Lärmpegel und die Reizüberflutung überstehen. Als ich jedoch wieder im Weinberg unterwegs sein durfte, habe ich meine Fühler wieder ausgefahren, die Erde gerochen, die Reben ertastet, den Wind auf der Haut gespürt, die Trauben geschmeckt und das herrliche Panorama sehenden Auges genossen.

Natürlich jage auch ich im Weinberg keinen Antilopen nach, lege aber trotzdem einige Kilometer zurück, zum Teil in steilem Gelände. Ich bin körperlich aktiv, ohne extra Sport zu treiben. Die Arbeit im Steilhang, so romantisch verklärt sie auch oft wird, ist definitiv keine leichte. Den ganzen Tag achte ich auf sicheren Stand, stets ist mein Körper gefordert, das Gleichgewicht zu halten, alle Muskeln sind beteiligt, meine Sinne sind ständig wach. Jeder Schritt will bewusst gesetzt sein. Nach einem Arbeitstag in den Reben falle ich erschöpft ins Bett. Aber zufrieden.

Was meine Arbeit darüber hinaus von den meisten Jobs unterscheidet, ist die Abwechslung. Wenn ich durchdenke, welch unterschiedlichen Tätigkeiten ich das ganze Jahr über nachgehe, komme ich kaum an ein Ende. Darunter sind abstruse Bewegungsabläufe und seltene, vielschichtige Sinneserlebnisse. Eine dieser sinnlichen Tätigkeiten, die ich liebe, obwohl es sich strenggenommen nur um Abfallbeseitigung handelt, ist die Versorgung des Hefeschlamms.

Wenn der Gärprozess im Fass nahezu abgeschlossen ist, haben die Hefen immer weniger zu tun; sie sterben ab und schweben in ihrer flüssigen Welt herum. Das macht den Jungwein so trüb. Nach und nach sinken die Hefen nach unten und bilden eine zähe, schlammige Sedimentschicht am Boden des Fasses, einige Zentimeter dick. Die wird man los, indem man den klaren Wein darüber vorsichtig abpumpt und in einen anderen Tank umfüllt, so dass der Hefeschlamm im Fass zurückbleibt.

Etwa zehn Zentimeter über dem Boden des Fasses ist eine Anstichstelle mit einem Ventil angebracht, an das ich einen Schlauch anschließen kann. Mein Keller ist so eingerichtet, dass die Schlauchwege kurz sind, und ich benutze eine extra langsame Pumpe. So kann ich den Wein mit wenig Druck schonend von einem Fass ins andere befördern, ohne die Aromen zu stressen. Wenn ich den Schlauch ins Ventil stecke, kommt mir etwa ein Viertelliter Wein entgegengespritzt, so dass meine Hände davon oft nass sind. Wenn gerade Rotwein dran ist, färbt sich meine Haut lila.

Während ich den Wein dann abpumpe, riecht alles nach frischem jungen Rotwein. Danach öffne ich am fast leeren Fass über dem Ventil das Mannloch. Es heißt so, weil ein Mann hindurch muss, und zwar ich. Es ist oval und gerade groß genug, dass sich ein nicht allzu übergewichtiger Winzer hindurchwinden kann, um ins Innere des Tanks zu gelangen. Das ist nichts für Klaustrophobiker und schon gar nichts für die beleibten Mönche, die gerne auf Wein-Tetra-Paks abgebildet werden. Am Boden des Fasses sehe ich den Hefeschlamm; er verströmt einen intensiven Duft, der den Geruch des Jungweins im Keller überlagert. Mit Plastikschaufel und Eimer bewaffnet steige ich in den Tank hinein. Die Hefe ist dunkellila, fast schwarz. Ich nehme ein bisschen davon in die Hand. Sie hat eine wunderbare schlammige Konsistenz, wie Backhefe. Ich sollte den Tank putzen, aber ich genieße es, mit dem Matsch zu spielen wie ein vierjähriges Kind. Danach sind meine Hände noch tagelang lila, das lässt sich nicht vermeiden. Allen Leuten, denen ich begegne, muss ich erklären, dass ich mit Rotwein gearbeitet habe.

Handschuhe benutzen? Nein, das geht nicht. Sonst fehlt die ganze Taktilität. Ich wäre wie betäubt, hätte kein rechtes Gefühl für das Ansteckrohr und das Ventil. Schutzkleidung würde mich einschränken. Ich will den direkten Kontakt zu meinem Werkzeug, zu den Pflanzen, zum Wein und zur Hefe.

Auch meine Frau hat sich schon beschwert: »Wie sieht denn das aus!« Aber das nehme ich gern in Kauf. Und bin insgeheim sogar ein wenig stolz darauf …

Ja, es stimmt, ich verkläre meinen Beruf; es steckt viel Nostalgie in meinen Beschreibungen. Aber warum auch nicht? Jedes Stückchen Nostalgie, das ich gewinnen kann, bedeutet, dass ich mein Leben mit wertigen Erinnerungen fülle und meine Sinne füttere, und das erhöht das Lebensglück. Wem das im Beruf nicht gelingt, der sollte zumindest in der Freizeit versuchen, dies zu erreichen.

Allerdings bin ich mir sicher, dass es in fast allen Berufen möglich ist, die Arbeit ein Stückchen menschengerechter zu gestalten. Und ich glaube, dass die Zeit dafür gekommen ist. Im letzten Jahrhundert war die Industrialisierung noch frisch. Wir haben uns bereitwillig und in Massen darauf eingelassen. 100 Jahre später ist es an der Zeit, uns in die Gegenrichtung zu bewegen. Denn wir spüren immer deutlicher, dass uns die Tätigkeiten einer industrialisierten Gesellschaft auf Dauer nicht gut tun. Wir leiden zunehmend unter seelischen, gesundheitlichen und sozialen Problemen und stellen fest, dass unsere Ausrichtung an effizienten Arbeitsabläufen, am Konzept der Zerteilung von Arbeitsprozessen, an der Bedienung von Maschinen vielleicht einfach zu extrem war. Vielleicht braucht es ein Korrektiv.

Wir müssen lernen, unsere industrielle Technik menschengerechter einzusetzen. Die richtige Dosis Technologie an der richtigen Stelle. Wir sind es, die Technik einsetzen – nicht die Technik uns. So halte ich es jedenfalls mit meinen Computern und modernen Geräten.

Genauso brauchen wir die richtige Dosis Persönlichkeit

213

und Menschlichkeit in der Kommunikation. Ich jedenfalls will auch im Zeitalter von E-Mail und Facebook nicht auf die persönlichen Kundengespräche verzichten – von mir aus auch mehrere am Tag, da kommt meine Botschaft sicher besser an, als wenn ich hundert Werbe-Mails versende. Weg vom E-Mail-Massen-Marketing und hin zur individuellen Kundenberatung – das ist mein Weg. Er entspricht dem, was ich unter guter Arbeit verstehe. Weg von 60 000 Flaschen billigem, langweiligem Wein pro Arbeitskraft, hin zu 20 000 Flaschen spannendem, lagerfähigem, gutem Wein je Paar Winzerhände. Weg von uniformierter Massenproduktion, hin zu mehr Qualität und Individualität. Weg von abstumpfenden Gewohnheiten und unbewusstem Konsumieren, hin zu konzentrierten, ausgewählten Sinneserfahrungen. Weg von rein virtuellen Erfahrungen und hin zu mehr körperlicher Arbeit. Weg vom Surfen im Internet und hin zum Spazierengehen auf der Straße, den Plausch mit dem Nachbarn inbegriffen. Weg von der Fremdbestimmung und hin zu einem bewusst selbstgestalteten Leben.

Es geht nicht darum, meinen Beruf als das Nonplusultra hinzustellen. Es geht darum, dass wir in einer postindustriellen Zeit leben, in der es möglich ist, menschengerechte Arbeit zu finden. Es kann zwar nicht jeder Winzer zu werden – das wäre auch nicht wünschenswert. Wenn man sich jedoch die Zeit nimmt, in sich hineinzuhorchen, finden sich viele Nischen, in denen jeder das für sich Richtige entdecken und gestalten kann und damit glücklich wird.

Goldwerk

Kopf, Herz und Hand – gut gedacht, gut gefühlt und gut gemacht. Das ist gute Arbeit. Für »gut gemacht« gibt es ein Wort, das für mich ein Fixstern am Himmel ist, der nicht nur meine Arbeit, sondern mein ganzes Leben bestimmt: Qualität!

Wein und Qualität sind zwei Begriffe, die ständig in einem Atemzug genannt werden. Stets ist die Rede von gutem oder weniger gutem Wein. Gemeint ist damit die Produktqualität, die quasi das Gütesiegel ist, nach dem zumindest der Weinkenner und der beseelte Winzer streben. Darüber hinaus sind Wein und Qualität sogar zu einem Wort gereift – Qualitätsweine sind Weine, die einer höheren Güteklasse angehören und bestimmte Mindestanforderungen erfüllen müssen, was sie zu ausgewählten Weinen macht. Damit gehört Wein zu den immer weniger werdenden Erzeugnissen, bei denen Qualität noch zählt. Beim Fleisch beispielsweise scheint eher der niedrigste Preis zu zählen, mit schlimmen Folgen für die Nutztiere und für die Ernährung der Menschen.

Die Qualität von Produkten hängt mit der Qualität der dahinterstehenden Arbeit zusammen, und die Qualität unserer Arbeit entscheidet wiederum über die Qualität unseres Lebens. Dabei spielt Qualität freilich auch in berufsfernen Bereichen eine Rolle. Zum Beispiel … Karate.

Ich liebe es, beim Karatetraining meines Sohnes zuzuschauen. Das liegt daran, dass der Trainer ein Könner ist. Damit meine ich nicht nur, dass er alle möglichen Karatetechniken beherrscht. Das ist kein Wunder, denn er war einst Vizeweltmeister. Nein, ich meine, dass er Karate lehren kann – und das ist ein ganz anderes Metier, als selbst zu kämpfen. Dieser Mann ist ein Perfektionist. Er arbeitet akribisch und mit Liebe und strahlt dabei Ruhe und Souveränität aus. Dies bewirkt in der Summe Qualität: Wenn die Kinder, die er trainiert, sich in seiner Sphäre aufhalten, verrichten sie automatisch alles, was sie tun, so gut, wie sie nur können. Es ist kein erbarmungsloser Schliff, den der Trainer betreibt, vielmehr geht eine natürliche Autorität von ihm aus. Und das gilt nicht nur für den großen Rahmen, jedes Detail muss stimmen. Dass der Knoten am Gürtel sitzen muss, ist selbstverständlich und wird akribisch überprüft. Die Bewegungsabläufe müssen exakt sitzen, sonst nimmt die Verletzungsgefahr zu und die Kampfkraft ab, also wird die Körperhaltung in allen Phasen einer Bewegung korrigiert. Während die Kinder mit Übungen beschäftigt sind, geht der Trainer zu den Sporttaschen, rückt die eine oder andere zurecht und stellt Schuhe gerade hin. Wenn es um Qualität geht, zählt nämlich alles, auch das, was nicht gleich ins Auge fällt. Nach und nach übernehmen die Kinder das, wodurch die Zeit des Karatetrainings eine Zeit der Disziplin, der Konzentration, der Sorgfalt und der Präzision wird. Ich halte das für eine ausgezeichnete Lebensschule, weshalb ich meine Kinder gerne dort sehe.

Wenn man die Qualität als ganzheitliches Qualitätsstreben auffasst, so wie dieser phantastische Trainer, stellt sich der Erfolg irgendwann automatisch ein. Der Verein hat 300 aktive Mitglieder, was für den Karatesport eine Menge ist, er gilt als einer der erfolgreichsten Vereine Europas und ist insbesondere für seine hervorragende Nachwuchsarbeit bekannt, die sogar Weltmeister hervorbringt.

Das Modell ist übertragbar auf alles, was wir tun: Ganzheitliche Qualität im gesamten Arbeitsprozess wird am Ende zu überragender Produktqualität, die offiziell anerkannt wird. Es ist unmöglich, ein herausragend gutes Produkt aus dem Boden zu stampfen. Dazu gehört ein langer Prozess, bei dem an zig Einzelqualitäten gearbeitet werden muss.

Wer ein gutes Ergebnis anstrebt, braucht einen guten Ausgangsstoff, das Grundmaterial sozusagen. Beim Schreiner ist es das Holz, beim Verlag sind es die Manuskripte, und beim Winzer sind es die Trauben. Sie sind dann herausragend gut, wenn die Sorte zum Terroir passt, wenn die Stöcke gesund und tief verwurzelt sind, wenn die Ökologie des Bodens intakt ist und die Erde ausreichend Nährstoffe bietet, wenn das Wetter gut war … es gibt viele Faktoren. Einige von ihnen, wie das Wetter, kann man als Winzer nicht beeinflussen. Andere stehen einfach fest: Ich habe meine Lagen von den Eltern übernommen, von Kollegen gepachtet und gekauft. Ich halte sie für optimal. Und die Reben werden von selbst jedes Jahr ein kleines bisschen besser, je älter sie werden und je tiefer ihre Wurzeln reichen. Wo also kann ich die Qualität der Trauben noch weiter verbessern?

Ein Qualitätsfaktor ist die gezielte Reduktion der Ernte, indem ich manche Trauben im Sommer auf den Boden schneide und Quantität gegen Qualität eintausche. Ein weiterer Faktor ist die gezielte Auswahl der Triebe kurz vor der Vegetationsperiode, also das Wegknipsen der Kümmer- und Doppeltriebe. Beides habe ich bereits beschrieben. Aber ein dritter wichtiger, sehr aufwendiger Faktor ist die Laubarbeit.

So wie das Ordnen der Sporttaschen von Karateschülern ein einzelnes von vielen Merkmalen einer guten Trainingsqualität ist, so ist im Weinbau der Zustand des Laubs ein Indikator für die Akribie und die Liebe zum Detail, mit der ein

Winzer zu Werke geht. Es ist echtes Insiderwissen, aber Sie können selbst einmal darauf achten, indem Sie sich einen Weinberg genauer anschauen. Das Laub ist nicht überall in gleich gutem Zustand.

Einen qualitätsorientierten Winzer erkennt man auch am Zustand der Laubwand in seinem Weinberg. Warum deren Beschaffenheit wichtig ist, lässt sich leicht nachvollziehen: Im Blattgrün des Laubs läuft der Photosynthesemotor der Pflanze, und wenn die Blätter gesund und zahlreich sind, kann die Pflanze besonders gut assimilieren und stoffwechseln, was zu gesunden, geschmacksintensiven Trauben führt. Je mehr Blätter pro Traube, desto mehr Geschmack pro Beere, könnte man verkürzt sagen. Allerdings gilt auch: Je mehr Blätter, desto aufwendiger die Laubwandpflege. Verbuschungen und Verdichtungen sind zu vermeiden, denn dann sind die Belüftung und Belichtung mangelhaft, was Pilze anlockt und zu Krankheitsherden führen kann.

Ein Winzer kann aber doch unmöglich jedes einzelne Blatt versorgen und hübsch in die Sonne drehen, oder? Doch, im Prinzip schon! Übers Jahr gehen wir die Reihen immer wieder durch und flechten mal hier einen Trieb in den Drahtrahmen ein, ziehen dort zwei ineinander gewachsene Triebe auseinander und verteilen die Blätter auf diese Weise optimal auf die vorhandene Fläche. Das sind automatische Handgriffe, die viele tausende Male hintereinander ausgeführt werden.

Diese Arbeit kann man viermal pro Jahr und immer zum richtigen Zeitpunkt durchführen – oder man spart sich das. Was so weit gehen kann, dass viele Winzer in Flachlagen nur zweimal pro Jahr mit dem Traktor und einem speziellen Anbaugerät, dem sogenannten Laubhefter, die komplette Laubarbeit durchführen, ohne ein einziges Mal wirklich Hand an die Reben zu legen. Denn Zeitaufwand geht in die

Kalkulation ein und drückt die Profitabilität. Genau diese Haltung macht aber den Unterschied aus! Es ist vielleicht nicht profitabel, sich um jedes einzelne Blatt zu sorgen und jede Traube im Laufe des Jahres zigmal in die Hand zu nehmen – aber dafür werden die Trauben besser.

Wenn ich Qualität abstrakt und ökonomisch definieren sollte, würde ich sagen: Wirtschaftlichkeit sollte der Qualität untergeordnet sein; Qualität hat grundsätzlich Vorfahrt, erst danach kommt die Frage, ob sich eine Maßnahme rechnet. Für mich bedeutet das, eine Sache zunächst einfach anzugehen und erst hinterher, wenn sie gelungen ist, zu schauen, ob ich damit Geld verdienen kann.

Ein Betriebswirtschaftler muss den Kopf schütteln über so viel Naivität. In Wahrheit steckt jedoch keine Einfalt dahinter, sondern die einzige Einstellung, die zu wirklich guten Produkten führt, die dann am Ende wiederum sehr wertvoll sind.

Apple-Gründer Steve Jobs ließ die Gehäuse seiner Computer auch von innen lackieren, also dort, wo kein Kunde es jemals sieht. Jobs ließ sogar die Maschinen in der Werkhalle, die die Platinen und Gehäuse herstellten, in Firmenfarben lackieren. Das ist völlig unprofitabel und wirtschaftlich gesehen totaler Nonsens. Aber es zeigt die perfektionistische Einstellung, mit der er an alles herangegangen ist, was er je gemacht hat. Wir wissen alle, wie gut dieses Konzept bei Apple funktioniert hat – dieser Qualitätsfanatismus ist ein wichtiger Faktor, der Apple zeitweise zum wertvollsten Unternehmen der Welt gemacht hat.

Mein Weingut ist nicht das wertvollste der Welt, vielmehr ist es eines der kleinsten. Und ich bin auch nicht so größenwahnsinnig, mich mit Steve Jobs zu vergleichen. Was jedoch den Qualitätsanspruch im gesamten Arbeitsprozess angeht, erkenne ich zumindest die detailversessene Grundeinstellung bei mir wieder. Schon bevor die Trauben schrotkorngroß sind, entferne ich von Hand die Blätter, die eine Besonnung und Belüftung der Trauben verhindern. Ich opfere dafür schätzungsweise fünf Prozent der Laubmasse und einige Wochen Arbeitszeit im Sommer. Erhält eine Traube nämlich von Anfang optimale Besonnung, dann wird die Beerenhaut minimal dicker, als wenn sie im Schatten hinge. Die Sonne härtet sozusagen die Schale ab. In der Zeit der Reife führt diese robustere Schale zu einer höheren natürlichen Resistenz gegen Fäulnis. Die Beerenschale trägt außerdem die allermeisten Aromastoffe, so dass eine dickere Schale tatsächlich mehr Aroma bedeutet. Unsere dickschaligen Trauben werden also durch die punktuelle Entlaubung ideal belüftet und besonnt, weshalb sich innerhalb der Traube kein feuchtes Mikroklima bildet, welches Pilzbefall oder Fäulnis begünstigen würde. Das bringt vor allem im Spätherbst oft die entscheidenden zusätzlichen Reifetage, die aus einem guten Wein einen sehr guten machen.

Am liebsten würde ich mich um jedes Blatt kümmern, um die Traubenqualität auf die Spitze zu treiben. Das ist eine von vielen Stellschrauben, an denen ich drehen kann, und jedes Jahr finde ich neue Möglichkeiten für kleinste Verbesserungen. Selbstverständlich kann man die paar Quadratzentimeter gepflegten Laubs später im Wein nicht herausschmecken. Würde ich mir die Akribie an dieser Stelle jedoch sparen, dann würde ich wahrscheinlich auch woanders Abstriche machen – und bekäme dann ein insgesamt schwächeres Produkt.

Der Preis, den ich für den Perfektionismus bezahle, ist meine stetige Unzufriedenheit, die mein permanentes Streben nach Optimierung antreibt. Über zehn Jahrgänge hinweg habe ich in meinem Betrieb konsequent eine Schwachstelle nach der anderen eliminiert. Dabei hatte ich einen völlig intakten Qualitätsbetrieb von meinem Vater übernommen und hätte mich zurücklehnen und mit der bestehenden Struktur einfach weiterwirtschaften können. Stattdessen habe ich aus dem Betrieb meines Vaters meinen eigenen Betrieb geformt, Stück für Stück, Jahr für Jahr. Weil ich seit jeher alles selbst mache und noch nie feste Angestellte hatte, bekomme ich die Folgen meiner Veränderungen unmittelbar zu spüren. Manche Arbeiten führte ich zu früh oder zu spät aus, manche Experimente fielen mir glatt auf die Füße. So freilich konnte ich jedes Mal sofort die Konsequenzen ziehen und mein Arbeitssystem wieder und wieder anpassen.

Als Manager eines Unternehmens oder als hauptamtliche Führungskraft wäre es mir nicht möglich, an den Details der eigentlichen Arbeitsabläufe zu tüfteln; das läge in den Händen der Mitarbeiter, die die entsprechenden Tätigkeiten ausführen. Führungskräfte können ihre Mitarbeiter lediglich autorisieren, die Prozesse selbst zu verbessern.

Dieses Übergeben an andere wird in der Zukunft eine Herausforderung für mich sein, und ich bezweifle, dass mir das leichtfallen wird. Mein Vater, der mir seinen Betrieb so selbstverständlich übergeben hat, beklagt sich nie darüber, dass er die Verantwortung abgegeben hat. Trotzdem kann ich deutlich sehen, wie er sich nach der Zeit zurücksehnt, in der er selbst die Zügel in der Hand hielt – zu oft noch ringt er mit mir um Entscheidungen, die er schon seit Jahren nicht mehr trifft.

Die Einbindung meiner Kinder in die Arbeitsabläufe, um sie an gute Arbeit heranzuführen und ihnen ein Gefühl für Qualität zu vermitteln – und ihnen damit auch die tiefe Freude an der Arbeit zu vermitteln, trotz allen Drucks und aller Hektik –, das ist meine größte selbstgewählte Herausforderung für die Zukunft meines Betriebs. Qualität ist nämlich auch eine Frage der Ausbildung.

Einen Vorgeschmack darauf bekam ich, als ich den jungen, zwanzigjährigen Fabian aus dem Münsterland für ein einjähriges Praktikum aufnahm. Dieses musste er für die Zulassung zum Weinbaustudium vorweisen. Über Bekannte kam er auf mich. Aus seiner Sicht war mein Weingut ein perfektes Lernumfeld, denn hier konnte er in allen Arbeitsbereichen und bei jedem einzelnen Arbeitsschritt mitmachen und alles lernen – direkt vom Chef.

Als er anfing, hatte er von nichts eine Ahnung. Weder wusste er etwas über Weinwirtschaft, noch war er in der Lage, Wein einigermaßen fachgerecht zu verkosten. Er war noch nicht einmal Hobby-Weintrinker, und ich dachte: »Das wird nie was!«

Offenbar hatte er sich den Weinbau aus Mangel an Alternativen ausgesucht. Kann so etwas aber gut gehen? Muss nicht schon vorher ein wenig Grundinteresse vorhanden sein? Kann so ein Beruf jemals der richtige sein, wenn der Lehrling keinen blassen Schimmer hat?

Vorurteilsbehaftet dachte ich bereits über eine vernünftige Exit-Strategie aus diesem Ausbildungsabenteuer nach, als ich an meinem Praktikanten eine wichtige Eigenschaft entdeckte: Er konnte zuhören! Und er merkte sich alles, jedes Wort. Obendrein war er ein genauer Beobachter. Ein paar Tage später entdeckte ich die nächste Basistugend: Fabian besaß Ausdauer. Egal, was er tat, er hielt es durch, gleichgültig ob die Aufgabe körperlicher Natur war oder anhaltende Konzentration erforderte oder beides. Diese beiden Eigenschaften, Zuhören und Ausdauer, machten aus ihm einen Mitarbeiter, den ich nach und nach auf jede Tätigkeit loslassen konnte, sogar auf die Kundenbetreuung.

Beinahe jeden Tag überraschte er mich aufs Neue mit seinen Fortschritten, und schließlich trat noch eine dritte Eigenschaft zutage: Er durchdachte alles, was er tat, und stellte den Zusammenhang zwischen den verschiedenen Arbeitsschritten her. Wenn ich ihn bei der Arbeit beobachtete, dachte ich oft: Gut, das ist richtig gut! Immer wieder ließ ich ihn auch Weine probieren und kommentieren, was er schmeckte. Mit der Zeit bildete er ein hervorragendes Urteilsvermögen aus, einen unverbrauchten, präzisen und intuitiven Weingeschmack. Seine steile Lernkurve begeisterte mich, und das ganze Jahr über hielt sie an.

Schonen brauchte ich ihn nicht. Im Weinbau gibt es einige anstrengende oder auch stupide Tätigkeiten, doch er scheute vor nichts zurück. Und offenbar machte ihm die Arbeit Freude, denn oft arbeitete er abends und sogar am Wochenende eine Stunde oder zwei länger als ausgemacht. Das war für mich der Beweis: Dies ist gute Arbeit – sonst wäre ein Zwanzigjähriger nicht so motiviert dabei! Aber mir war natürlich genauso klar, dass man nicht jeden Zwanzigjährigen zu dieser Arbeit so motivieren könnte.

Neben der Bestätigung, dass das, was ich tue, durchaus sinnhaft ist, brachte das Praktikum noch einen weiteren großen Nutzen mit sich. Denn die Notwendigkeit, meine täglichen Aufgaben erklären und transparent machen zu müssen, holte mich aus meiner Fachidiotie heraus. Fabians frischer, unverstellter Blick lieferte mir zigfache Anhaltspunkte für weitere Verbesserungen im Detail. Die Qualitätsschraube, das ist mir mittlerweile klar, wird niemals endgültig angezogen sein. Es geht immer noch besser.

Als großer Freund von Qualität habe ich mit der Zeit ein gewisses Gespür für Menschen entwickelt, die ihre gute Arbeit gerne tun. Freunde von gutem Handwerk erkennen einander oft selbst über die Fachgrenzen hinweg. Etwa beim Hausbau.

Zusammen mit dem Küchen- und Essbereich bildet unser Wohnzimmer einen großen Raum, den zwei Treppenstufen strukturieren, die den Wohnbereich abheben und eine kleine Galerie bilden. Den Boden, ein schönes Nussbaum-parkett, hatte ich selbst verlegt. Obwohl ich mich dabei nicht unbegabt anstellte, erkannte ich meine Grenzen, die definitiv erreicht waren, als es an jene Stufen ging. Also fragte ich meinen Architekten, ob er jemanden kenne, der sich damit auskannte. Der Architekt verstand, dass ich nicht jemanden suchte, der es machte, sondern einen, der es konnte. Immerhin stand und fiel der ganze Raum damit, an seiner exponiertesten Stelle wirklich gut gestaltete Stufen präsentieren zu können.

Mein Architekt kannte einen Schreiner, der dafür in Frage kam. Er sei nicht billig. Aber er würde es schön machen, da sei er sicher.

Der Schreiner kam. Ein stiller Typ, der nicht viel Wind machte, sondern erst mal nur schaute. Er begutachtete die Stufen, betrachtete den Boden. Ich befürchtete schon, einen Rüffel zu bekommen, weil ich das Parkett nicht gut ausgeführt hatte, als er plötzlich sagte, dass er einen Nussbaum besäße, den er vor Jahren geschlagen habe. Er kniete sich nieder und strich mit der Hand über den Boden.

»Ein Westerwälder Nussbaum. Der müsste hier passen.«

Sofort spürte ich die Expertise, die Souveränität. Wer erinnert sich schon an irgendeinen Baum, den er vor Jahren geschlagen hat, geschweige denn, um welchen Baum es sich dabei handelt, und weiß obendrein noch, wo er ihn abgelegt hat und ob dessen Holz zum Holz irgendeines Kunden passt? Niemand, der nur so rumschreinert. Hier sprach ein Mann zu mir, dessen Herz für seine Arbeit schlägt. Von da an habe ich ihn einfach machen lassen.

Wenn ein Handwerker zu mir kommt, werfe ich gerne einen Blick auf sein Werkzeug. Als jener Schreiner ein paar Tage später mit den exakt auf Maß geschnittenen Brettern und in Begleitung seines Bruders eintraf, sah ich: picobello sauber, sorgfältig verpackt, top sortiert. Da gab es keine Baumarktsäge, kein Hobbyzeugs, sondern nur bestes Profimaterial. Die beiden arbeiteten still und Hand in Hand, man konnte sehen, dass sie ein über Jahre eingespieltes Team waren. Die Handgriffe saßen, sie handelten zügig, ohne Hektik und ohne unnötige Pausen.

Ich freute mich schon über das Ergebnis, noch während es entstand. Der Schreiner passte die Stufen in jedem Eckchen hundertprozentig an das anschließende Holz an. Überall ließ er einen gleichmäßigen Millimeterabstand, damit das Holz auch langfristig passte, wenn es noch ein wenig arbeitete und durch die Benutzung belastet würde. Alles saß danach so perfekt, als sei der Nussbaum nicht als Nussbaum, sondern als Nussbaumstufe zusammen mit dem bereits verlegten Boden gewachsen.

Natürlich hatte die Arbeit ihren Preis. Aber sie war jeden Cent wert. Das merkte ich daran, wie sich der Schreiner am Ende selbst über die Stufen freute. Offensichtlich war er stolz auf sein Werk.

So muss das sein. Wer keine Freude bei der Arbeit und beim Anblick seiner Arbeitsergebnisse empfindet, ist kein Könner. Nur was wir lieben, bringen wir zum Blühen. Und ob einer seine Arbeit liebt, erkennt man, wenn man ihn bei der Arbeit beobachtet. Man erkennt, ob er gut vorbereitet ist, ob er ruhig, konzentriert und souverän handelt und sich über das Ergebnis freut.

Echte Könner beherrschen ihr Fach. Sie behalten die Fäden stets in der Hand und den gesamten Prozess unter Kontrolle. Sie sind in der Lage, grundlegende Entscheidungen zu treffen, denn sie kennen die Alternativen. Durch ihre Erfahrung können sie alle Aspekte ihrer Arbeit im Gesamtzusammenhang einschätzen. Sie haben ein Gespür für die richtige Geschwindigkeit und können ihre Kräfte einteilen. Sie verschaffen sich die Mittel und Möglichkeiten, um so flexibel zu sein, dass sie auf alle möglichen Unwägbarkeiten ihres Gewerks reagieren können. Sie strahlen Ruhe aus, während sie arbeiten, und sind voller Selbstvertrauen, weil sie wissen, was sie tun. Diese innere Sicherheit gepaart mit der Freiheit, die sie sich erarbeitet haben, stattet Könner mit großer Souveränität aus, und diese wiederum schafft Vertrauen bei den Mitmenschen.

Einen solchen Status erlangt man weder auf der Berufsschule noch an der Universität. Unsere Bildungseinrichtungen liefern der Wirtschaft keine Könner frei Haus, sondern erst mal lediglich Wisser, denen noch jede Praxis und Erfahrung fehlt. Die wahren Könner erweisen sich dann beim täglichen Tun. Sie sind in der Lage, wirklich gute Arbeit zu leisten und gute Produkte zu schaffen. Darum versuche ich wann immer möglich, mit solchen Menschen zusammenzuarbeiten und deren Produkte und Dienstleistungen zu kaufen, auch wenn sie – völlig zu Recht – etwas mehr kosten. Es ist wie beim Fußballspielen: Wenn du gute Leute in der Mannschaft hast, die laufbereit sind und dir saubere Pässe zuspielen, dann spielst auch du selbst plötzlich mindestens eine halbe Klasse über deinen eigentlichen Fähigkeiten, und das Spiel läuft fast wie von selbst.

Die feine Zusammenarbeit zwischen den Schreinerbrüdern beleuchtet einen weiteren Faktor, der Qualität erzeugt. Denn neben Zutaten, Technik und Können braucht man seine Mitmenschen, um gute Arbeit leisten zu können. Letzten Endes gibt es in keinem Arbeitsfeld pure Einzelleistungen. Immer sind mehrere Menschen am Entstehen eines Produkts beteiligt.

So ist es auch bei uns. Ohne meine Familie und all die

anderen, die in unserem Weingut mithelfen, wäre ich aufgeschmissen. Obwohl man es auf den ersten Blick nicht sieht, wenn ich allein im Weinberg stehe und etwa Doppeltriebe abknipse, arbeite ich natürlich täglich im Team mit meiner Familie oder meinen Saisonarbeitskräften. Insbesondere ohne mein Leseteam könnte ich den Laden dichtmachen, also jene Menschen, die im Herbst von Rebstock zu Rebstock gehen, sich auf den Steilhängen auf- und abwärts bewegen und die Trauben ernten. Es liegt in meiner Verantwortung, ein gutes Team zusammenzustellen und den Ton anzugeben, so dass ich wesentlichen Einfluss darauf nehme, wie motiviert, mit welcher Sorgfalt und mit welchem Tempo meine Leute arbeiten. Die notwendige Leistung erbringe ich aber nicht allein, und es ist ein Zeichen von Qualität, wenn mein Team hundertprozentig leistungsbereit ist. Wenn ich meiner Lesemannschaft sage: »Die Trauben dieses Weinbergs dort müssen heute noch eingebracht werden«, dann gibt sie alles, selbst wenn es manchmal vorkommt, dass wir abends mit den Autoscheinwerfern in den Weinberg reinleuchten müssen, damit alles fertiggelesen werden kann, die Trauben noch in derselben Nacht in den Keller kommen und mein enger Zeitplan nicht durcheinandergerät. Da wird nicht gemurrt und nicht gebummelt – weil jeder weiß, dass in der Lesezeit die Weichen für den kompletten Weinjahrgang gestellt werden und die Verantwortung für jeden von uns riesengroß ist. Jeder Lesehelfer trägt Tausende Euro in den Keller; die wirtschaftliche Existenz des Betriebs hängt daran, dass im Herbst gute Mannschaftsarbeit geleistet wird. Deshalb verwende ich viel Zeit darauf, meine Helfer akribisch zu schulen und ihnen zu erklären, welche der Trauben ich bei welchem Selektionsgang ernten will und wie die Zusammenarbeit am besten klappt.

In meinem Team unverzichtbar sind meine Eltern. Im

Herbst halten sie mir konsequent den Rücken frei, betreuen die Weinkunden am Hof und kümmern sich um die unzähligen Kleinigkeiten und Erledigungen drumherum. Sie bieten vier unermüdlich helfende Hände, allzeit bereit. Ich weiß bis heute nicht, wie ich ihre Leistung ersetzen soll, wenn das Alter sie irgendwann zwingt, kürzerzutreten.

Im Weinberg schwingt Nicole das Zepter. Durch ihre schnelle und perfekt selektive Lese zeigt sie jedem Lesehelfer, wo leistungsmäßig das Niveau liegen kann, und verdient sich so über alle Sprachbarrieren hinweg deren Respekt. Den Stamm des Teams bildet eine polnische Familie, die seit Jahren als Erntehelfer zu mir kommt. Sie sprechen wenig Deutsch, und ich musste erst lernen, mit ihnen umzugehen. Mit den Jahren haben wir ein freundschaftliches und sehr respektvolles Verhältnis entwickelt, das von beiderseitigem Vertrauen geprägt ist. Ich kann mich voll auf sie verlassen.

Auch Freunde und Bekannte kommen regelmäßig zur Lese vorbei und packen mit an. Dabei zählen nicht immer nur Schnelligkeit und Ausdauer, sondern auch andere Qualitäten. Ein Beispiel ist Axel, ein echter Alt-68er. Er ist knapp 60 Jahre alt und nicht mehr die schnellste aller Mosel-Bergziegen. Er trägt ein Hörgerät, das er jedoch nicht immer einschaltet, was schon des Öfteren zu lustigen Missverständnissen im Leseteam geführt hat. Axel ist eine Seele von Mensch, trifft sich morgens gut gelaunt mit uns an der Moselfähre und hat für jeden stets ein freundliches Wort parat. Mit ihm fühlt man sich wohl, er bringt die berühmten »good vibrations« in den Hang. Auf Axel würde ich nie verzichten wollen.

Was schließlich noch zählt, ist der Prozess der Arbeit, die ganze Kette mit den vielen Einzelschritten bis zum fertigen Produkt. Natürlich könnte ich jedem Traubenleser mit der Stoppuhr im Nacken stehen, hier noch etwas Zeit einsparen und dort noch mehr Output fordern. Aber das ist nicht mein Ansatz. Außerdem gefährdet solch ein rein auf Effizienz ausgelegter Ablauf die Qualität, denn je höher die Effizienz, desto anfälliger ist der Prozess. Natürlich gibt es Tage, an denen mal Druck herrscht und man sich besonders ranhalten muss. Aber die Regel sollte ein gutes, menschengerechtes Arbeitstempo sein, das Luft nach oben lässt. Wenn es nämlich wirklich mal eng wird oder wenn etwas Unvorhergesehenes passiert – wenn sich etwa einer verletzt oder ein Lesehelfer kurzfristig ausfällt –, muss genug Spiel im Ablauf sein, um die Güte des Ergebnisses dennoch gewährleisten zu können.

2006 war so ein verflixtes Jahr. Nach einer langen Trockenperiode ergoss sich im Herbst zu einem denkbar ungünstigen Zeitpunkt ein heftiger Regenguss nach dem anderen über unsere Weinberge. Für den Weinbau war das ein richtig mieses Wetter, denn alle Trauben gingen in rasender Geschwindigkeit in die Überreife – das Lesegut drohte am Stock zu verderben, noch bevor wir eine Chance hatten, es in den Keller zu bringen. Das ganze Dorf war auf den Beinen und versuchte zu retten, was zu retten war. Es war die hektischste Lese, an die ich mich erinnern kann.

In solchen Situationen zeigen sich zwei Dinge: Hast du ein starkes Team, das zusammenhält? Oder fällt es genau dann auseinander, wenn du es am dringendsten brauchst? Und: Bewährt sich dein Arbeitsprozess auch unter Extrembedingungen?

Für unsere ganze Mannschaft war es in jenen Wochen im Oktober 2006 selbstverständlich, dass ohne Pausentage sämtliches Tageslicht zur Lesearbeit genutzt werden musste. Keiner murrte, wenn ich gerade bei diesen Bedingungen noch schärfere Selektionskriterien anlegte, was von jedem Einzelnen lange und stetige Konzentration erforderte. Und tatsächlich, mit vereinten Kräften gelang es uns, einen

229

reibungslosen Ablauf zu gewährleisten, alle Trauben gerade noch rechtzeitig zu ernten und damit die fehlerhaften Geschmäcker im Wein zu vermeiden, die eine missglückte Ernte sonst mit sich bringen kann.

Wenn selbst unter solchen Widrigkeiten am Ende ein den Umständen entsprechend gutes Ergebnis herauskommt, hast du gute Arbeit geleistet. Meine Weine in jenem Jahr gehörten zwar nicht zu meinen allerbesten, aber schlecht waren sie auch nicht. Und darauf konnte gerade in diesem schwierigen Jahr jeder einzelne Helfer stolz sein. Wir alle hatten gelernt: Wenn es mal eng wird, rücken wir als Team zusammen und packen es an.

Mit einem robusten Arbeitsprozess, einem verlässlichen Team, echtem Können, tauglichem Werkzeug, ordentlicher Ausbildung, einigen Basistugenden, einem gesunden Perfektionismus und der richtigen Einstellung kann man also Qualität produzieren und gute Arbeit leisten. Als Belohnung erhält man ein handwerklich ausgezeichnetes Ergebnis.

Um Goldwerk zu sein, braucht es allerdings noch einen Zacken mehr – einen Schuss von dem, was den entscheidenden Unterschied ausmacht: Identität. Der Wein, den ich herstelle, darf nicht austauschbar sein. Man muss ihn wiedererkennen. Er soll nicht nur süß oder sauer schmecken, gut oder schlecht. Bestenfalls soll er wie die Landschaft sein, in der er gediehen ist. Und vielleicht erzählt er auch ein bisschen etwas von mir. Wenn ich meinen Wein trinke und mich augenblicklich an die Erde erinnere, in die ich die Hacke geschlagen habe, den Rebstock, die Blätter und die Trauben noch in den Händen oder die Sonne im Nacken spüre, dann bin ich zufrieden, und ich weiß: Das ist Qualität.

Dafür, wie ungemein wichtig Qualität ist, wenn man etwas erzeugt, dieses Erzeugnis erfolgreich an den Mann bringen möchte und obendrein Lebenszufriedenheit daraus ziehen möchte, gibt es für mich einen weiteren Gradmesser – das, was meiner Meinung nach alle Menschen dringend benötigen und was jede Arbeit, die wir wählen, hervorrufen sollte, weil sie uns sonst auf Dauer unglücklich macht: Resonanz.

Am Anfang erhielt ich nur wenig davon und musste um Anerkennung kämpfen. Mit den Jahren jedoch wuchs die Wertschätzung, die ich erfuhr – Bestätigung, Lob, Dank. Die zunehmende positive Resonanz kam von allen Seiten: von den Kollegen hier an der Mosel (die ich meinerseits immer mehr zu schätzen gelernt habe), von den Nachbarn und Einwohnern im Dorf, von meiner Familie und unseren Gästen. Von der Fachwelt mit ihren Weinmessen, Zeitschriften und Auszeichnungen. Und vor allem von den Leuten, die meinen Wein trinken. Von Leuten wie Frau Baumeister.

Frau Baumeister ist eine ältere Dame aus Solingen. Seit ich ein kleiner Junge war, bestellt sie ihren Wein per Telefon bei uns. Und zwar genau einmal im Jahr, immer in der Vorweihnachtszeit. Sie weiß genau, wie viele Flaschen sie für das kommende Jahr brauchen wird. Die Auswahl überlässt sie komplett mir: »Sie kennen mich schon so lange, Sie wissen ja, was mir schmeckt. Bringen Sie mir was Leckeres mit, es kommt nicht darauf an, ob der Wein einen Euro mehr oder weniger kostet. Sie wissen ja, so viel trinke ich gar nicht mehr.«

Wenn ich dann Ende November mit meinem Kleintransporter auf Auslieferungstour fahre, freue ich mich schon auf mein Wiedersehen mit Frau Baumeister. Wir begrüßen einander, und ich trage den Wein in ihren Keller. Oben in ihrer Küche setzen wir uns danach stets zum Kaffee zusammen. Ich weiß genau, wie alt sie ist, denn sie teilt mir ihr Alter bei jedem Besuch mit. Inzwischen ist sie tief in den Achtzigern.

Beim Kaffee erzählt mir Frau Baumeister Geschichten –

Geschichten, in denen ich als kleiner Junge vorkomme. Sie stammen aus der Zeit, als mein Vater das Geschäft leitete und sie jung war und mitten im Leben stand. Wir beide haben dabei feuchte Augen.

Jedes Mal hat sie für mich und meine Familie ein Weihnachtsgeschenk vorbereitet. Zusätzlich gibt sie mir jedes Jahr ein völlig übertriebenes Trinkgeld. Ich weiß, dass sie nicht wohlhabend ist, darum versuche ich jedes Mal so höflich wie möglich abzulehnen, bis wir uns beinahe schon rituell auf einen Betrag einigen, mit dem wir beide gut leben können.

Am liebsten erinnere ich mich an das Weihnachtsgeschenk, das sie mir in dem Jahr gab, als sie von meiner Hochzeit erfuhr – im Winter 2000. Strahlend überreichte sie mir eine ganze Plastiktüte voller Putzutensilien: Bodenreiniger, Allzweckreiniger, Lappen und Schwämme. Dabei pries sie die besonderen Vorzüge und Reinigungseigenschaften jedes einzelnen Gegenstandes an wie in einer Werbesendung. Ich freute mich über ihr Bemühen, mit Putzmitteln zum Gelingen unserer Ehe beizutragen, und spürte, dass es von Herzen kam. Ich mag Frau Baumeister sehr und wünsche, der liebe Gott schenkt ihr noch viele schöne Jahre.

Seit Jahrtausenden begleitet der Wein die Menschen. Alle, die ihn gerne trinken, entwickeln früher oder später ihre speziellen Vorlieben. Ich mag die Vorstellung, dass einige der Menschen, die gegenwärtig auf dieser Welt herumlaufen, ihre persönliche Vorliebe ausgerechnet durch meinen Wein erfüllt sehen. Viele kommen immer wieder zu mir, um sich mit dem neuen Jahrgang ihres Lieblingsweins zu versorgen. Ich finde das phantastisch, vor allem deshalb, weil diese Treue nicht oberflächlich ist, sondern in den meisten Fällen auf intensiven Erfahrungen beruht: Der Lieblingswein schmeckt meinen Kunden nicht nur gut, er hat sich darüber hinaus in unterschiedlichen Lebenssituationen bewährt, wird vom Körper ordentlich vertragen, fühlt sich in einem umfassenden Sinne gut an und ist insofern ein erprobter und geliebter Lebensbegleiter. Dessen Schöpfer zu sein erfüllt mich mit großem Stolz.

Der Wein als Lebensbegleiter? Ja, in der Tat. Beginnen wir mit dem Kennenlernen. Wie bei jeder Partnerschaft, die von Dauer sein soll, reicht es nicht, einfach nur ein Schlückchen zu probieren, wenn Sie Ihren Lieblingswein finden wollen, und diesen kurzen Eindruck mit vielen anderen ebenso kurzen Eindrücken zu vergleichen, wie bei Weinproben oft üblich.

Weinproben sind natürlich unerlässlich, um eine grobe Orientierung zu erhalten, welche Geschmäcker überhaupt erhältlich sind und welche Richtung einem generell zusagt. Bedenken Sie jedoch, dass eine Vergleichsprobe vieler verschiedener Weine in kleinen Dosierungen oft ein verzerrtes Ergebnis liefert. Eines der Probleme dabei nenne ich die »Alkoholfalle«. Sowohl Amateure als auch Fachleute neigen nämlich dazu, bei Vergleichsproben die lauteren, spektakuläreren Weine zu bevorzugen und als hochwertiger einzustufen. Das hängt damit zusammen, dass diese auffälligen, allzu effektheischenden Weine oft einen hohen Alkoholgehalt haben.

Alkohol ist einer der vier Hauptgeschmacksträger, die dem Wein zur Verfügung stehen. Die anderen drei sind die Süße, die Säure und die Extrakte. Wenn ein Wein auffällig attraktiv erscheint, stellt er seine Reize über mindestens einen dieser Geschmacksträger zur Schau, so wie eine Dame ihre körperlichen Vorzüge durch Minirock, roten Lippenstift oder High Heels betonen kann. Die alkoholreichen Weine sind diejenigen, die sozusagen ihr üppiges Dekolleté zeigen und eine entsprechend mollige Umarmung versprechen.

Viele Weintrinker mögen keine süßen oder sauren Weine und tappen auf der Suche nach geschmacklicher Intensität stattdessen in die Alkoholfalle, weil diese schweren Weine füllig und vollmundig schmecken.

Das eigentliche Problem dabei ist, dass Weine mit höherem Alkoholgehalt zwar vordergründig geschmacklich voller erscheinen, in vielen Fällen jedoch nach kurzer Zeit sättigen und nicht zum Weitertrinken animieren, und das sowohl auf geschmacklicher Ebene als auch vom Rauschfaktor des Trinkvergnügens her. Bei höheralkoholischen Weinen tritt der Rausch schneller ein und betäubt tendenziell stärker, er wirkt dabei weniger beschwingend und animierend. Natürlich lässt sich das nicht pauschalisieren, aber die Bekanntschaft mit schweren Weinen bleibt oftmals ein oberflächlicher, kurzer Flirt. Es entsteht keine tiefere Bindung, und schon beim nächsten Mal macht Ihnen ein anderer Tropfen schöne Augen.

Wenn Sie einen Wein wirklich kennenlernen wollen, hilft nur eines: Nehmen Sie sich eine Flasche mit nach Hause. Zu einer intensiven, ganzheitlichen Weinverkostung genügt die kleine Pfütze im Glas nicht – nein, Sie benötigen eine praxisrelevante Menge. Trinken Sie in aller Ruhe zwei oder drei ganze Gläser und nehmen Sie wahr, wie sich die Wirkung des Weins auf Sie verändert, je länger er im Glas steht, je länger die Flasche offen ist und je mehr Sie davon genossen und Ihre Geschmacksnerven entsprechend animiert haben. Beobachten Sie sich: Sättigt Sie der Wein? Schaukelt sich die Säure geschmacklich auf? Bei manchen Weinen akkumuliert sich die Säurewahrnehmung. Was beim ersten Glas noch geschmacklich lebendig und interessant scheint, wird beim zweiten oder dritten Glas als unangenehm und störend empfunden. Belästigt Sie der Wein? Ermüdet er Sie? Wird er fad? Oder belebt er Sie? Schmeckt das zweite Glas besser als das erste? Animiert er Sie zum Weitertrinken? Und wie entwickeln sich Ihre Emotionen von Schluck zu Schluck? Fühlen Sie sich angeregt? Bestärkt? Fröhlich? Oder eher benebelt, niedergedrückt oder gar belastet?

Weine unterscheiden sich deutlich in der Wirkung, die sie auf den Menschen ausüben. Die Art des Rausches resultiert aus der individuellen Interaktion zwischen dem Wein, dem Trinker und dessen Tagesform. Dabei ist die Menge, aber natürlich auch die Qualität der Alkohole wichtig. Nach meiner Erfahrung gibt es Weine, die eine Wirkung in Richtung Valium haben; auf der anderen Seite des Spektrums stehen Weine, die fast schon wie Kaffee anregend wirken. Ein leichter Wein mit zehneinhalb oder elf Volumenprozent wird viel öfter als belebend wahrgenommen als ein eher schwerer Wein mit 13 oder gar 15 Volumenprozent.

Ich will damit nicht sagen, dass alkoholreiche Weine schlechter sein müssen als »leichtere« Tropfen. Auch ich erfreue mich von Zeit zu Zeit an einer molligen Umarmung. In einigen meiner Weinberge gedeihen in manchen Jahren auch besonders kräftige Rieslingweine, die durchaus schon mal natürliche 13,5 Prozent Alkohol mitbringen. Ebenso habe ich bereits phantastische Rotweine mit 15 Prozent Alkohol nicht nur probiert, sondern auch mit Genuss getrunken. Und gerade bei Rieslingweinen kenne ich Winzerkollegen mit grandiosen Kreationen, die besonders wegen ihrer ausgeprägten Fruchtsäure spannend und animierend sind. Doch oft sind eben doch die stillen Wasser die tiefen, und so sind häufig die schlanken, eleganten, unaufdringlichen, feinen Weine gerade diejenigen, die beim zweiten oder dritten Glas immer mehr Spaß machen und sich daher für einen langen Abend in guter Gesellschaft eignen. Im direkten Vergleich werden sie wegen der Subtilität ihrer Vorzüge meist zu Unrecht übersehen.

235

Darum sollten Sie auf Ihren Winzer oder Ihren Weinhändler zumindest ein Stück weit hören. Die kennen den Tropfen nämlich über das Probierschlückchen hinaus und können Ihnen anekdotenweise erzählen, welche Figur der spezielle Wein nicht nur als Essensbegleiter macht, sondern auch bei Solo-Auftritten oder als Abendgefährte. Zugleich aber sollten Sie unabhängig von allen Empfehlungen, Medaillen und sonstigen Auswahlfaktoren selbstbewusst Ihrem eigenen Geschmack und dem intensiven Erproben zu Hause vertrauen. Wenn Sie sich näher mit einem Wein beschäftigen, werden Sie aufregende Entdeckungen machen und viel Spaß dabei haben. Und irgendwann werden Sie »Ihren« Wein finden, von dem Sie sich einen gewissen Vorrat zulegen sollten. Dadurch können Sie auch die Langzeitperspektive testen: Schmeckt Ihnen der Wein im Winter wie im Sommer? Haben Sie selbst nach vielen Monaten noch Freude an ihm? Wie verändert sich der Wein, wenn Sie ihn lagern und ein halbes Jahr später die letzten Flaschen trinken? Wie verhält er sich bei unterschiedlichen sozialen Anlässen? Festigt sich Ihre Freundschaft mit dem Wein über die Zeit – oder verflüchtigt sie sich? Auch Letzteres kommt zuweilen vor.

Wenn Sie so weit sind, generieren Sie einen großen Zusatznutzen: Der Winzer, der diese von Ihnen intensiv und langfristig erprobten und für gut befundenen Weine erzeugt, wird das mit großer Wahrscheinlichkeit auch weiterhin tun. Dieser Winzer scheint Ihren Geschmack zu teilen. Auch scheint seine Art und Weise, Weine zu produzieren, sowie das Terroir, in dem seine Weine gedeihen, jenseits aller jahrganglichen Schwankungen für Sie bekömmliche und Ihr Leben bereichernde Weine hervorzubringen.

Mit anderen Worten: Indem Sie sich intensiver mit einem Wein beschäftigen, können Sie seinen Erzeuger entdecken und ihn zu »Ihrem« Winzer machen. Wenn ich dieses Phänomen umdrehe und von der anderen Seite betrachte, so habe ich die Chance, zu einem solchen »persönlichen« Winzer zu werden, indem ich auch Tropfen vinifiziere, die nicht vollbusig auf Kundenfang gehen, sondern ihre Qualitäten auf der Langstrecke entfalten. Was für eine wunderbare Aufgabe! Dafür lohnt es sich, täglich aufzustehen.

Und das bedeutet mir viel. Ob Sie in Ihrem Leben meist eher zufrieden sind oder nicht, ob Sie häufig glückliche Momente erleben oder nur selten oder möglicherweise gar nicht, hängt nämlich ganz wesentlich davon ab, womit Sie sich tagtäglich beschäftigen. Klingt logisch, oder? Ihr Leben wird in hohem Maße durch Ihre Arbeit bestimmt. Was Sie tun, formt Ihren Alltag, gibt Ihnen Selbstwert und entscheidet mit darüber, ob Sie Ihr Leben im Rückblick dereinst als gelungen empfinden werden. Ihre Taten schaffen das, was von Ihnen bleibt – und was andere Menschen von Ihnen haben.

Aus irgendeinem Grund scheint unser Moselwein nette Menschen magisch anzuziehen – das sehe ich an meinen Kunden. Mit vielen von ihnen verbinden mich langjährige Beziehungen, die zusammengehalten werden durch herzliche, direkte Rückmeldungen. Letztendlich ist dies genau das, wofür es sich lohnt, Winzer zu sein – oder irgendeinen anderen Beruf auf eine Weise auszuüben, der eine ähnliche, direkte und möglichst positive Resonanz hervorruft. Das Resultat dieses Tuns ist ein Leben voller Selbstverständlichkeiten wie das Erdschaufeln beim Hangrutsch, voller Sicherheit und Vertrauen wie beim Einkaufen als Stammkunde und beim Fachsimpeln mit Kollegen, voller Dankbarkeit und Wertschätzung wie jene von Frau Baumeister, voller Zuversicht wie bei der Übergabe des Familienbetriebs, voller

Tiefe wie im Arbeitsprozess von der gepflanzten Rebe bis zum Wein im Glas. Dies alles zusammen macht ein bodenständiges Leben aus und das, was man »Heimat« nennt. Es stiftet für mich den Sinn, den ich im Leben brauche.

Wurzelkraft

Moselwinzer, detailverliebter Qualitätsfanatiker, eigenwilliger Dickkopf – ja, all das bin ich. Und das Ergebnis dieser Kombination ist eine unübliche, anachronistisch anmutende Lebensart, die freilich erstaunlich gut funktioniert.

Natürlich ist das Winzerdasein kein allgemeingültiges Modell für ein glückliches Leben. Jeder von uns hat andere Talente und Neigungen. Es wäre töricht, einen Theoretiker zum Klempner machen zu wollen oder einen Steinmetz zum Steuerberater. Für jeden von uns braucht das individuelle Glück ganz persönliche Umstände, und auch wenn ich aus voller Überzeugung das Hohelied auf die Region singe, wird bestimmt nicht jeder dieses Glück in der ländlichen Idylle finden. Das Stadtleben hat definitiv seine Vorzüge – ich kenne Menschen, die würden in meinem wunderschönen Heimatdorf in kürzester Zeit dahinwelken. Die Stadt ist schneller, aufregender, abwechslungsreicher. Niemand wird mit dörflicher Sesshaftigkeit glücklich, wenn er es lieber mit serieller Monogamie hält oder als Vagabund durch die Welt zieht, zumal die moderne Welt Vagabunden ganz neue Chancen bietet. Wer kein Auto, keine Wohnung, keinen festen Arbeitgeber und keine Familie hat, kann frei umherflattern, allein vertrauend auf Tablet-PC, Smartphone und Flatrate. Wer auf diese Weise glücklich ist, braucht nicht bekehrt zu werden. Warum auch? Jeder so, wie er mag.

Noch nie waren die beruflichen Entfaltungsmöglichkeiten so groß wie heutzutage; gleichzeitig gab es in Deutschland noch nie so viele Standardarbeitsverhältnisse: knapp 30 Millionen! Viele dieser »Arbeitnehmer« – ein Wort, in dem die passive Erwartung, etwas zu tun zu bekommen, schon eingebaut ist – fristen ihr Dasein dabei mit mäßigem Engagement, ohne ihren Job als gute Arbeit zu betrachten, weil sie keinen Bezug zum Produkt haben, sich mit den Ergebnissen ihrer Arbeit nicht identifizieren oder weil sie in ihrer Tätigkeit nichts anderes sehen als ein Mittel zum Zweck des Geldverdienens. Vielen ist die Mühe zu groß, sich etwas Besseres zu suchen. Sie haben sich arrangiert und sitzen ihre Berufsjahrzehnte ab, um schließlich als Rentner endlich in Ruhe gelassen zu werden. Für viele ist Arbeit nur ein notwendiges Übel, das sie vom glücklichen Leben abhält, dessen Wurzel sie in ihrer Freizeit vermuten.

Ich aber glaube, dass das wahre Glück der Menschen ausgerechnet in ihrer Arbeit liegt. Nicht in irgendeiner Arbeit, sondern in ihrer Arbeit. Ich glaube, die meisten von uns könnten eine Arbeit für sich entdecken, in der wir nicht nur unsere Anlagen und Fähigkeiten, unsere körperlichen und geistigen Kräfte einbringen, sondern bei der wir auch unseren Charakter, unser Herz, unsere Persönlichkeit ausdrücken können. Diese Arbeit braucht nicht zwingend einen Arbeitgeber, muss nicht in der Großstadt stattfinden, bringt nicht unbedingt finanzielle Sicherheit und ist nicht notwendigerweise prestigeträchtig. Viel wichtiger ist, dass sie zum einzelnen Menschen passt. Denn jede Arbeit geht einher mit einem bestimmten Lebensentwurf, einer bestimmten Lebensart. Und jede Lebensart bietet ein ganz eigenes Terroir, auf dem man Wurzeln schlagen kann oder auch nicht.

Wenn der Boden nicht zur Pflanze passt, sind ihre Wurzeln nicht in der Lage, die richtigen Nährstoffe in der ausreichenden Menge aufnehmen, und mit jedem Tag verliert sie ein Stückchen ihrer Lebenskraft. Trotzdem versucht sie, sich irgendwie aufrecht zu halten und zu überleben, aber ein schönes Exemplar, das zu reicher Blüte kommt und viele Früchte trägt, wird nicht aus ihr.

So ist es mir in Berlin ergangen, ich lebte auf artfremdem Boden. Doch auch wir Menschen brauchen gesunde, tiefe Wurzeln und damit einen Boden, auf dem wir gedeihen können.

Mein bester Freund seit Kindestagen ist Götz. Er ist ein schlauer Kopf, was man an seiner so seltenen wie cleveren Fächerkombination sieht. Er hat Studienabschlüsse in linguistischer Datenverarbeitung und Germanistik. Mit dieser Ausbildung hätte er vermutlich zu SAP gehen können, um dort die Nutzeroberfläche von Unternehmenssoftware zu optimieren. Oder zu Apple nach Kalifornien oder nach Amsterdam zu TomTom. Ich bin mir sicher, hätte er einen solchen Weg gewählt, bekäme er heute locker ein Jahresgehalt im sechsstelligen Bereich. Er wäre einer, von dem man gesagt hätte: »Der hat's geschafft!«

Doch Götz hat sich anders entschieden, und nur diejenigen, die ihn gut kennen, wissen, was er tatsächlich erreicht hat. Denn Götz lebt und arbeitet nicht an der San Francisco Bay, sondern am Moselufer im Holzhaus seines verstorbenen Vaters. Dort betreiben er und ein Kompagnon eine kleine Werbeagentur. Ihr Unternehmen beschäftigt einen selbstausgebildeten Angestellten, einen Freelancer und zwei Katzen. Das ist alles.

Wer glaubt, Götz sei ein Verlierertyp und habe sich in der großen, weiten Welt nicht durchgesetzt, liegt völlig falsch – genau das Gegenteil ist der Fall. Aus meiner Sicht hat er das große Los gezogen. Die Beschränkung auf einen Kleinbetrieb in der Provinz ist eine freiwillige, gewollte, bewusste Beschränkung, die mit einem Verzicht auf ganz vieles verbunden ist, gleichzeitig aber genau das beinhaltet, worauf es ankommt.

Götz pfiff auf die gesellschaftliche Anerkennung und den sozialen Hochstatus, den ein bekanntes Unternehmen seinen Mitarbeitern automatisch verleiht. Er verzichtete auf den prallen Lohnzettel am Ende des Monats; die materielle Sicherheit hatte für ihn keine Priorität. Nie würde er bei einem Wiedersehen Fotos auf den Tisch knallen und erklären: »Mein Haus, mein Auto, mein Boot!« Nein, er kann ganz andere Karten zücken, zum Beispiel: »Meine Selbstbestimmtheit, meine Freiheit, meine Familie …«

In seiner Agentur ist er der Chef; niemand sagt ihm, was er tun oder lassen soll. Wenn ihm danach ist, kann er sich auch unter der Woche nachmittags mit einem Glas Wein an die Mosel setzen, und immer ist er in der Nähe seiner Familie und sieht, wie sein Kind aufwächst. Er hat sich für sein eigenes Projekt entschieden, von dem er wohl geahnt haben muss, dass es ihn erfüllen würde.

Mit seiner Agentur, vor allem mit dem gewählten Zuschnitt auf überwiegend regionale Kunden und einem bodenständigen Geschäftsmodell, wird er zwar nicht wahnsinnig reich, aber er kann gut davon leben und hat viel Zeit, die er für sich selbst nutzen kann. Er ist ein eifriger und leidenschaftlicher Musiker, dessen Band schon mehrere CDs aufgenommen hat. Darüber hinaus produziert er mit Freunden regelmäßig einen Podcast für Technikfreaks, der im Internet zigtausendmal heruntergeladen wird. Obwohl sich wiederholt Möglichkeiten anboten, die Popularität des Podcasts kommerziell zu nutzen, verzichtet er auf eine Kommerzialisierung des Projektes. Geld soll die Freude und Freiheit bei der Gestaltung nicht beeinträchtigen. Und genau darin liegt seine Lebensphilosophie: Lebensqualität ist das oberste Ziel. Wenn sich dazu Erfolg einstellt, auch gut. Aber niemals Erfolg auf Kosten der Lebensqualität!

Natürlich bin ich als Freund voreingenommen, aber ich finde, das hat Charakter. Götz hat sich entschieden, hat stringent gearbeitet, sicher hier und da mal Glück gehabt wie jeder andere auch und steht für sich gerade. Er kann Schuld, Ärger und Enttäuschungen, also alles, was im Alltag unvermeidlich ist, nicht auf andere schieben, schließlich ist er sein eigener Chef, der sich alle Kollegen, alle Kunden und den ganzen Job selbst ausgesucht hat. Somit verzichtete er mit seiner Entscheidung für die eigene Firma von vornherein auf jedes Jammern. Dafür hat er etwas gewonnen, das mir schwer imponiert: Ein gutes Leben.

Götz ist für mich ein vorbildliches Beispiel, um das zu demonstrieren, was uns Menschen froh macht: Verzicht! Man kann eben nicht alles haben, man muss sich entscheiden. Heutzutage ist das eine steile These, weil wir die Kunst des Verzichts mangels Übung mehr oder minder verlernt haben. Während ich für dieses Buch intensiv über mein Leben und meine Arbeit nachgedacht habe, ist mir klar geworden, dass wir verzichten müssen, wenn wir gewinnen wollen; dass wir vielfach »Nein« sagen müssen, um »Ja« zum Wesentlichen sagen zu können.

Auf was jeder Einzelne verzichten kann und will, ist natürlich eine persönliche Entscheidung, und ebenso, was man für sein eigenes Leben dadurch befördert. Ich kann hier nur zeigen, inwiefern es sich für mich gelohnt hat, mich zu bescheiden.

Als Erstes fällt mir der Verzicht auf Sicherheit ein. Indem ich ohne Anstellungsvertrag arbeite, verzichte ich auf materielle Versorgungssicherheit. Als Unternehmer wirtschafte ich mit meinem eigenen Geld, und wenn ich dabei zu viele Fehler mache, ist es weg. Das ist nicht jedermanns Sache, aber mir beschert es einen riesigen Gewinn: Unabhängigkeit und Freiheit in Bezug auf das, was ich in meiner Arbeit tue oder lasse. Meine unternehmerische Freiheit ist unendlich groß und wird nur durch die Realität begrenzt. Wenn niemand kaufen will, was ich produziere, sind Freiheit und Kontostand schnell bei null.

Übrigens verzichte ich nicht auf die volle Verantwortung: Mein Weingut ist eine Einzelfirma, also keine Gesellschaft mit beschränkter Haftung. Und ich wünschte, es gäbe mehr Einzelunternehmen in unserem Land, sozusagen als Gegenbewegung zur Monokultur der Risikobegrenzung. Es liegt ein gewisser Stolz in dieser Verpflichtung, die demonstriert: Die Freiheit ist mir das Risiko einfach wert!

Von einer anderen Form der Freiheit habe ich mich dagegen ganz verabschiedet: Ich kann nicht einfach tun, was mir gerade passt, denn ich habe mich für eine Familie entschieden – ich habe geheiratet und Kinder bekommen. So weit, so gut, das haben viele. Bei mir jedoch ist die Bindung dadurch verstärkt, dass wir einen Familienbetrieb führen. Das bedeutet, dass die Ehe zu funktionieren hat, weil mit der Ehe andernfalls die komplette Existenz zusammenkrachen würde. In einem Familienbetrieb kann man nicht einfach den Partner austauschen.

Mit dieser hundertprozentigen Bindung ist der Verzicht auf vieles andere verbunden. Ich habe sozusagen oberflächlichen Spaß gegen tiefe Freude getauscht. Das heißt nicht, dass nicht auch wir jede Menge Spaß miteinander haben, ganz im Gegenteil, aber die Bindungen, die ich eingegangen bin, sind absolut und verbieten mir jede Form von Vergnügen, die auf Kosten meiner Frau oder meiner Kinder gehen. Ich kann nicht davonlaufen, sondern muss mich stellen, auch wenn es unangenehm wird. Bindungen erzeugen Pflichten. Andersherum gibt es für mich jedoch kaum eine größere Quelle des Glücks als meine Familie, insofern ist diese Verpflichtung für mich goldrichtig.

Drittens habe ich wie Götz auf »das ganz große Ding« verzichtet. In seiner von mir gewünschten aktuellen Form hat mein Betrieb keine Möglichkeit zur Expansion. Nicht nur die Anzahl der Kunden, die den Riesling von der Mosel direkt ab Winzer lieben und haben wollen, ist begrenzt, auch die Anzahl der Weinberge in besten Steillagen ist nicht unendlich. Außerdem könnte ich weitere Weinberge überhaupt nicht bewältigen. Ich müsste Leute einstellen, und schon wäre es aus mit dem Anspruch, alle Arbeitsschritte selbst auszuführen und an jeder noch so kleinen Qualitätsschraube drehen zu können. Es wäre fraglich, ob ich ein Team aus Angestellten fände, die als Arbeitnehmer auf dem gleichen qualitativen Niveau arbeiten wollen wie ich – nicht, weil ich Superman bin, sondern weil jeder Mensch mit den eigenen Dingen, dem eigenen Geld und den eigenen Ideen am sorgfältigsten umgeht. Das kann ich von einem Angestellten kaum erwarten.

Um einen großen Geschäftserfolg zu landen, hätte ich mir eine andere Branche suchen und eine Dependance in der Stadt aufbauen müssen, wo viele Menschen leben. Die selbstgewählte Einschränkung, aufs Land zu ziehen, beinhaltet eben auch die Begrenzung der geschäftlichen Möglichkeiten. Dafür lebe ich von und für die Region. Ich bin Moselaner mit Herz und Seele, und manchmal bin ich auch Botschafter für die Mosel, wenn Kunden aus ganz Deutschland oder dem Ausland bei mir einkaufen. Man muss kein Dorftrottel werden, wenn man sich für ein Leben auf dem Dorf entscheidet.

Ein weiterer Verzicht, der mit der Entscheidung für ein

Handwerk einhergeht, ist die Beschränkung auf wenige Innovationsmöglichkeiten. Denn das Handwerk hat zwar goldenen Boden, aber auch eine gläserne Decke. Im Kern ist es immer noch das Gleiche wie vor tausenden von Jahren. Das gilt für jeden Handwerker, ob er nun Schreiner, Goldschmied oder Winzer ist. Wie man das Handwerk betreibt, worauf es ankommt und welche Handgriffe auf welche Weise auszuführen sind, ist genauestens überliefert. Handwerk lebt von seiner Tradition, und wenn ich mich für eines entscheide, dann entscheide ich mich auch dafür, den alten Brauch fortzuführen, was bedeutet, dass bei den wesentlichen Tätigkeiten und Arbeitsschritten kaum Innovation möglich ist. Es ist meine Pflicht, die Tradition aufzugreifen, zu lernen und zu übernehmen. Ich kann das Rad nicht neu erfinden, sondern bin darauf beschränkt, an Details zu drehen. Das Gute daran ist, dass das meinem Wesen entgegenkommt. Außerdem habe ich verblüfft gelernt, wie schön es ist und wie stolz es macht, eine Tradition am Leben zu erhalten. Tradition heißt bekanntlich nicht, die Asche anzubeten, sondern das Feuer weiterzutragen. Das zu tun ist mir eine Ehre.

Zudem halte ich es für wichtig, dass wir in unserer Gesellschaft die verschiedenen Formen von Handwerkskunst nicht verlernen. Mit jeder Handwerkskunst, die eine Gesellschaft verlernt, gehen ein Stückchen Vielfalt und das zugehörige Wissen verloren. Damit machen wir uns von industrieller Produktion abhängig, werden zu Opfern der ewigen Preisschlachten und verlieren Freiheit, Tiefe und Nachhaltigkeit. Zu diesem wertvollen Wissen gehört auch das Wissen, wie man einen Kleinbetrieb über Generationen hinweg führt. Das wissen heute nur noch wenige.

Hier schließt sich der Kreis. Denn der Verzicht auf Größe, Volumen, Umsatz und bahnbrechende Innovation, den eine Entscheidung für den ländlichen Kleinbetrieb mit sich bringt, beschert mir einen der größten Gewinne, die ich mir vorstellen kann: Qualität. Ich arbeite mit und an der Qualität, ich beschäftige mich tagaus, tagein mit Qualität, ich rede mit meinen Kunden und Kollegen über Qualität, ich atme sozusagen Qualität. Und das ist genau das, was ich brauche. Es ist meine Lebenseinstellung.

Es klingt verrückt: Ich beschränke mich und gewinne dadurch, nämlich Freiheit. Ich entscheide mich für weniger (an Volumen) und bekomme dadurch mehr, nämlich mehr Qualität. Ich gehe in die materielle Unsicherheit und gewinne dadurch Selbstsicherheit. Ich folge anderen nach und komme dadurch in eine verantwortungsvolle Führungsrolle. Ich verknappe meine Zeit, indem ich Unternehmer werde, und gewinne Zeit mit meiner Familie, weil es ein Familienunternehmen ist.

Man erkennt das Muster: Ich schlage absichtlich Türen im Leben zu, verzichte ganz bewusst – und gewinne dadurch.

Im Laufe seines Berufslebens bepflanzt jeder Winzer eine gewisse Anzahl von Weinbergen. Ertragsorientierte Winzer bepflanzen jeden ihrer Weinberge ungefähr zweimal im Leben neu, da schon ab dem dreißigsten Jahr die Erträge spürbar nachlassen und die Wirtschaftlichkeit eines mengenorientierten Betriebs gefährden.

Grundsätzlich gilt: Je älter die Weinrebe, desto weniger Trauben bringt sie hervor – und desto mehr Arbeit macht jede einzelne Traube. Diese Trauben aber haben es in sich, denn es gilt auch: Je älter der Rebstock, desto tiefer und besser verwurzelt ist er und desto reifer und ausdrucksstärker sind die Trauben, die er hervorbringt.

Der älteste mir bekannte Weinberg in unserer Gegend wurde 1889 gepflanzt. Heute wird er vom Enkel des Bepflanzers bewirtschaftet und bringt nur noch sehr wenige, winzig kleine, geschmacklich jedoch hochinteressante Trauben hervor. Mein ältester Weinberg ist fast 80 Jahre alt und steht damit am Rande wirtschaftlicher Vernunft. Die wenigen kleinen Trauben zählen aber zu den hochwertigsten und spannendsten Früchten, denen ein Winzer begegnen kann. Fernab der Wirtschaftlichkeit sind sie es wert, geerntet zu werden. Der hohe Arbeitsaufwand pro Liter dieses edlen Mostes zeigt sich beim Endprodukt natürlich am Preis, den nicht jeder bereit ist zu zahlen. Dafür hat der Wein eine unverwechselbare Identität, einen markanten Charakter, der in 80 Jahre alten Wurzeln gründet.

Die meisten meiner Riesling-Weinberge habe ich von meinem Vater übernommen und andere, ausgesuchte Steillagen dazugekauft. Ich ließ die Reben stehen und nutzte sie weiter, denn jedes Jahr, das sie bereits erreicht haben, ist mir viel wert. Ich will die alten Reben mit den tiefen Wurzeln!

Ich plane in meinem Leben keine weiteren Neupflanzungen. Stattdessen möchte ich meine Arbeit jedes Jahr noch ein Stückchen verbessern, möchte immer noch etwas mehr aus meinen Möglichkeiten herauskitzeln. Ich werde mit meinen Weinbergen zusammen älter und besser werden.

Wenn ich in einer fernen Zukunft die Geschicke des Weinguts aus der Hand gebe, soll mein Nachfolger für sich die Entscheidung treffen, ob und welche Weinberge er neu bepflanzen wird. Ich jedenfalls habe die Reben, die mich in meinem Leben begleiten sollen, schon jetzt um mich versammelt.

Epilog

Ich war gespannt, ob sie tatsächlich kommen würden. Auch meine Frau, die den Tisch für unsere Gäste eindeckte, sah mich zweifelnd an: »Also, wenn die genauso angeschlagen sind wie du, dann können wir lange warten!«

Sie hatte recht. Ich war an diesem Tag erst um zehn Uhr mit Mühe aus den Federn gekrochen. Und mit meinem Restalkohol hätte ich nicht mal gefahrlos eine Kerze ausblasen können.

Am Vorabend hatten wir auf einer Party in einem Restaurant zwei Paare kennengelernt, die aus Köln stammten und gerade durch die Moselgegend reisten. Aus ein paar Worten waren rasch mehr geworden, wir rückten die Tische nebeneinander, plauderten viel, leerten manches Glas und verabredeten im Morgengrauen einen Besuch für den heutigen Tag. Meine Erfahrung sagte mir allerdings: Wer nachts um halb vier noch dermaßen fröhlich ist, taucht am Vormittag danach nicht um halb elf beim Winzer auf dem Weingut auf.

Trotzdem half ich Nicole, die restlichen Gläser zu holen, und stapfte noch leicht unsicheren Schritts in unser Weinlager. Wenn sie tatsächlich kämen, wollte ich ihnen etwas richtig Gutes einschenken. Welche Weine sollte ich anbieten? Ich wusste, dass sie italienische und französische Weine gewohnt waren. Würde ihnen auch nur ansatzweise schmecken, was ich ihnen hinstellen konnte? Riesling hat ja schon etwas Eigenes.

Durch das offene Tor sah ich, dass sie eintrafen. »Also doch«, dachte ich und freute mich. Ich sputete mich mit dem Wein und ging ihnen mit meiner Frau entgegen. Wir begrüßten vier kleinäugige, etwas angeschlagene, aber bestens gelaunte Kölner. Sofort war die Stimmung vom Vorabend wieder da, nichts hatte sich geändert an ihrer lockeren und unverkrampften Art, was mir gefiel, weil es mir zeigte, dass sie keine Show abzogen, sondern sich einfach so gaben, wie sie waren – authentisch und ohne geheucheltes Interesse. Sie waren tatsächlich neugierig auf unser Weingut und meinen Wein.

Sie nahmen sich Zeit für einen Rundgang, lobten das Haus, und, je mehr sie probierten, zunehmend auch die Weine. »Trinkfest sind sie«, dachte ich und schenkte nach.

Irgendwann gesellten sich unsere Kinder dazu und beäugten die neuen Gäste. Je länger unser Gespräch dauerte, desto mehr spürte ich, dass ihr Interesse nicht nur dem Wein galt. Sie fragten mich über das Leben als Winzer aus, und es schien sie zu faszinieren, wie meine Familie lebt und dass so etwas heutzutage noch funktioniert. Dass es da einen Menschen gibt, der mit seiner Familie ohne Angestellte nur vom Wein lebt, aus den eigenen Weinbergen, und der alles selbst macht: Reben schneiden und pflegen, ernten, keltern, vergären, abfüllen, verkaufen, ausliefern, vom Entwerfen der Etiketten bis zum Bewirten der Gäste. Sie wunderten sich über die Fülle unterschiedlicher Tätigkeiten und dass einer alles alleine macht. Und dass sich das auch noch rechnet.

Dann lobten sie den tollen Geschmack des Weins und seinen besonderen Charakter. Ich erzählte ihnen vom Schieferboden, und sie konnten schmeckten, was ich meinte. In den drei Stunden, die sie bei uns verbrachten, nahmen sie einen Teil unseres Lebensgefühls in sich auf und würden es später mit nach Köln nehmen. Im Gegenzug brachten sie uns etwas vom rheinischen Flair mit und ließen es hier.

Während wir dasaßen und uns unterhielten, entspannte ich mich, genoss den leichten Rausch und konnte mich plötzlich in eine eigenartige Perspektive versetzen: Wie eine Filmkamera, die langsam herauszoomt, entfernte ich mich von der Szene, bis ich die Totale erreichte und das Gesamtbild betrachten konnte. Da sitzen wir mit zwei Paaren aus Köln zusammen, an einem bunt gedeckten Tisch im Freien. Gutes Porzellan, schöne Gläser, darin goldfarben mein bester Tropfen. Drumherum meine Familie, die Kinder, die auf dem Hof spielen, meine Eltern, die sich zu uns setzen. Das alte Stammhaus und der neue Anbau, der gepflasterte Hof mit dem alten Tor. Davor die Halle am Hang hinunter zum Ufer. Das glitzernde Band der Mosel, dahinter die Steillagen mit den alten Reben, ein warmer Wind von Westen her. Und alles durchflutet von Sonnenschein.

Wie könnte ich da nicht glücklich sein?

Dank

Ich danke unseren Weinfreunden herzlich für ihre Treue und Freundschaft, meinen Winzerkollegen für die gute Zusammenarbeit und all die Unterstützung, sämtlichen Briedelern für ihre Originalität und ihre gelegentliche Nachsicht mit mir. Ein ganz besonderer Dank gilt natürlich meiner Familie, die mein Leben immer wieder aufregend sein lässt und jeden Tag mit Sinn erfüllt. Und allen zusammen danke ich dafür, dass sie mir auf diese Weise letztlich auch ermöglicht haben, dieses Buch zu verfassen.

ullstein

www.ullstein-buchverlage.de

Jörg Zipprick
DIE SUPERMARKT-LÜGE
Wie uns die Lebensmittelindustrie
für dumm verkauft

Einkaufen in Zeiten
von Frische-
Schwindel und
Bio-Mafia

So gern wir alle unsere Lebensmittel vom Biohof bezie-
hen würden – letztlich gehen wir zum Einkaufen doch
in den Supermarkt um die Ecke. Dort sind wir den Ma-
chenschaften der Food-Industrie ausgesetzt, die ihre
Kunden systematisch täuscht. Jörg Zipprick nimmt uns
mit auf eine Einkaufstour, die wir so schnell nicht vergessen werden. Und er zeigt Auswege und Alternativen.
Denn nur wer weiß, was, wie und wodurch manipuliert
wird, kann Täuschungen vermeiden und
sich trotz allem gesund ernähren.

Auch
als ebook
erhältlich
ⓔ-book

ISBN 978-3-548-37454-3

Matthew B. Crawford
Ich schraube, also bin ich

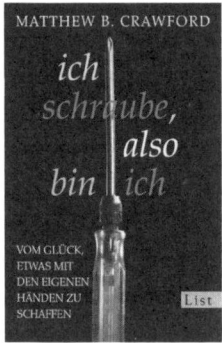

Vom Glück, etwas mit den
eigenen Händen zu schaffen
ISBN 978-3-548-61047-4

Was ist erfüllender: weltfremde Bildschirmarbeiten
oder mit ölverschmierten Händen eine Harley zu re-
parieren? Für den Philosophen und Mechaniker Mat-
thew B. Crawford ist die Antwort klar: Sein Weg aus der
Sinnkrise führt ihn direkt in die eigene Motorradwerk-
statt. Und er stellt fest: Die manuelle Arbeit verschafft
mehr Befriedigung und größere intellektuelle Herausforderungen als jede Bürotätigkeit.

www.list-taschenbuch.de

List